# 创新中国的温州之路

辛向阳　陈志刚　主编

学习出版社

**图书在版编目（CIP）数据**

创新中国的温州之路 / 辛向阳，陈志刚主编.
北京 ：学习出版社，2024. 12. -- ISBN 978-7-5147
-1300-8

Ⅰ. D619.553

中国国家版本馆CIP数据核字第2024A0V467号

创新中国的温州之路
CHUANGXIN ZHONGGUO DE WENZHOU ZHILU

辛向阳　陈志刚　主编

责任编辑：路小普
技术编辑：胡　啸
装帧设计：壹读闻话

出版发行：学习出版社
　　　　　北京市崇外大街11号新成文化大厦B座11层（100062）
　　　　　010-66063020　010-66061634　010-66061646
网　　址：http://www.xuexiph.cn
经　　销：新华书店
印　　刷：北京新华印刷有限公司

开　　本：710毫米×1000毫米　1/16
印　　张：21
字　　数：244千字
版次印次：2024年12月第1版　2024年12月第1次印刷

书　　号：ISBN 978-7-5147-1300-8
定　　价：79.00元

如有印装错误请与本社联系调换，电话：010-66064915

# 目 录

## 第二章　积极推进产业创新，打造现代产业新高地

**第四章 积极推进社会治理创新，打造市域社会治理
现代化新高地**

## 第八章 温州特色党建推动全面从严治党取得显著成效

# 弘扬温州优势，续写创新史

为什么温州人能将"四千精神"、闯创精神书写在温州的大地上、祖国的壮丽版图中、中外资源配置的重要环节中、全球制造业的高地上？这里蕴含着诸多温州的成功密码。2023 年，习近平总书记在浙江考察时赋予浙江"勇当先行者、谱写新篇章"的新定位新使命，强调浙江要在深化改革、扩大开放上续写新篇章，做进一步全面深化改革、推进中国式现代化省域先行者。浙江省委基于温州的产业基础、经济业绩、改革定位，赋予温州续写创新史、再创新辉煌、提速打造"全省第三极"的新定位。温州全域以高质量、大视野、长三角、一体化的时空站位，从全国大局看温州改革探路的锐气，从区域发展看温州城市地位和功能作用，从省内竞争看温州发展贡献度和影响力，在清醒坚定中增强紧迫感，以最讲党性、最讲政治、最讲忠诚、最讲担当的政治使命，坚定不移沿着习近平总书记擘画的改革蓝图奋勇前进，充分展现"总书记有号令、党中央有部署，浙江见行动见实效、温州先行动"的历史主动，扛起新使命、勇闯创新路、提升治理能力，全方位推动质量变革、效率变革、动力变革、区域一体化融入国家战略大局，奋力走好以改革"关键之招"破解新的"成长烦恼"的突围之路，坚持发展出题目、改革做文章，勇担促共富、增福祉的为民使命，锚定目标，聚焦"更快一点"提升全局贡献度，聚焦"更进一步"提升国际竞争力，"更强一些"提升辐射带动力，在提速打造"全省第三极"，努力写好经济稳进提质的新时代温州答卷。

## 一、融入长三角：打造区域科创新高地

　　温州市委、市政府遵照中央指示精神、牢记习近平总书记的殷殷嘱托，根据浙江省委对温州的战略定位，聚焦打造区域科创新高地、现代产业新高地、营商环境新高地、市域社会治理现代化新高地、文化强城新高地等"五个新高地"，以科技创新为引领，以改革开放为动力，以民营企业为主体，以服务和融入国家战略为牵引，以社会治理为保障，推进以科技创新为核心的全面创新，努力在推进中国式现代化中续写创新史，继续为全省带好头，为全国作示范。

　　温州瞄准建设高水平国家创新型城市目标，以"国家自主创新示范区"为历史契机，充分调动温州民营经济庞大基础和集群产业活力，极大激发民营经济的主体创造力；用好温州改革开放以来积攒的改革开放的先行优势、体制机制的先发优势，以雄厚的基础产业、工业体系，在进一步全面深化改革的伟大实践中进一步激发创新活力。综合运用要素富集的平台优势、长三角一体化的协同优势、浙江陆域"1小时交通圈"的交通优势、"轨道上的长三角"的互联互通优势、"地瓜经济"的脉络延展优势、教育科技人才高效贯通的改革优势，续写民营经济新传奇。深度整合陆海协作互补优势、通江达海的开放优势、敢为人先的人文优势，走出去、引进来。充分挖掘全球的温州人网络优势，形成聚焦效应、联动机制、互助产业。

## 二、站在最前沿：打造现代产业新高地

　　站在改革最前沿的温州人对产业新风口有独特的感知能力，以

中国（温州）数安港和国际云软件谷、中国眼谷、中国基因药谷、中国（温州）新光谷、中国（温州）智能谷等"一港五谷"作为发展新质生产力基础平台。在 2023 年，温州市数字经济、新能源、新材料、智能装备、生命健康五大新兴主导产业总产值已超 8000 亿元。不做强做大现代化产业，就承担不起进一步全面深化改革的探路者、实干家、模范生，温州人瞄准建设民营经济高质量发展示范城市目标、冲刺万亿级生产总值、塑现代化产业体系新优势，全面提高科技创新能力和国际竞争力，因地制宜发展新质生产力，加快抢占全球产业变革和市场竞争制高点，秉承务求实效，厚植创新沃土，持续深耕特色领域创新，大力发展创新联合体，加快培育创新型企业，全力打造传统优势产业和新兴主导产业两大万亿级产业集群。充分利用提质转型、动力转型的新契机，构筑产业高地，着力推动"一产业一平台"创新、"一产业一方案"突围、"一产业一集群"做强，加快短板产业补链、优势产业延链、传统产业升链、新兴产业建链。充分利用世界青年科学家峰会，吸引了包括诺奖级科学家、中外院士、青年学者共计 5600 余名聚焦温州变革与科技发展，利用一批国际科技组织传播温州创新理念，获得广泛国际认可和支持，规模化打造高水平的国际"朋友圈"，与 100 多个国家、国际科技组织和海外大学建立交流合作关系，以务实行动强化教育、科技、人才"三位一体"科技攻坚支撑体系，发挥以会聚智、以会引才、以会兴业的联动作用，促进创新链产业链资金链人才链深度融合，为温州续写创新史注入强劲动力。

## 三、两个健康先行：打造营商环境新高地

非公有制经济的健康发展和非公有制经济人士的健康成长，既

是重大经济问题，也是重大政治问题。健康才能有未来，短视或不健康，注定要成为市场化的弃子。非公有制经济的发展，也有过质量不过硬、以次充好、只顾眼前的短视行为。实践证明，不健康的发展总要付出代价。昨天的政策红利也许能让一些不健康的企业在狭小的市场空间中苟延残喘，但在今天的大格局、全要素、市场化的竞争环境中，非公有制经济与非公有制经济人士健康与否，则更为关键。2024 年 10 月，《中华人民共和国民营经济促进法（草案征求意见稿）》（以下简称"草案"）向社会公开征求意见。草案将坚持"两个毫不动摇"明确为法律制度，以立法形式向社会表明这是国家长期坚持的大政方针，进一步释放促进民营经济发展壮大的鲜明信号。

在促进民营经济持续、健康、高质量发展方面，温州一直走在全国前列。民营经济是推进中国式现代化的生力军，是高质量发展的重要基础，是推动我国全面建成社会主义现代化强国、实现第二个百年奋斗目标的重要力量。为民营经济护航，需要市场化、法治化、国际化一流营商环境。温州作为新时代"两个健康"先行区，探索出很多第一，创建并高规格召开浙江省民营经济发展大会，制定了全国首部关于"两个健康"的地方性法规——《温州市"两个健康"先行区建设促进条例》；出台改革开放以来浙江省第一份关于民营经济统战工作的文件——《关于加强新时代浙江民营经济统战工作的实施意见》；制定《关于推动新时代民营经济新飞跃的若干意见》。《温州市"两个健康"先行区建设促进条例》规定：市、县（市、区）人民政府及有关部门应当对邀请非公有制经济组织及人士参加会议、前往非公有制经济组织开展调研等活动合理统筹，规范行政执法检查和数据报送，减轻非公有制经济组织、非公有制经济人士精力负担。条例还增加对服务业和个体工商户的支持态度、明确一般工业项目自有用地内配套行政办公及生活服务设施的可建建筑面积比例可以放宽等。对非公有制经济实施规范引导，要求非公有制经济组织、非公有制经济人士在生产经营活动中应当合法经营、诚实守信、公平竞争，依法履行安全生产、生态环境保护、消费者权益保障、职工权益保障等责任，维护社会公共利益。鼓励和引导非公有制经济组织、非公有制经济人士主动融入高质量发展建设共同富裕示范区，承担向上向善、推动共同富裕的社会责任，积极兴办社会公益实体、参与公益慈善事业、推进共建共享，让高质量发展成果惠及广大人民群众，对成绩显著的予以褒扬。

　　近年来，为帮年轻一代"强筋健骨"，温州在探索年轻一代非公经济人士培养方面做了很多尝试。例如，建立年轻一代民营企业家培养人才库，举办"温州市非公经济人士'青蓝接力'培养行动年度乐享会"，这是中共温州市委统战部、温州市工商联联合推出的非公有制经济人士培养行动，多措并举为民营经济人士铺就成长快车道，促进有序接力与良性互动，以期实现"青出于蓝而胜于蓝"，构建师徒团队、微讲坛、同馨思享吧、双月谈（行）活动、年度乐享会等常规化培训分享模式。在全国率先成立新时代民营企业家宣讲团，创新"企业家讲、讲给企业家听"的宣传教育形式，省、市、县三级联动开展宣讲1000余场；"万家民企同上一堂课"主题宣讲会入选浙江省党史学习教育百法百例；"品质浙商提升工程""浙商青蓝接力工程"被写入《浙江高质量发展建设共同富裕示范区实施方案（2021—2025年）》等省委重要文件。温州推出的世界浙商大会成为浙江省规模最大、规格最高、影响最广的浙商盛会和省委、省政府支持浙商创业创新的重要战略平台；温州总结的浙江民营经济改革开放 40 年 40 人 40 事和"一带一路"看浙商宣传活动被纳入浙江省委庆祝改革开放 40 周年重要活动。还设有温州"诚信日"、积极倡导诚信精神传承、大力构建温商诚信体系、努力打造温商诚信品牌。

## 四、现代治理蝶变：打造市域社会治理现代化新高地

温州致力于建设高效能治理标杆城市、建设更高水平的平安温州、法治温州。作为全国市域社会治理现代化试点城市，集中呈现全过程人民民主的温州样板，打造全国社会信用体系建设标杆城市。特别是龙港镇的治理蝶变，见证着温州社会化治理改革的伟大探索精神。龙港镇地处浙江省温州市苍南县东北部，自 1984 年建镇起，实现从小渔村到农民城、到产业城、再到新兴城市的跨越。2019 年，经国务院批准，民政部复函浙江省人民政府，同意撤销苍南县龙港镇，设立县级龙港市。2019 年 9 月 25 日，龙港市正式挂牌成立，实现了历史性跨越。龙港市由浙江省直辖，温州市代管。扁平化改革让龙港实现"瘦身健体"、提升高效能服务，推动部门机构从"物理整合"迈向"化学反应"。按照"大部制"改革要求，龙港将职能相近、业务相连的部门进行合并重组，全市仅设 6 个党委部门、9 个政府部门、6 个事业单位，联动推进"一枚印章管审批""一支队伍管执法""一张清单转职能"等改革，建立"一件事一次办"政务服务新模式，系统重塑体制机制、优化机构职能党政机构和编制数量较同类县（市、区）均缩减 60%，以 40% 行政资源有效承接 100% 行政管理职能。

## 五、接续永嘉文脉：打造文化强城新高地

全面推进"温州学"研究，激活以文图强的温州文脉，背靠千年瓯越文化、讲好"温州故事"、打响"南戏故里"文化品牌。弘扬新时代"四千精神"、彰显城市创新文化、打造城市文化地标、挖掘朔门古港遗址价值、塑造"海上丝绸之路"温州标识，彰显历史文化名城底蕴、千年"海丝"名城魅力、中国戏曲之城韵味。以"南戏故里"品牌厚植温州文化自信。港者，水陆相连、江海一体。朔门古港，地处温州古城北大门（朔门）之外，见证着拥有千年开埠通商史的国家历史文化名城昔日的辉煌，诉说着关于"海上丝绸之路"的历史通道、贸易往来、海外交流的故事。1984年我国设立第一批14个沿海开放城市，温州占有一席。可以说，温州是一个因港而生、因港而兴的重要地理单元。温州市委、市政府以极大的历史耐心回溯港口历史的轴线，善待海上丝绸之路重要节点的历史遗迹，让古港遗址破开尘封、得见真容，坚持以专业化水准高起点开发、管理、打造新时代温州的港旅文化。温州坚持在保护中开发，在开发中保护，对照申遗标准和要求推进海上丝绸之路遗产的保护研究，高标准谋划国家级考古遗址公园，打造展示世界性的海上丝绸之路港口的重要窗口。努力让世人看到"活"的丝路文化，为共建"一带一路"倡议、构建人类命运共同体提供港口文化证据。将温州人向大海要空间的发展视野，熔铸到改革创新的时代精神之中，用创新和勇气书写新时代温州文化交流的新篇章。依托海上丝绸之路上的温州朔门古港，记录天下温州人无惧风浪、乘风破浪的斗志，彰显温州人一以贯之的拼搏闯荡精神，以古港文明激励当代

温州人直挂云帆济沧海，从千年古港再出发，踏上漂洋过海的新贸易征程、协作之路、文化之旅。

## 六、以"四千精神"做强做大"全省第三极"

新中国走过 75 年峥嵘岁月，沐浴在改革春风中的瓯越大地也在沧桑巨变中不断蝶变。在中华民族从站起来、富起来到强起来的伟大飞跃中，瓯越大地发生了深刻而可喜的变化。按可比价计算，2023 年人均地区生产总值为 1978 年的 122.3 倍，年均增长 11.3%。按当年平均汇率计算，1987 年、2003 年全市人均 GDP 分别突破 1000 美元和 2000 美元；2006—2018 年实现了人均 3000 美元到 9000 美元的跨越；2019 年人均 GDP 首次超过 1 万美元，2023 年达到 12747 美元，达到中等偏上收入国家（地区）水平。温州是一座有着深厚历史底蕴的历史名城，也是一座正在续写发展传奇的现代化城市，还是记载着海上丝绸之路重要节点的港口城市。昨天，温州靠实干书写精彩；今天，温州靠奋斗续写未来。在改革的前沿大地上，浙商以"四千精神"刻画着伟大奋进者的不屈形象，以"晚上睡地板，早上当老板"的拼搏意志，既敢闯又敢试，走南闯北开辟新天地，将"走遍千山万水、说尽千言万语、想尽千方百计、吃尽千辛万苦"的"四千精神"书写在温州的大地上、祖国的壮丽版图中、中外资源配置的重要环节中、全球制造业的高地上。2023 年 3 月 13 日，国务院总理李强在人民大会堂出席记者见面会时再次谈到源自温州的"四千精神"。回望新时代 10 年，温州全面推进都市振兴、乡村振兴、产业振兴、文化振兴，加快打造高质量发展建设共同富裕示范区市域样板，保持"闯"的劲头、"拼"的精神、"创"

的勇气，奋力做强做大"全省第三极"，再创民营经济新辉煌、再谱改革开放新篇章，即便面对疫情困扰，也有效实现生产不停、物流不断、产能不减、秩序不乱。秉承"四千精神"，温州市委、市政府及各级领导班子，正在带领全体温州人奋力续写创新史、走好共富路、争创先行市。

## 七、温州秘诀：顽强务实的"地瓜经济"模式

　　温州人敢闯、肯干，坚持"敢为人先、创新为魂、实干为要"的成功秘诀。"空谈误国，实干兴邦。"温州人是实干家的代名词，可以用四句话概括温州人的秉性：恋乡不守土；敢冒知进退；自信不自满；重利不守财。早期的"温州人经济"还带有很多个体的属性，是少数人的成功，在新时代的共同富裕的布局中，"温州人经济"已经转化为"温州经济"、形成了"温州模式"。改革开放 40 多年来，温州人走南闯北，四海为家，走出了一条特有的发展路子。赞誉也好、批判也好，温州人不会过多在意别人的议论而停下自己的脚步。他们没有终点，总是在路上！有人说"世界上凡是有鸟儿飞到的地方，便有温州人的足迹"。温州最大的财富是温州人的精神，温州最大的资源就是温州人，他们支撑着这个城市的活力。全国各地、全世界的每一个角落，都有温州人干事创业的身影，他们代表着第一批闯荡天下的温州人，也展现了推动中国社会变革和经济发展生力军的磅礴伟力。走出去的温州人，在全球塑造着一种十分独特的地域性经济人文现象，盘活了温州市场、输出了温州品牌、促成了资本输出、造就了温州竞争力。温州人走出去的贡献还体现在：一方面通过自己的探索和实践，不断地为全国的一些地方提供可资

借鉴的做法；另一方面，温州人在实践过程中，如"鲶鱼效应"一般，充分激发出了每个人的创业冲动和热情，这比创造多少 GDP、多少财政收入都有意义、有价值得多。

## 八、续写新传奇、再创新辉煌

温州人不畏艰难、敢闯敢拼，标注着中华大地上最勇于开拓的一种筚路蓝缕、披荆斩棘的创业精神，他们"走遍千山万水"，力求穷尽一切发展的机会；"说尽千言万语"，力争一切合作的可能；"想尽千方百计"，试图找到各种成功的办法；"吃尽千辛万苦"，才能看到风雨过后的彩虹。有人说，"温商是飘洒在世界任何角落都能生根、发芽的商业种子"。"四千精神"打造了 3 个温州经济模块，即本土温州经济模块、国内非温州区域的温州经济模块、海外温州经济模块。温州人有 200 多万人在全国各地，有 50 多万人在世界各地，本土温州经济模块创造着新时代温州的神奇；国内非温州区域的温州经济模块如毛细血管一般注入各地产业大潮、经济大潮、税收大潮；海外温州经济模块，在外温州人一年在全国创造的经济总量相当于温州本土经济总量的 2/3，有人说温州在浙江的国内生产总值不理想，但温州人为国家、兄弟省市发展注入了经济动能，为全球产业发展注入了东方力量，为国家经济走出去架起了桥梁、开拓了市场、形成了领域，成就了集团化生产、产业化集群。这 3 个模块相互促进、相互联动、相互补充，从而把在外闯荡的温州人单体"细胞"联结起来，构筑成温州人集团式发展的健康"骨骼"，支撑起国家经济发展的"脊梁"。

在新时空的全球化赛道上，温州人懂得与时俱进、与时间赛跑，蓄积内生变量、突破蝶变之法、无惧涅槃之旅，主动迎接新时代的"千变万化"，争做敢闯敢拼的担当者，自觉置身创新的"千锤万炼"，争做善于突破的创新者；"千姿万态"融入大市场格局、大数据时代、物联网时代，争做勇拔头筹的搏击者，在新征程上继续走向异乡，凝成"千军万马"之势头，争做下好"先手棋"的新时代领跑者。

第一章

积极推进科技创新，
打造区域科技创新高地

习近平总书记在党的二十大报告中指出，"坚持创新在我国现代化建设全局中的核心地位""加快实现高水平科技自立自强"[①]，并对进一步完善科技创新体系提出新要求。温州深刻领悟习近平总书记关于实现高水平科技自立自强重要论述的精神实质、内涵要义和实践要求，把实现高水平科技自立自强，作为落实好立足新发展阶段、贯彻新发展理念、构建新发展格局、推动高质量发展的战略要求，逐步优化科技创新制度，瞄准世界一流的创新生态，显著提升科技创新整体效能。

## 第一节　打造全域创新体系，塑造创新发展新优势

习近平总书记强调："要狠抓创新体系建设，进行优化组合，克服分散、低效、重复的弊端。"[②]对科技创新来说，从基础研究、应用研发到将新产品新技术推向市场，技术创新活动周期长、风险大、

---

① 习近平：《高举中国特色社会主义伟大旗帜　为全面建设社会主义现代化国家而团结奋斗——在中国共产党第二十次全国代表大会上的报告》，《人民日报》2022年10月26日。
② 习近平：《在科学家座谈会上的讲话》，《人民日报》2020年9月12日。

难度高，面临着科技成果研发和转移转化等诸多问题。只有通过建立完善的创新体系，把企业、高校、科研院所等创新主体有机组合在一起，形成科技创新协同机制，才能实现科技资源的有效配置，不断提升创新效率和能力。党的十八大以来，温州逐步建立完善的科技创新体系，深入把握科技创新规律，聚焦国家发展战略需求和人民群众实际需要，将分散的创新资源和创新要素组合起来，大力推动产学研用深度融合，进一步激发创新活力，全力打造全域创新体系，塑造创新发展新优势。

## 一、持续推进科技创新能力提升，超常规锻造"攀峰"新引擎

"温州是个敢于创新、善于创新的地方"，在改革开放中创造了闻名全国的"温州模式"，成为中国民营经济的重要发祥地。"温州"这个金字招牌，是创新的结果，并以创新为最大内涵。进入新发展阶段，温州迎来创新加速期。国家创新型城市创新能力排名提升幅度位居全国第二，城市人才吸引力排名进入全国前 25 位，温州医科大学团队项目获国家自然科学奖二等奖。当发展的坐标再次提到新的高度，对照提速打造"浙江省第三极"目标要求，温州打响"在温州看见创新中国"品牌，打造东南沿海重要的科技创新策源地——续写创新史、再创新辉煌。当前，瓯江新城、科教智城、东部科技城等"五城三园"等创新要素密集的板块提速建设；国科温州研究院、香港理工大学温州技术创新研究院等"塔尖重器"动作频频；又一批温州企业跻身国家专精特新"小巨人"，展现科技创新主体实力……全城动员见之于行，创新之潮正在向更高处接续奔腾。

**（一）成立温州市校（院）地科技成果转化联合办公室，探索走出一条具有温州特色的科技成果转化新路子**

科技是经济增长的发动机，是提高综合国力的主要驱动力。科技成果转化是指为提高生产力水平而对科技成果所进行的后续试验、开发、应用、推广直至形成新技术、新工艺、新材料、新产品，发展新产业等活动。促进科技成果转化、加速科技成果产业化，已经成为世界各国科技政策的新趋势。从一定意义上来说，科技创新在我国现代化建设全局中居于核心地位，科技成果转化是科技创新的"最后一公里"，成果转化是否顺利，很大程度上决定了科技创新的成败。

科技成果转化，将科技成果从"实验室"引向"生产线"，无疑是继科技研发之后，推动科技创新的第二引擎。科技成果转化的探索和标准化实践，对推动经济的高质量发展意义重大。2023 年，在温州市委科技强市建设领导小组办公室推动下，成立温州市校（院）地科技成果转化联合办公室，从科技成果转化的需求端、供给端、服务端"三端"同向发力，加快构建企业为主导，多元协同的科技成果转化机制，全力推进在温高校、科研院所等单位的科技成果"就地交易、就地转化、就地应用"，推动科技成果转化跨越"死亡之谷"，切实发挥政府有形之手力量，弥补市场无形之手不足。

温州市校（院）地科技成果转化联合办公室自成立以来，以开展驻点服务、分析研判、转化推进机制，挖掘、路演、验证、落地一批科技成果，并通过科技轻骑队、技术经纪人等多种渠道精准对接地方产业需求，推动高校、科研院所等机构开展"五技服务"促进落地转化。同时联动县（市、区）和功能区出台政策，形成政策叠加效应，为科技成果转化提供政策支撑，特别是支持在温高校、科研院所与企业开展横向课题，横向项目到账经费 200 万元（含）

以上的技术开发项目视同市级重大科技攻关项目。

**（二）出台全国首部民营企业科技创新促进条例，专章节为科技成果转化提供地方性法规保障**

民营经济是推进中国式现代化的生力军，是实现高质量发展的重要基础，是推动我国全面建成社会主义现代化强国、实现第二个百年奋斗目标的重要力量。党的十八大以来，以习近平同志为核心的党中央高度重视发展民营经济，采取一系列重大举措，持续提升民营经济在我国国民经济发展中的作用。随着民营经济持续发展壮大，为优化民营经济发展环境提供法治保障的重要意义日益凸显。

温州是中国民营经济重要发祥地，现有民营企业数量在温州企业中占比 99.5%，民营经济对温州 GDP 的贡献超过 90%，在国民经济的各个领域发挥着重要作用。自 2018 年温州获批创建全国首个新时代"两个健康"先行区以来，75 项改革成果在全国全省推广，探索形成了"数据得地"机制、"两个健康"积分贷等一批行之有效的经验做法。[1]

2024 年 2 月 1 日，温州市第十四届人民代表大会第四次会议表决通过《温州市民营企业科技创新促进条例》（以下简称《条例》）。这是全国首部"民营企业"与"科技创新"双聚焦的地方性法规，是温州贯彻落实习近平总书记 2023 年考察浙江时提出的"在以科技创新塑造发展新优势上走在前列"重要讲话精神、深入实施营商环境优化提升"一号改革工程"的具体行动，也是温州民营经济爬坡过坎、激活高质量发展新动能的必然要求，以立法促温州民营企业

---

[1]《全国首部专为民营企业制定的科技创新法规表决通过》，https://www.wenzhou.gov.cn/art/2024/2/2/art_1217832_59238120.html，2024 年 2 月 2 日。

破解科技创新困境，推动科技创新引领经济社会高质量发展。

《条例》是为民营企业提供科技创新法治支撑的地方性法规，是温州市制定的第二十三部法规，也是构建温州民营经济"1+N"法规体系（"两个健康"条例＋若干相关条例）的重要成果之一。《条例》共6章33条，根据《浙江省民营企业发展促进条例》确定"民营企业"范围，并从以下4个方面激发民营企业塑造发展新动能新优势。

一是《条例》提升创新能级，打造民营企业科技创新"信心盘"。《条例》因地制宜发展新质生产力，凝练固化温州国家自主创新示范区、环大罗山科创走廊、世界青年科学家峰会、瓯江实验室和大孵化器集群（"一区一廊一会一室一集群"）创新格局；引导支持传统产业加快应用先进适用技术，推动新兴产业、未来产业发展，加快建设创新引领的现代化产业体系；细化规定企业梯度培育工程，提升科技型民营企业占比，优化区域科技创新发展布局。

二是《条例》集聚创新要素，打造民营企业科技创新"硬支撑"。《条例》紧扣民营企业在科技创新中的急难愁盼问题，着力推动创新要素向民营企业集聚。在人才上，支持引进、培育科技创新人才和自主评价认定职业技能人才，鼓励柔性用才，推进产教融合、科教融汇；在土地上，统筹保障科技创新类用地用房需求，依法推动研发与其他用地混合布局；在项目上，支持民营企业承担利用财政性资金设立的应用类科技项目；在资金上，加大科技产业政策优惠扶持力度，发挥政府产业基金引导、放大作用，固化提升温州"科创指数贷"运作模式，鼓励担保、保险等科技金融支持。

三是《条例》建设创新平台，打造民营企业科技创新"引擎器"。《条例》在篇幅上予以单列规定，在内容上打出政策组合拳，支持民营企业在科创平台建设上"多点开花"。规定采取服务指导、政策优惠等有效措施支持民营企业设立内部研发机构；鼓励通过组建创新联合体、技术创新联盟等方式，推动产业链上中下游、大中小企业融通创新；通过引进、优化整合等方式推动设立新型研发机构，支持"头部企业 + 新型研发机构"协同创新。

四是《条例》优化创新生态，打造民营企业科技创新"软环境"。《条例》通过制度创设和政策集成，推动民营企业成为科技创新、成果转化的生力军。鼓励科技成果转移转化机构和专业人员队伍建设，依法建立对完成、转化职务科技成果作出重要贡献的人员的激励机制；支持民营企业创新产品的规模化应用，推动科技创新应用场景建设；构建鼓励创新、宽容失败的科技创新容错机制；支持山区、海岛县（区）创新发展，提升产业核心竞争力。

《条例》还鼓励研究开发机构、高等学校建设技术转移转化机构和专业人员队伍，推动产学研对接，促成科技创新成果以转让、许可或者作价投资等方式，向民营企业转移，对完成、转化职务科技成果作出重要贡献的人员按不同标准给予奖励；为民营企业知识产权创造、运用、保护提供有效指引，支持民营企业开展知识产权管理规范化建设，引导民营企业建立贯穿研发、生产、经营各环节的知识产权管理体系，促进科技创新能力提升和成果保护。通过《条例》实施，进一步优化民营企业科技创新环境，激发民营企业科技创新活力。国科温州研究院、浙大温州研究院等 8 家单位纳入浙江省首批职务成果赋权改革试点。

### （三）建设国家自主创新示范区，激发民营企业科技创新活力

2018 年 2 月，温州获批建设国家自主创新示范区，按照建设国家自主创新示范区的新定位、新要求，有效发挥温州改革创新"试验田"作用，积极开展创新政策先行先试，激发各类创新主体活力。

这一国家级平台既是对温州产业经济成绩的肯定，也为温州未来产业升级和科技创新提出了新要求。温州国家自主创新示范区利用政策先行先试优势，顺应新一轮科技革命和产业变革趋势，发挥温州现有成熟的制造能力基础，重点围绕民营经济主体来探索示范创新创业主题，以智能制造为发力点，推动体制机制突破性创新，激发民营企业科技创新活力，也更好实践"中国制造2025"背景下民营企业和中小企业的智能升级破题，以科技创新塑造温州发展新动能。

一是通过创新政策先行先试推动体制机制创新。国家对温州建设国家自主创新示范区的批复是通过创新政策先行先试、打造民营经济创新创业新高地。因此，推动体制机制和政策创新是首要任务。一般来说，凡是成效显著的国家自主创新示范区都是政策创新和体制机制改革到位的地区，缺乏突破性制度创新的国家自主创新示范区都逐渐失去竞争力。很多国家自主创新示范区的制度创新主要集中在深化"放管服"、简政放权等服务改革上，没有触及企业发展的深层次、结构性问题。而温州国家自主创新示范区被视作国家高新技术开发区的升级版，不再沿袭过去高新技术开发区建设仅仅对政策进行修补整合的传统思路，而是以改革担当的魄力、积极有为的行动推进改革攻坚。近年来，温州国家自主创新示范区利用先行先试优势，打破制约民营经济发展的桎梏，进一步破除束缚生产力发展的体制机制障碍，释放民营企业的巨大生产力。例如，温州民间资本之所以会去投机，其原因在于缺乏引导资本真正发挥市场资源配置功能的制度安排，以此次体制机制创新为契机，在民营企业土地产权流转、企业债券、税负减免等方面拿出有效的政策措施，改变民营企业在产权、资金及人才方面的困境和不平等地位，让民营企业充分享受到改革政策红利。因此，温州多年沉淀下来的产业链优势、民间资本优势和温商网络优势可以为民营企业智能制造提供广阔的试验田，这三大优势也是温州民营经济发展的本源和基础，通过国家自主创新示范区这个载体来凝聚这些优势并重构经济发展的新动能。

二是打造民营经济创新创业新高地。温州民营企业起步于家庭作坊，活跃于市场，逐渐形成了"小商品、大市场"的发展特点，并成为中国区域产业集群发展最为典型的地区之一。产业链衍生的专业市场构成"块状经济"，围绕鞋服、低压电器、眼镜、打火机、汽摩配等主打产品形成了完整的产业链和专业化分工网络，相继获得中国鞋都、中国电器之都等 35 张"金名片"。从 2012 年温州国家高新技术产业开发区，到 2018 年的国家自主创新示范区，民营经济一直是国家对温州的战略定位核心。在新时代新征程上，温州有责任、有义务承担起探索民营经济再创新、推动民营经济"二次腾飞"的重大使命。

三是以智能制造作为建设国家自主创新示范区的发力点。智能制造带来的不仅是生产方式变革，也是未来产业整体发展的方向和经济结构高级化的趋势；温州经济优势基础在于多年积累的传统产业体系，而未来竞争力要依靠新技术对传统产业的改造提升，核心在于构建起以智能升级为核心、技术创新为导向的现代化产业体系。在过去几十年的成长中，温州经济不是建立在个体强大的实力上，而是建立在独特的产业链基础之上，将一条中小企业集群、劳动密集型的产业之路发展到极致。进入新发展阶段，温州通过借助智能制造这个新引擎加速产业转型升级。智能制造不仅要优化企业内部生产组织和运营管理，还要通过网络化的信息与资源配置改变产业组织的竞争格局，并形成新的产业空间格局，促进块状产业集群向绿色、开放、共享的现代产业集群转变。

温州以加工制造为主的五大产业在智能制造领域具有更加广阔的升级空间，也有利于以中小型企业为主的民营经济向"专精特新"转型。一方面，从企业角度看，特别是中小型民营企业有借势转型升级的迫切需求，更需要智能制造来化解面临的成本、人力和市场方面的危机，提高生产效率和产品质量；另一方面，智能制造的分布式生产、网络化集成、扁平化管理等特征与温州中小型企业经营模式有很高的契合度。近年来，温州在劳动密集型的块状产业中大力推进"两化融合"和"机器换人"，温州工业全员劳动生产率年均增长率得到显著提升，很多企业将生产线改造提升为更适合"个性化、小批量"的柔性生产线，车间物联网、企业数据云等技术极大提高了生产线和供应链的反应速度，绝大多数规上民营企业已具备智能化转型的基础，并涌现出一批像正泰电气、报喜鸟服饰、瑞明工业等智能制造领域的示范企业和项目。

## 二、持续推进科技体制机制改革，系统性重塑发展新动能

习近平总书记在主持召开二十届中央财经委员会第一次会议时强调"要加强关键核心技术攻关和战略性资源支撑，从制度上落实企业科技创新主体地位""把扩大内需战略和创新驱动发展战略有机结合起来，加强产业链供应链开放合作"。[①]党的十八大以来，温州

---

① 《习近平主持召开二十届中央财经委员会第一次会议强调　加快建设以实体经济为支撑的现代化产业体系　以人口高质量发展支撑中国式现代化》，《人民日报》2023 年 5 月 6 日。

深入实施创新联合体行动计划，构建企业主导的融通创新机制，围绕激光智能装备、生物医药、新材料、新能源汽车、智能电网和储能等重点领域"卡脖子"核心技术攻坚，支持领军企业联合上下游企业、高校、科研院所、新型研发机构等组建体系化、任务型的创新联合体，推动产业链上中下游、大中小企业融通创新，链式提升企业自主研发能力。

### （一）实施创新主体"登高"攻坚行动，打造科技创新新枢纽

进入新发展阶段，温州通过实施创新主体"登高"攻坚行动，加快补齐创新、人才短板，打造重大标志性成果。一是培优育强创新主体。推进科技企业"双倍增、双迈进"，建立科技企业培育机制（"科技型中小企业—高新技术企业—科技小巨人企业—科技领军企业"的科技企业梯次培育机制）。优化"科技保姆"服务机制，建立"一企一策"服务模式，实施主体培育定向帮扶行动。二是构建创新体系。构建梯度布局的企业研发机构体系，市级研发机构高企全覆盖，支持头部企业牵头组建产业创新联合体。三是聚力抓牢研发"牛鼻子"。实施规上企业研发活动"清零"行动，实行科技资源配置与企业研发投入挂钩。

### （二）整合行业集体力量攻克核心技术难题，塑造经济发展新优势

党的十八大以来，温州深化"放管服"改革，坚持从能放、会管、服务好角度切入，完善利于科技创新的制度体系。科技攻关坚持问题导向，瞄准最紧急、最紧迫的问题，建设原始创新策源地，加大突破关键核心技术的力度。特别是注重发力原始创新，以提高科技创新水平、加快科技创新速度，努力实现更多"从 0 到 1"的突破。同时以需求和问题为导向，从经济社会发展和国家安全面临的实际问题中凝练科学问题，弄通"卡脖子"技术的基础理论和技

术原理，着力推进战略性、储备性、关键性的技术研发。

党的十八大以来，温州聚焦激光智能装备、生物医药、复合新材料、新能源汽车、智能电网和储能、数字安防等重点产业创新链，紧盯浙江省三大科创高地和十大标志性产业链，在"以应用研究倒逼基础研究清单、以基础研究引领应用研究清单"牵引下，组织优势创新力量协同开展战略研究和技术攻关，破解制约产业发展的关键共性、基础底层等"卡脖子"难题，抢占前沿技术制高点，建立常态化高效的研发攻关机制。

### （三）持续推进科技体制机制改革，点燃"创新强城"新活力

对标落实习近平总书记"在以科技创新塑造发展新优势上走在前列"的重要指示精神，点燃"创新强城"澎湃活力。一是做实创新深化"四梁八柱"。围绕"创新深化"和"315"科技创新体系建设工程，推动科创指标进等升位。聚焦"统筹""协调""改革"等职能，推进教育、科技、人才"三位一体"试点8项重点工作和15项改革任务落地，力争打造全省示范。二是加快打造全域创新格局。切实发挥好市委科创委"谋""统""督"作用，实施新一轮"一区一廊"高质量发展三年行动计划，推动科创要素集聚和成果溢出在全域。实施山区海岛地区科技赋能产业专项，深化科技特派员制度和科技特派团试点。三是全面纵深推进改革重塑。推动各项工作流程迭代优化和系统重塑，用好科技新政，引导企业加大研发投入。设立"科技创新日"，推进多主体全链条创新联合体等国家、省改革试点落地见效。

## 三、持续推进科技任务高效落实，高水平构筑创新新高地

### （一）以高能级创新平台矩阵为依托提升全域创新能级

党的十八大以来，温州通过构建新型研发机构体系，建立产学研用金一体化科技研发机制，打造高能级创新平台矩阵。一是提升温州域创新能级。温州通过温州国家自主创新示范区、环大罗山科创走廊"一区一廊"建设，强化亩均税收、亩均研发投入"双亩均"指标考核制度。通过创新扶持政策，支持工业大县建设产业科创平台，企业研发投入和研发机构建设力度加大。二是建设重大科技基础设施。瓯江实验室、中国眼谷、中国基因药谷等重大科技基础设施项目建设全面启动，从预研、新建、推进、提升4个层面逐步完善重大科技基础设施体系。目前，温州已经建成运行的设施面向科技型企业开放，吸引广大科研人员充分利用设施开展科学研究。三是科技赋能山区5县高质量发展。温州建立精准支持机制，推行"一县一策"，深入实施山区5县高质量发展科技专项，实施科技惠农富民行动。推行科技特派员制度，每年省市县联动派遣科技特派员500人次。开展"千博助千企"行动，实现博士创新站山区5县全覆盖。

### （二）打造全域性科技公共服务平台升级优化科技创新生态

一是构建"一区一廊一会一室一集群"创新格局。科技力量是科技自立自强的重要支撑。近年来，温州坚定不移走好科技创新"华山一条路"，连续3年"新年第一会"聚焦科技创新和人才工作主题，构建起以温州国家自主创新示范区、环大罗山科创走廊、世界青年科学家峰会、瓯江实验室、大孵化器集群为内核的"一区一

廊一会一室一集群"创新格局。温州以"一区一廊一会一室一集群"创新格局为战略支点，持续推动全域创新空间布局优化，打造以国家重点实验室和瓯江实验室为龙头的新型实验室体系、以大孵化器集群为核心的产业孵化体系、以新型研发机构为核心的技术创新体系，育强"塔尖重器"。全社会研究与试验发展经费投入逐年增加，并入选全国创新驱动示范市。

温州通过系统提升"一区一廊一会一室一集群"创新能级，用好大分子药物与规模化制备全国重点实验室等，发挥温州医科大学、温州大学等 11 所高校创新策源地作用，放大国科温州研究院、浙大温州研究院等 68 个高能级科创平台效应，推动科技攻关项目倾向新质生产力，全面构建以各级实验室为龙头、以院校研发机构为骨干、以技术创新中心为支撑的创新平台体系。其中，2022 年，温州中关村中试实验室、检测认证实验室在温州鹿城区同时挂牌成立，旨在打造综合性、权威性、专业性的一站式硬科技公共服务平台，满足企业在智能制造、低压电气、电子产品、电线电缆、汽车零部件、新能源等领域的发展需求。两大实验室通过打造专业新型共性技术服务平台，强化内生发展驱动力，开辟发展新领域新赛道，为温州的实体产业升级、高精尖企业培育注入新动能。

二是高水平打造"一港五谷"战略。温州以"一港五谷"为牵引催生新质生产力，中国（温州）数安港加快打造世界一流数据强港、全国一流数据交易中心和中国数字经济新高地，中国眼谷打造全球眼健康"硅谷"，国际云软件谷打造全国有影响力的云软件高地，中国基因药谷建设全国单体规模最大生物药谷，中国（温州）新光谷做强国家级激光与光电产业集群，中国（温州）智能谷加快打造人工智能产业新高地。

## 第二节　深入推进教育、科技、人才"三位一体"改革

　　教育、科技、人才三要素之间紧密相连，是一个复杂的有机系统。只有实现教育、科技和人才三者之间相互促进和一体化，才能形成良性循环的合力和组织效能，为中国式现代化建设提供基础性、战略性支撑。习近平总书记强调："我们要坚持教育优先发展、科技自立自强、人才引领驱动，加快建设教育强国、科技强国、人才强国，坚持为党育人、为国育才，全面提高人才自主培养质量，着力造就拔尖创新人才，聚天下英才而用之。"①党的二十届三中全会又提出："教育、科技、人才是中国式现代化的基础性、战略性支撑。必须深入实施科教兴国战略、人才强国战略、创新驱动发展战略，统筹推进教育科技人才体制机制一体改革，健全新型举国体制，提升国家创新体系整体效能。"②深化教育综合改革，深化科技体制改革，深化人才发展体制机制改革。这体现了对教育、科技、人才一体化推进改革的重大理论和实践问题的规律性认识，为新时代新征程坚持教育优先发展、科技自立自强、人才引领驱动，加快建设教

<hr />

① 习近平：《高举中国特色社会主义伟大旗帜　为全面建设社会主义现代化国家而团结奋斗——在中国共产党第二十次全国代表大会上的报告》,《人民日报》2022 年 10 月 26 日。
②《中共中央关于进一步全面深化改革　推进中国式现代化的决定》,《人民日报》2024 年 7 月 22 日。

育强国、科技强国、人才强国作出了科学指引。教育、科技、人才"三位一体"协同推进是中国式现代化的客观要求。统筹推进教育科技人才体制机制一体改革，是全面深化改革的重点任务之一，必须一体推进教育发展、科技创新、人才培养良性循环，为推进中国式现代化提供强大动力。

温州贯彻落实习近平总书记关于教育、科技、人才重要论述的指示精神，充分认识到教育是科技发展和人才培养的平台和基础；科技发展是教育和人才建设成效的显现；人才培养是教育的目标，人才队伍是教育和科技活动的主体因素。教育、科技和人才相互影响、相互制约、协同共生，三者之间的脱节、掣肘或不同步，都会造成短板效应，因而要统筹推进教育科技人才体制机制一体改革，构建一体化的协同机制，避免区域封闭和系统分割。2023 年 7 月，温州教育科技人才一体推进工作获批浙江省创新深化改革试点。教育科技人才一体试点工作是温州市深入实施"强城行动"增强市域创新发展动力的有效载体，是推动温州产业高质量发展的有力探索。为推动教育、科技、人才三者相辅相成、协同发力，温州于 2023 年11 月发布了《温州市打造教育科技人才一体先行试点城市实施方案》，围绕教育发展、科技创新、人才培养一体推进，创新链、产业链、人才链一体部署，以"小切口"探索改革创新举措，激发城市创新活力，赋能"强城行动"。从顶层设计上统一"集中力量办大事"的理念，将原来的市委科技强市领导小组变更为市委科技创新委员会，把政府、市场、社会等各方力量拧成一股绳，提升资源配置的精准性，形成全域全员推进人才科技工作的格局。

## 一、打造浙江省首支"科技副总"精锐科技轻骑队，架起科技成果和产业创新双向奔赴的彩虹桥

为贯彻落实教育、科技、人才"三位一体"重大战略部署，推动高校、科研院所人才资源与企业深度对接融合，提升企业自主创新能力，温州市委科技创新委员会发布《温州市深入推进"科技副总"工作三年行动计划（2024—2026年）》（以下简称《计划》），在浙江省率先实施全域选派科技人才到企业任职"科技副总"，提供技术攻关、成果转化、研发机构建设和创新人才引育等"增值服务"，为提升企业自主创新能力"强筋壮骨"。

### （一）选派"科技副总"，助推教育、科技、人才一体发展

"科技副总"是温州聚焦企业高端人才招引难、自主研发能力不足等突出问题，帮助企业建立柔性引才机制，加速科技成果转化、加快发展新质生产力的一项创新性举措，也是统筹推动教育、科技、人才一体发展，连接高校、科研院所人才资源与企业深度对接融合的有益探索。根据《计划》要求，温州每年从市内外高校、科研院所中遴选一批科研人员到企业担任"科技副总"职务，建立"科技副总"岗位需求库和人才储备库，坚持"立足需求、双向选择、择优选派"的原则，把最合适的"科技副总"派到最需要的企业，鼓励已与企业建立稳定合作关系的高校、科研院所科研人员到企业担任"科技副总"，对企业有意向人选并已与其协商一致的，优先考虑选派"科技副总"。按照《计划》要求，用3年时间实现亿元以上制造业企业"科技副总"动态全覆盖，并逐渐向创新条件好的规上亿元以下企业延伸。

## （二）选派"科技副总"，打造企业出题、政府搭桥、人才解题的科技赋能新模式

根据《计划》，温州立足企业需求，选派"科技副总"，推进一批"增值服务"。

一是组织一批项目攻关。"科技副总"负责指导企业梳理并推动解决在技术更新、工艺优化、产品升级换代等方面遇到的技术难题，提升企业核心竞争力。凝练企业技术需求，形成关键核心技术、产业共性技术清单，争取纳入浙江省"双尖双领"、温州市"揭榜挂帅"榜单，努力突破一批制约企业发展的"卡脖子"难题。引导企业牵头，联合产业链上下游企业以及高校、科研院所等科研力量组建创新联合体，积极承担国家、省级重大战略需求攻关任务，推动行业共性技术难题解决，形成对行业整体发展的调研成果和意见建议，供党委政府决策参考。

二是建设一批研发机构。"科技副总"按照有场地、有设备、有人员、有投入、有活动、有成果等要求，指导企业加快研发机构建设，确保研发机构应设尽设。发挥派出单位人才、技术、平台、成果等科创资源优势，指导企业研发机构提能升级，推动企业研发机构高质量建设和发展。指导企业加强内部相关部门的协调，进一步规范研发投入，助力企业研发投入强度稳步提升，推动企业研发机构加快产出。

三是引育一批创新人才。"科技副总"负责指导企业根据自身和行业发展实际制定人才引、育、用、留规划。通过为企业提供技术指导、培训服务等，提升企业人才实操实训技能；推动职业院校与企业深度对接，为企业输送技能人才，助力企业技术人才队伍建设。通过"以才引才、以才荐才、以才聚才"等方式，持续充实企业人

才队伍。引导派出单位与企业探索联合培养研究生模式，培养造就一批创新能力强、适应经济社会发展需要的高质量、各类型工程技术人才。因此，温州以"科技副总"为纽带，进一步促进高校和企业开展全方位、多层次的深度合作，形成以企业为主体、市场为导向、产学研用深度融合的技术创新体系，构建创新链、产业链、人才链融合新机制，打造企业出题、政府搭桥、人才解题的科技赋能新模式。

### （三）选派"科技副总"，促进创新链、产业链、人才链深度融合

科技成果转化涉及需求挖掘、评价精选、发布对接、转化落地、成果跟踪等全链条服务，中间出现环节缺失，耦合效应就会消失，会导致科技成果转化受阻，为此，温州以"科技副总"为纽带，一头连着科技创新，一头连着产业发展，嫁接大院名校资源，发挥科技人员"传帮带"，推动更多的人才从象牙塔走入企业，让更多的科研成果从实验室走进车间，链接高校、企业、政府等资源，开辟企业服务"新赛道"，促进创新链、产业链、人才链深度融合。当前，"科技副总"负责推动高校、科研院所和科创平台的科技成果在企业得到转化和应用，加强国内外高校、科研院所科技成果信息的收集梳理，推进高校科技成果的产品化和产业化，让更多陈列在书架上的科技成果真正书写和落实在大地上。围绕企业技术需求和发展规划，"科技副总"指导企业联合高校、科研院所根据市场需要开展应用研究工作，助力企业加快新产品研发，帮助企业申请专利保护，形成一批具有自主知识产权、附加值高、市场竞争力强的新产品。

温州选派"科技副总"不单单局限于在温高校、科研院所，还新增了70余名市外高校、科研院所的科研人员。虽然挂上了"科技

副总"的职务，但"科技副总"并不参与经营与管理，只指导开展技术攻关、帮助开展产学研用合作、推动研发机构建设、规范研发投入。简言之，"科技副总"就是专为破解科研与产业"两张皮"难题而设立的。当前，"科技副总"入企正在温州加速推进，一大批专家教授驻扎企业帮助解决技术难题、深化产学研用合作、推进科技成果转化。

## 二、以"三支队伍"建设为先导，奋力打造高素质专业化的科技铁军

习近平同志在浙江工作期间，为浙江量身制定了作为省域发展全面规划和顶层设计的"八八战略"，高瞻远瞩地作出建设人才强省战略部署，率先开启了人才引领、创新驱动的省域发展实践，为浙江加快破解"成长的烦恼"、实现全方位系统性深层次的精彩蝶变提供了强大支撑。2023 年 9 月，习近平总书记再次亲临浙江考察指导，赋予浙江"中国式现代化的先行者"的新定位、"奋力谱写中国式现代化浙江新篇章"的新使命，提出"4＋1"重要要求，强调浙江要打造科创高地。浙江省根据习近平总书记的重要指示精神，牢固树立"大人才观"理念，深入实施政治领航铸魂、"干部为事业担当、组织为干部担当"激励保护、战略人才引育、浙商再出发"雄鹰"、省域技能型社会建设、现代"新农人"培育、人力资源服务增值化改革 7 项行动，努力造就"人人皆可成才、个个皆能出彩、行行皆有奔头"的生动局面。温州深入学习贯彻习近平总书记关于人才、人力资源、干部队伍建设的重要论述和考察浙江重要讲话精神，持续推动"八八战略"走深走实，贯彻落实浙江省"新春第一会"精

神，全面加强"三支队伍"建设，以"大人才观"广开育才、引才、聚才、识才、用才、护才之路，加快形成干部敢为、人才敢闯、企业家敢干、劳动者敢创的良好态势，打响"来温州·创未来"品牌，推动各类人才奋发进取、竞相涌流，加快打造勤廉并重的新时代党建高地市域样板、区域重要人才中心和创新高地。

**（一）全面加强高素质干部队伍建设，以干部的"一马当先"引领全社会的"万马奔腾"**

温州对照党的二十届三中全会提出的深化党的建设制度改革，特别是"鲜明树立选人用人正确导向""激励干部开拓进取、干事创业"等重要要求，突出一腔热血铸忠诚、一心为民践宗旨、一身本领善担当、一马当先争一流、一尘不染重勤廉"五个一"标准，全面提升干部队伍投身现代化建设的本领担当。持续健全干部担当作为激励和保护机制，以组织担当激励干部担当，以干部敢为引领地方敢闯、企业敢干、群众敢首创。营造勤廉实干风尚，持续健全从严管理监督干部制度体系，精准运用"四种形态"，构建主观世界改造、从政行为规范、发生问题追究链条，加强年轻干部全链条、全周期、全覆盖教育管理，持续营造"干净加干事、干事且干净"良好氛围。通过深入实施政治领航铸魂行动，在学思想中深化政治历练，在树导向中强化双向激励，在能容错中细化撑腰鼓劲，在严监督中优化政治生态，着力锻造与温州第三极地位相匹配的干部铁军。

**（二）全面加强高水平创新型人才和企业家队伍建设，把人才优势转化为高质量发展强劲动能**

温州深入贯彻落实党的二十届三中全会提出的"着力培养造就战略科学家、一流科技领军人才和创新团队""弘扬企业家精神""加快建设更多世界一流企业"等重要要求，带动广大创新型人才和企业家挑战自我、追求卓越，以一流状态创造一流业绩、干出一等工作。加强战略人才引育，建立科教融合、产教协同育人机制，有组织地开展科学研究，走好人才自主培养之路、谋准人才海外引进之策、激活人才创新创造之力。着力构建亲清新型政商关系，深化落实政商交往正面清单、负面清单和倡导清单，营造尊商、重商、亲商、爱商良好环境。通过一流环境激励创新创业，实施战略人才引育行动、温商再出发"雄鹰"行动，以精准化、全周期政策招引人才，深化细化助企惠企措施，推动创新型人才双向奔赴、民营企业家重燃激情，让创业激情、创新活力、创富梦想更加澎湃。

**（三）全面加强高素养劳动者队伍建设，奏响勤劳创造、共同奋斗的时代强音**

温州深入贯彻落实党的二十届三中全会提出的"着力培养造就卓越工程师、大国工匠、高技能人才""建设一流产业技术工人队伍"等重要要求，持续塑造劳动者队伍总量势能、结构红利和素质资本的叠加优势，加快锻造知识型、技能型、创新型劳动者大军。以技能提升促进致富增收，深化技能型社会建设，壮大现代"新农人"群体，塑造新时代产业技术工人，引导和激励各行各业劳动者走好增技增收、创业创富之路。要聚焦未来发展、以青年发展引领聚才引人，紧贴青年需求期盼发力，深化全国青年发展型城市建设，落实"促进青年就业创业十条举措"，积极打造"青年态"生活社区、时尚商圈、文旅IP，让温州成为青年人近悦远来的向往之地。要深化增值服务、以优质生态推动拴心暖心，让高标准服务更加温暖人、高水平保障更加汇聚人、高规格礼遇更加鼓舞人，形成人人渴望成才、人人努力成才、人人尽展其才的生动局面。

## 三、坚持产学研用协同发展，引育基础前沿领域急需的高层次人才

### （一）创新科研管理机制，构建产学研用协同模式

进入新发展阶段，温州探索"揭榜挂帅"新机制，定期召开产业分析研判会、走访链主企业，紧盯行业革命性引领性技术，征集、凝练一批技术需求和攻关清单，通过联合攻关、"揭榜挂帅"等方式开展核心技术攻关，解决一批产业"卡脖子"难题，并常年公开征集技术难题。2022 年，温州征集重大科技创新攻关需求 410 项，发布工业领域榜单 10 项、软科学榜单 12 项，聚焦 79 个领域发布攻关项目指南；受理市级重点科技创新攻关项目 345 项，获浙江省"尖兵""领雁"立项 20 项，首次争取到"尖兵"单个项目最高额度补助 1000 万元。其中，中电海康集团、华中院共建光电产业创新联合体，推进华中院科技成果在温产业化，已有 3 项产业化项目签约、5家创业公司成立。

### （二）充分发挥温籍数学家资源丰富的独特优势，锚定基础研究前沿领域

加强基础研究是实现高水平科技自立自强的迫切要求，是建设世界科技强国的必由之路。2013 年 2 月，习近平总书记在中共中央政治局第三次集体学习时发表重要讲话，对加强基础研究、夯实科技自立自强根基作出全面部署，为推动基础研究实现高质量发展指明了前进方向。党的十八大以来，温州强化基础研究前瞻性、战略性、系统性布局，强化基础研究投入、加快基础研究平台建设、加强基础研究人才培育、增强基础研究设施布局，着力提升基础研究

能力和水平。而数学是基础研究的"掌上明珠"，也是创新发展的核心支柱，深刻影响并推动着人类社会的进步。温州素有"数学家之乡"的美誉，数学基础教育一直处在浙江前列。近年来，温州借助世界青年科学家峰会平台，汇聚国内外院士及青年科学家智慧，举办数学文化与传承研讨会、数学及其应用前沿论坛等活动，出台了《"温州数学家家园"建设方案》，充分发挥温籍数学家资源丰富的独特优势，加速引育一批国内外数学家，锚定基础研究前沿领域。

**（三）深入推进科技特派员制度新实践，用科技助力擘画共同富裕新图景**

科技特派员制度是通过自主实践而创新的一种农业推广制度。温州市科技特派员制度试行于 2003 年，经过两年的试验积累，于 2005 年正式实施。该制度实施 20 多年来，得到了温州市各级政府、各大科研院所及有关单位的共同支持，在多年深入的实践和探索下，科技特派员将大量的科技资源导入农村，使得大批的科技成果迅速转化为现实生产力，提高了温州市农民的收入，促进了温州市农村经济又好又快发展。温州市作为浙江省的经济大市，在科技特派员科技创业行动中，实行"捆绑式"工作模式和跨地域服务，积极推动科技特派员下乡进行创新创业。进入新发展阶段，温州全面贯彻落实党中央和省委、市委关于共同富裕的决策部署，把科技特派员作为打造共同富裕示范区市域样板的"关键一招"，积极搭建系统化平台、探索惠农类产业、突破政策性难题，深入推进科技特派员制度新实践，用科技助力擘画共同富裕新图景。

一是构建"平台＋"体系，实现智能化管理。温州选派科技特派员，变"人工对接"为"智能匹配"，实现选派精准化。开发"科技在农"应用，建立科技特派员专家预备库，形成科技特派员队伍梯队，实现科技特派员画像和乡镇农业产业、农户农技需求的精准匹配。变"单兵作战"为"协同服务"，实现服务高效化。上线"科技在农"应用，为农户和农业企业建立快捷、高效的线上服务通道，形成"实地指导 + 网络问诊"服务模式。变"传统管理"为"多维赋分"，实现考评科学化。创新采用积分激励机制，在科技特派员进行履职工作、现场服务、参与问答时给予相应的积分奖励。通过科学、动态的行为赋分机制，大力推进服务成效与管理工作的规范化、信息化，充分提升科技特派员获得感、积极性、主动性。

二是强化"人才 +"引擎，打造致富新产业。温州组建科技特派员共同富裕科技帮扶团，形成推进共同富裕攻坚合力，通过引进新品种、推广新技术、创建示范基地等方式开展科技帮扶服务。发挥人才优势，推动科技特派员下沉山区、海岛县，助力共同富裕。2022 年，温州组建科技特派员共富帮扶团 41 个，精准帮扶县（市、区）产业转型升级。对接产业人才，通过贯通服务主体，聚焦特色产业，汇聚科研院所、国家农业科技园区、星创天地、重点农业企业研究院等各类创新资源要素 90 家，实现"上通院所、下接农户、外拓市场、内联基地"，帮助农户、企业培育特色优势产业。同时，温州鼓励科技特派员举办形式多样的技术咨询和技术培训班，大力培养"科技二传手"和"撤不走"的本土科技人才，把点的"技术固化"转为面的"技术辐射"。

三是突破"机制 +"难题，完善政策性保障。温州充分发挥科技特派员工作联席会议制度的相关作用，定期围绕重点产业难题开展抱团服务，形成"活动共办、问题共解、成果共享、设备共用"的协调协作机制，创新"八有"工作方法（有计划与总结、有学习与培训、有调研与视察、有协商与监督、有提案与信息、有活动与服务、有联谊与交流、有创新与亮点），切实提升科技特派员工作效能。同时，温州支持科技特派员通过多形式转化科技成果，鼓励科技特派员创办、领办经济实体，或与经济实体开展实质性技术合作项目。温州还明确科技特派员在兼职服务期间领取服务对象给予的合法报酬或从利益共同体获得的收益均为合法收益，不受本单位绩效工资总量限制。温州通过全面推行科技特派员列席县（市、区）两会的模式，派出单位在年终业绩考评、工作量计算、职称评定等方面把科技特派员项目视同为厅局级科技项目，年度考核优秀的科技特派员，派出单位在其职称评聘、职务晋升等方面予以优先考虑。

### （四）打造高效产学研用协同创新共同体

党的十八大以来，温州发挥龙头企业引领支撑作用，强化与国内外优势高校、科研院所、浙江省实验室、新型研发机构等协同联动，打造高效产学研用协同创新共同体。其中，温州大学电气与电子工程学院研究员舒亮领衔申报的"电气数字化协同创新中心"，围绕电气数字化及其综合性平台，以温州大学为牵头单位，联合正泰电器、公牛集团、浙江大学等单位组建协同创新中心，在前沿科学研究、人才队伍培养、成果转化模式等方面展开深度协同创新，建立并完善协同创新中心的运行体制机制，打造电气产业升级的新思路。该平台以现有电气数字化设计技术国家地方联合工程研究中心、浙江省温州低压电器技术创新服务平台、机械工业用户侧光伏微网工程中心、电器产业技术创新战略联盟等为基础，构建以电器理论与智能化、电气数字化设计与制造、电力电子与特种电源、电气安全与数字化检测为代表的电气数字化技术领域的国际一流研发、成果转化和人才培养综合性平台，为浙江乃至全国电气数字化开发提供技术支撑。

# 第三节 建设科技大市场，推进创新链和产业链的有效对接

习近平总书记指出，"要强化企业主体地位，推进创新链产业链资金链人才链深度融合，不断提高科技成果转化和产业化水平"。[①]温州坚持创新首位战略，聚焦"做强做精高水平新型研发机构"目标，实施"十个一批"工作举措，推动新型研发机构提升科研能力，促进创新链与产业链深度融合，加速服务企业创新、赋能产业发展。

## 一、推动科技成果转化，加快发展新质生产力

习近平总书记在全国科技大会、国家科学技术奖励大会、两院院士大会上的讲话中强调，"扎实推动科技创新和产业创新深度融合，助力发展新质生产力""融合的基础是增加高质量科技供给""要积极运用新技术改造提升传统产业，推动产业高端化、智能化、绿色化"。[②]这些重要论述阐明了科技创新和产业创新深度融合的理论内涵，为新质生产力发展指明了路径。科技创新是发展新质生产力的核心要素，能推动和引领产业创新，产业创新则能够实现科技

---

[①]《习近平在广东考察时强调 坚定不移全面深化改革扩大高水平对外开放 在推进中国式现代化建设中走在前列》，《人民日报》2023 年 4 月 14 日。

[②] 习近平：《在全国科技大会、国家科学技术奖励大会、两院院士大会上的讲话》，《人民日报》2024 年 6 月 25 日。

创新的价值，二者深度融合、互促共生，对建设和完善现代化产业体系具有重要意义，是加快培育新质生产力的重要驱动力量。为深入贯彻落实习近平总书记关于发展新质生产力的重要论述，温州坚持以科技创新引领现代化产业体系建设，促进科技成果高质高效转化，为温州实施"强城行动"，向"双万"（万亿级 GDP、千万级常住人口）城市目标冲刺，全力打造浙江高质量发展第三极提供强劲推动力、支撑力，温州主动作为，大力推进科技成果转化集成改革，夯实转化基础、激发转化活力、畅通转化链条，科技成果转化效率得到进一步提升。相关数据显示，温州技术交易额从 2019 年的204.05 亿元跃升到 2023 年的 612.59 亿元。

## （一）育旺科技成果转化需求，推动创新要素向企业集聚

习近平总书记在党的二十大报告中指出："加强企业主导的产学研深度融合，强化目标导向，提高科技成果转化和产业化水平。"[①]实践证明，以企业需求为牵引的科技成果转化是提高转化率的有效途径，企业作为研发投入的主体，也是科技成果转化的主体，为此，温州围绕企业真实需求开展"揭榜挂帅"技术攻关，提高企业在科技项目论证、立项等环节的参与程度；组建创新联合体，有效衔接创新环节，打造关键技术自主创新的"核心圈"；实施市重大科技创新攻关项目，企业承担率超过 80%，引导企业在关键核心技术研发上走在国内国际前沿；深化科技企业"双倍增""双迈进"行动，已培育 4326 家高新技术企业、14155 家浙江省科技型中小企业成为

---

① 习近平：《高举中国特色社会主义伟大旗帜　为全面建设社会主义现代化国家而团结奋斗——在中国共产党第二十次全国代表大会上的报告》，《人民日报》2022 年 10 月 26 日。

技术创新和成果转化的生力军。当前，温州已基本打通科技成果供需双方的匹配渠道，建立以企业为主导、需求为牵引、产学研用深度融合的科技成果转化机制，让科学家更好地服务企业家，推动更多科技成果转化为现实生产力。

### （二）引导科技成果供给产出，推动研发机构应市场而强

温州围绕"5+5"产业培育发展需要，累计引进香港理工大学温州技术创新研究院等高能级科创平台68家，深化"十个一"工作机制，引导平台产出丰硕成果，已培育浙江省级新型研发机构11家、市级新型研发机构21家，转化100万元以上科研成果137项，承担省级以上科研项目344项，新增高层次人才1202人。建成市级及以上重点实验室134家，其中国家级重点实验室2家、省级实验室1家，集中推动解决一批"卡脖子"技术难题，促进更多科技成果走出实验室、进入企业，有效促进科技供给与企业需求、市场需求相匹配，推动科技成果从样品到产品再到商品的转化。

### （三）打造科技成果孵化高地，推动大孵化器集群加速建设

孵化平台是推进科技成果转化为现实生产力的重要载体。温州于2022年4月启动大孵化器集群建设，拟通过5年时间建成孵化面积1000万平方米，目前已建成孵化面积450万平方米，引进创新型孵化项目5564个，集聚创新创业人才5万余人，涌现出"龙头企业牵头+自建自营""高能级创新平台+孵化运营""园区管委会+运营机构"等特色孵化模式，"建引育"一体化建设大孵化器集群模式入选科技部国家自主创新示范区改革创新典型案例。同时，在建设打造大孵化器集群配置开展以科学的概念验证保障科技成果转化，以增值的中试服务加速科技成果商品化，以广泛的应用场景推动科技成果落地。

## 二、打造"科创中国"融通平台，让产业插上创新翅膀

自 2021 年 5 月浙江省温州市成功入选"科创中国"试点城市以来，温州市科协充分利用"科创中国"平台对接高端智力资源，引流带动人才、技术等创新要素下沉到园区、企业和生产一线，推动温州科技、经济深度融合，打造"科创中国"温州样板。进入新发展阶段，温州在"科创中国"平台 65 个试点城市中排名位居全国前列。截至 2023 年 12 月，"科创中国"平台温州分站建设位列全国第三、浙江省第一。同时，浙江省科协也公布了 2022"科创中国"浙江省级创新基地和浙江省级试点县（市、区）认定结果。其中，乐清市、永嘉县成功入选"科创中国"浙江省级试点县（市、区）。依托"科创中国"创新资源融通共享平台，温州各县（市、区）纷纷大显身手，促进科技创新资源聚合、裂变、赋能，跑出了科技经济融合"加速度"。

### （一）峰会为媒，推动"科创中国"在温出彩出新

"科创中国"是中国科协打造的创新、创业、创造服务品牌，旨在构建资源整合、供需对接的技术服务和交易平台，以发现企业需求价值和构建园区产业链为重点，通过探索产学融合的组织机制和激励机制，实现人才聚合、实现技术集成、实现服务聚力，推动技术交易规范化、市场化、国际化，建设创新、创业、创造生态，让科技更好地服务经济社会发展。温州以世界青年科学家峰会（以下简称"青科会"）为主要载体推动"科创中国"在地方落地的做法获得肯定，成功入选"科创中国"全国试点城市，随后，温州于 2023 年 6 月又获评全国创新驱动示范市。

创办青科会是中国科协与浙江省人民政府共同发起、联合主办的面向全球青年高层次人才的活动。温州市科协充分利用青科会举办地的优势，积极承接"科创中国"高端资源，助力温州市实现高质量发展。自2019年首届青科会在温州召开以来，先后有50多位诺贝尔奖、图灵奖、沃尔夫奖获得者，350多位中外院士和5800余名嘉宾参加，每年约有20万人次的各类人才跟随他们的脚步来到温州。相比首届青科会举办前，温州目前已实现当地院士等顶尖人才从0到17人的突破，大学生、技能人才引育数量实现翻倍增长。温州充分释放青科会效应，不断扩容"科创中国"人才资源。以大健康领域为例，每年的大健康论坛都会吸引大量生命健康领域的科学家参会。温州顺势围绕生命健康产业链布局创新链，以举办论坛为契机，有针对性地引进了国科温州研究院、浙大温州研究院等高能级科创平台，还建成了瓯江实验室、中国眼谷、中国基因药谷、温州生命健康医学研究创新中心、浙南美谷等一大批平台。

### （二）融合为链，助力"科创中国"在温见行见效

近年来，温州充分利用"科创中国"优势资源，推进平台建设、试点推广、组织创新、服务提能"四位一体"，推动创新链、产业链、资金链、人才链"四链融合"，开创了科学家、企业家、创投家"三界融合"的创新路径，打造"一家三站"科技服务体系，即院士之家"点对面"辐射服务区域产业和园区（平台）、院士工作站"点对点"服务科技创新龙头企业、专家工作站"点对点"服务科技创新骨干企业、博士创新站"点对点"服务地方中小微企业的立体式科技创新服务体系，形成了"科协搭台、专家助力、企业受益、产业提升"的良好科创生态，助力"科创中国"在温见行见效。同时，温州借助全国学会和地方科协"一体两翼"资源的有效调动，建立

以"顾问—平台—组织"为基本单元的科技服务网络。面向科技社团、高校科研院所科协、全国学会、新型研发机构等遴选科技工作者作为科创联络员、科技顾问，针对温州高新技术企业，开展科技咨询、成果转化、破解创新难题等服务，组建了近百人的科创联络员队伍。

### （三）创新为要，赋能"科创中国"在温走深走实

2022 年，温州世界青年科学家创业园等 4 家单位入选中国科协"科创中国"创新基地，获评数在浙江全省地市级中排名第一。2023 年，中国眼谷眼健康创新基地又入选中国科协"科创中国"创新基地示范项目，是浙江省唯一入选项目。这背后正是温州以创新为要，全力推进创新驱动示范市和"科创中国"试点城市建设有机衔接，赋能"科创中国"在温走深走实。同时，2022 年以温州创新实践经验为蓝本构建的城市"科创指数"，从科创水平、科创平台、科创资源、科创贡献 4 个维度，形成了 3 级指标 36 项系数，具有数据易观测、易衡量、易获取，评价指标可比性、一贯性等特点，能系统反映"科创中国"试点城市建设的程度、所处阶段、综合科创水平等。

## 三、推动创新链产业链资金链深度融合，开拓科技创新新思路

### （一）创新融资模式，推动企业运行各领域深度融合

进入新发展阶段，温州深化推进科技金融服务，首创"科创指数"融资模式，创新"科创指数"评价体系，动态归集企业科技资质、科研投入、人才构成等 11 项指标、39 个数据项，利用市"科

企通"平台对温州科技企业及培育对象进行"科创指数"赋分授信，使科技企业科创资产可量化、可授信。同时，温州还建立包含国家高新技术企业、"专精特新"企业等在内的授信"白名单"，在科技服务"三员"机制的基础上，按最大贷款行（有贷户）或地理就近（无贷户）原则，为温州每家科技企业配备一名金融服务网格员，从而有效打通企业"科技资产—信用资本—信贷资金"的转化通道，为创新平台建设、科技企业发展提供有力金融要素支撑，努力推动创新链产业链资金链深度融合。截至 2022 年年底，温州已通过"科创指数"融资模式为 11763 家科技企业授信 397 亿元，发放无抵押"科创指数贷" 6725 户、151 亿元。

### （二）集聚科技创新资源要素，打造一批高端标杆典型

新型研发机构是温州围绕"5＋5＋N"主导产业发展需求，产生一批既能面向应用基础研究开展技术创新，又能面向产业创新开展关键共性技术攻关和研发服务，形成一批高端科研成果，赋能产业高质量发展的企业、登记注册事业单位或科技类民办非企业单位的独立法人机构。截至 2022 年年底，温州建有 21 家新型研发机构，其中 7 家为浙江省级新型研发机构。2022 年累计研发投入 11 亿元，集聚科研人员 4481 人，新增四技服务收入 6830 万元，与企业新建研发平台 38 家，与 87 家国内外高校科研院所建立合作关系，获批浙江省级及以上科研项目立项 81 项，新增孵化科技型企业 82 家。

### （三）聚焦地方产业发展方向，优化新型研究机构赛道布局

进入新发展阶段，温州依托共建单位科研优势和自身资源基础，结合地方产业发展方向，优化研究领域资源配置，聚力应用研究和产业技术研究。截至 2022 年年底，温州 56 家高能级科创平台已覆

盖传统支柱产业和战略性新兴产业；21 家新型研发机构对照浙江省"315"科技创新体系谋准细分赛道，制定"一院一策"发展目标，其中新材料新能源领域 5 家，生命健康领域 4 家，智能装备领域 4 家，数字经济领域 3 家，泵阀、服装、鞋革、仪器仪表等传统产业 5 家。

第二章

积极推进产业创新，
打造现代产业新高地

产业创新是指将新技术、新管理模式等应用于产业中，推动产业转型升级，提升其核心竞争力，推进产业创新是实现经济高质量发展的必然要求。为了牢牢把握高质量发展这个首要任务，因地制宜加快发展新质生产力，习近平总书记2024年3月5日在参加十四届全国人大二次会议江苏代表团审议时的讲话中强调："面对新一轮科技革命和产业变革，我们必须抢抓机遇，加大创新力度，培育壮大新兴产业，超前布局建设未来产业，加快建设现代化产业体系。发展新质生产力不是忽视、放弃传统产业，要防止一哄而上、泡沫化，也不要搞一种模式。各地要坚持从实际出发，先立后破、因地制宜、分类指导，根据本地的资源禀赋、产业基础、科研条件等，有选择地推动新产业、新模式、新动能发展，用新技术改造提升传统产业，积极促进产业高端化、智能化、绿色化。"[1]温州深刻领悟习近平总书记关于产业创新的重要论述的精神实质和实践要求，以建设民营经济高质量发展示范城市为契机，打造全国民营经济创新发展示范区，积极推进产业创新，加快建设现代化产业体系，全力打造传统优势产业和新兴主导产业两大万亿级产业集群，建设区域生产性服务业基地，提升产业链供应链韧性和安全水平，在高质量发展中争当开路先锋。

---

[1]《习近平在参加江苏代表团审议时强调　因地制宜发展新质生产力》，《人民日报》2024年3月6日。

# 第一节 坚持传统产业转型升级和战略性新兴产业培育并举

党的十八大以来，温州牢记历史使命与社会责任，在巩固传统产业优势的基础上，提前布局战略性新兴产业，坚持传统产业转型升级和战略性新兴产业培育并举，促进产业分工更加合理化和高级化，打造安全稳定的产业链供应链。在传统产业转型升级方面，温州摒弃传统产业"夕阳论"错误观点，走出"传统产业不属于发展产业"误区，明确传统产业优化升级是推进供给侧结构性改革、增加市场有效供给、满足人民日益增长的美好生活需要的必然要求。在战略性新兴产业培育方面，温州充分把握住战略性新兴产业代表新一轮科技革命和产业变革的方向，加快培育五大战略性新兴产业，实施高能级战略性新兴产业集聚发展、重大项目精准引育、产业创新能力提升、创新人才集聚和龙头企业引领五大工程。

## 一、以数字技术赋能传统产业转型升级

习近平总书记指出，"发展数字经济意义重大，是把握新一轮科技革命和产业变革新机遇的战略选择""要把握数字化、网络化、智能化方向，推动制造业、服务业、农业等产业数字化，利用互联网新技术对传统产业进行全方位、全链条的改造，提高全要素生产率，

发挥数字技术对经济发展的放大、叠加、倍增作用"。[①]党的十八大以来，越来越多的未来工厂和数字化车间在温州如雨后春笋般冒出，使得温州传统产业升级步伐稳健，独占鳌头。对于温州来说，传统产业主要指独具地域特色的劳动密集型、以制造加工为主的产业，包括服装、鞋革、汽摩配、低压电器、泵阀等产业。当前，温州的服装产业根据自身产业特点，推广"制造业 + 服务业""品牌 + 合伙人"等新型商业提升模式，加速线上线下全产业链打造，统筹推进服装产业批量化生产与个性化定制协同发展；鞋革业的改造提升以品牌化、时尚化、个性化作为主攻方向，重点发展中高端鞋类产品；汽车零部件产业提出加快数字化平台建设，加快建设"产业大脑"，推动数字化多元融合推进产业链治理；低压电器行业加快数智化转型的步伐，推进智能化平台、预测性维护等核心技术应用；泵阀产业把智能控制、节能环保作为发展方向，重点生产高温高压、低温高压、大口径、耐腐蚀等领域的泵阀产品。

鞋革产业、服装产业、包装产业、电气产业、汽摩配产业、泵阀产业等温州传统产业，均已产生具有行业影响力的数字化应用典型案例。报喜鸟的"云翼"智能制造平台为服装行业走出了一条个性化定制的新商业模式，目前销售量的 30% 来自定制平台，将改变服装业高库存、长账期的困局，有望成为服装业的主流生产模式。东经科技通过互联网平台模式成为一家颠覆包装业传统模式的"包装 + 互联网"科技型企业，平台的产值从转型前的几千万元，一跃升至十几亿元，并走出温州，在全国各地推行包装行业互联网解决方案。鼎业机械通过从外部引进人才和智力资源，兴建新的智能化

---

① 习近平：《不断做强做优做大我国数字经济》，《求是》2022 年第 2 期。

制造基地，将对温州包装机械行业的商业模式产生深刻影响。而泵阀行业的中小企业上云行动，正在改变企业的经营管理模式，员工管理、生产流程、仓储管理模式等发生了根本性变化。电工材料行业福达合金通过从外部引进人才，研发数据驱动的生产工艺，实现产线级的快速组队、设备快速组织，满足个性化订单需求。数据显示，2022年温州综合百强制造业企业中的电气、服装、化工、汽摩配、鞋革五大传统产业表现突出，有企业数33家，占52家制造业企业数的63.46%，尤其是温州聚焦智能电气产业整链提升，持续激活产业集群创新生态，不断巩固全产业链核心优势，使得电器行业得以长足发展。

## 二、培育发展新动能，撬动战略性新兴产业做大做强

战略性新兴产业代表新一轮科技革命和产业变革的方向，是培育发展新动能、获取未来竞争新优势的关键领域。在战略性新兴产业领域，温州虽起步较晚，但步子大、发展快，尤其是近年来，聚焦战略性新兴产业培育发展工作，画好"路径图"、铺就"新赛道"。温州围绕数字经济、智能装备、生命健康、新能源、新材料五大战略性新兴产业集群发展，全力实施高能级战略性新兴产业集聚发展、重大项目精准引育、产业创新能力提升、创新人才集聚和龙头企业引领五大工程，有力推动战略性新兴产业高质量发展。除产业规模外，战略性新兴产业在格局、创新能力以及企业竞争力上也要有"新"突破。在格局上，核心产业增长极作用日益增强，逐步形成一批规模超500亿元的产业集群区块；在创新能力上，五大战略性新兴产业规上工业企业研发费用支出占主营业务收入比重达到全国先

进水平，在关键领域取得一批重大科技成果和技术标准；在企业竞争力上，五大战略性新兴产业链条进一步完善，集聚形成一批拥有核心技术、创新能力突出、市场竞争力强的领军型、高成长型企业，新增百亿级新经济龙头企业 5 家，新增"隐形冠军"和"单项冠军"企业 50 家以上。数据显示，2022 年，温州五大战略性新兴产业实现总产值（营收）超 6000 亿元，同比增长 20% 以上，带动温州全市工业战略性新兴产业实现增加值 515.6 亿元，同比增长 21.1%；同时，五大战略性新兴产业增加值占规上工业增加值比重跃升至 35.1%，首次超过浙江省平均水平，提前超额完成"十四五"规划目标。

以数字经济为例，2022 年 2 月，温州发布《温州市数字经济发展"十四五"规划》，提出到 2025 年温州市数字经济增加值达到 6500 亿元，GDP 占比达到 65%；数字经济核心产业增加值达到 1000 亿元，GDP 占比达到 10%。"十四五"期间，温州市将着力提升数字产业能级。在空间布局上，设计"一廊双核三链多点"的数字产业空间。其中，"一廊"是东部温州数字经济发展走廊；"双核"是数字产业发展双核心区，分别以乐清为北核心、瑞安和平阳为南核心；"三链"是数字安防、网络通信、智能计算三大重要产业链；"多点"是形成多个数字化产品和装备特色基地。在产业结构上，针对传统电子信息行业，围绕核心基础元器件，加强先进基础工艺积累及新材料开发，引导企业开发新型电子信息产品。针对新一代电子信息行业，聚焦物联网、数字安防、网络通信、工业互联网、区块链等重点细分领域，加大项目建设和企业培育力度。在重大项目上，加大招引力度，尤其是针对新一代信息技术制造业，例如数字安防、5G 通信设备、超高清视频生产设备等领域。加强产业链招商，以招引符合温州市产业布局特点和发展方向的项目为重点，突出规模化和产业引领化，重点抓"来了就能落、落了就能产"的大项目。

同时，温州还通过数字经济赋能信息产业，为信息产业的发展带来了巨大的变革和机遇。2023 年中国人工智能数字创新大会在温州举行，来自国内人工智能领域的百余位专家学者和企业精英代表共同探讨了人工智能发展的趋势，人工智能时代科技、教育、产业紧密协同，推动数字创新领域的发展等内容。根据温州出台的《关于大力实施"瓯越英才计划"高水平建设浙南重要人才中心和创新高地的 40 条意见》，温州积极建设区域重要人才中心和创新高地，制定了"一区一廊一会一室一集群"的创新格局，包括温州国家自主创新示范区、环大罗山科创走廊、世界青年科学家峰会、瓯江实验室和大孵化器集群。近年来，温州全社会的研发经费增长率大幅提升，表明温州在科技研发上的积极态度和成就。此外，温州正在竞争抢占新一轮信息技术发展的风口，加快布局新一代人工智能产业，从而提升"一港五谷"新质生产力。

信息技术产业对温州的发展具有重要战略意义。作为战略性新兴产业之一，信息技术产业对温州制造业的发展起着关键支撑作用，也是先进服务行业、基础性产业和支柱产业之一。这一产业依托现代科技理论和先进科学技术的发展，具备高科技性、创新性、拉动性和渗透性，对优化产业结构、转变经济增长方式、促进就业和维护社会安全稳定至关重要。温州高度重视信息技术和信息产业的发展，不断推动物联网、移动互联网、云计算等新兴业态的发展，创新信息应用技术和商业模式。此外，温州还加速新型电子产品对传统产品的替代，推动工业软件、通信信息技术和电子技术在各个领域的广泛应用，促进信息化与工业化融合，呈现信息产业服务化的明显趋势。目前温州信息产业的发展水平稳步提升，为经济结构调整优化和产业升级提供了有力支持。

## 三、发挥高能级平台集聚效应，提升行业服务能力

进入新发展阶段，温州以"3＋12"核心产业平台为主体，聚焦智能装备、智能汽车、生物医药等未来产业领域，谋划建设一批"万亩千亿"新产业平台，支持瑞安、乐清、瓯江口产业集聚区、浙南产业集聚区率先创建"万亩千亿"省级示范平台。在传统行业领域，引导鞋革、服装、金属、家具、包装、紧固件、汽摩配等协会商会与质监部门、高校院所等合作，建立研发设计中心、培训中心、质检中心、信息中心等平台。例如，温州汽摩配行业协会建立浙江省汽摩配技术创新服务中心，100多家企业共同出资在瓯海商务中心区建设温州汽摩配经贸大厦。同时，大力推进产业开放平台建设，与韩国合作共建温州韩国产业园，签约引进"韩国时尚新天地"等重大时尚产业项目，为温韩两地企业深入合作提供了良好的载体。在五大战略性新兴产业的布局中，环大罗山科创走廊是重要且亮眼的一笔，通过大力引进和布局行业领先的重大创新载体与研发机构，加速智能装备、生命健康创新资源集聚，将环大罗山科创走廊打造成驱动温州发展、辐射浙南闽北、接轨长三角的民营经济创新引领区和科技生态融合发展高地。此外，温州还在经济发展的其他一些重点领域大力推动平台建设，发挥高能级平台集聚效应。

### （一）打造"幸福颐养超市"服务平台，以数字适老提振银发经济

为积极响应国家关于发展银发经济、增进老年人福祉的号召，温州市民政部门创新性地打造了"幸福颐养超市"服务平台，携手华数传媒温州分公司（温州中广）开展市场化运营，以数字适老为

引擎，为老年人构建一个幸福、安康的晚年生活图景。幸福颐养超市通过跨多部门数据协同、融合效用，实现了养老服务体系全流程的闭环式监管，规范了养老服务补贴发放形式，有效监督了财政资金的落实，创新市场参与养老模式。

一是拓宽民生渠道，提升政策能见度。平台构建了包括服务匹配、动态监管、评价反馈、资金结算在内的服务完整闭环，用数字化手段解决老年人高频需求场景和生活关键问题，努力做到小切口、大改变，小切口、大牵引，小切口、大作为，同时打通市域下游生态服务渠道，完善养老服务供需链，统筹八大门类 700 项养老服务项目，以数字化手段破解"四化叠加"难题，创新实现"子女网上下单 + 老人体验服务"新模式。

二是补贴机制创新，推动补贴"阳光化"发放。系统无缝对接浙江省民政厅"浙里康养"平台，实时掌握养老服务补贴用户、关联家属、补贴金额等关键数据，将补贴金额转化为"康乐分"，以虚拟积分形式发放到政府保障的享有养老服务补贴的对象专户中。推进养老补贴规范化、精准化、阳光化发放，全流程跟踪补贴资金使用情况，倒逼服务商提升服务质量，提高财政资金绩效。

三是重塑业务流程，强化全流程监管。系统重塑各级业务流程，构建"服务前审批""服务中监管""服务后评价"的全流程闭环监管，构建"机构诚信积分体系""标准数据报表"等，精准评价机构养老服务效能，统筹分析服务运营秩序，引导和激励养老服务机构诚信守法经营。

四是数字赋能精准评估，打造共富温州样板。系统打造"一体化数据平台"，通过平台数字化监管能力，精准评价各县（市、区）养老服务效能。实时共享养老服务信息，有效链接浙里康养、殡葬、医保补贴、残疾人护理补贴四大数据，对接补贴老人信息、补助金额、长者码数据，通过各部门数据共建共享，引领养老服务"由有向好"的高质量发展，在养老服务领域打造共同富裕先行区温州样板。

五是创新社会化市场运营，共建共享养老生态圈。为确保平台的长效运营和良性发展，温州市民政局委托华数传媒温州分公司（温州中广）实施运营，通过成立温州市养老服务联合体、幸福颐养艺术中心等形式，汇聚医养生态产业链合作伙伴，为平台提供了丰富多元的产品和服务资源，实现从"被动养老"到"主动帮扶"的养老模式转变。

### （二）构建新能源汽车产业创新平台，培育新能源汽车企业的核心竞争力

为提升新能源汽车产业链上下游企业的核心竞争能力，构建千亿级的新能源汽车产业创新平台，温州对整车生产企业、配套供应商等零部件生产企业设置相应奖励和补贴，总体来看涉及 4 个方面。一是鼓励企业开展新车型的研发，给予开发生产企业最高 500 万元奖励。二是为了增强新能源汽车生产企业与动力电池企业的产品竞争力，进而扩大其市场份额，温州对销售量、供货量首次达到相关标准的企业给予相应的补贴。三是为激发企业技术创新活力，温州鼓励市区范围内的企业积极创建浙江省级及以上技术创新中心、制造业创新中心、工程研究中心等创新平台，并对创建成功的企业最高给予 1000 万元的奖励，同时，每年财政安排不少于 1000 万元专项资金，支持企业围绕整车、核心零部件及关键材料等方面开展科研攻关。此外，为推动产业链协同创新，温州积极支持浙江省级新能源汽车产业链上下游企业共同体的创建工作，并对成功创建的企业共同体给予 30 万元的奖励。四是为了推动企业提升配套能力，温

州致力于完善产业配套体系，鼓励企业加快制定新能源汽车和关键零部件等方面的生产与应用标准。此外，温州支持将优秀的企业标准和团体标准提升为行业乃至国家标准，以促进整个行业的标准化水平提升。同时，为增强整车配套能力，对于当年新晋新能源汽车整车企业一级配套供应商的零部件企业，实行奖励机制，即每新配套一家新能源整车企业，将给予 50 万元的奖励。目前，瑞安市、温州经开区重点发展底盘系统、智能网联、传统特色零部件等关键零部件；空港新区、永嘉县分别以青山瑞浦能源、比亚迪新能源动力电池为核心，实现动力电池产业化突破；浙南产业集聚区、乐清工业园区、平阳经济开发区汽车电子、制动系统、内外饰、标准件等特色零部件产品优势显著，对汽车供应链配套能力日益增强。

**（三）构建"产业大脑"迭代升级工业大数据平台，引导企业实施智能化改造行动**

"十四五"时期，紧扣数字化改革，温州着力构建"产业大脑"，迭代升级工业大数据平台，汇聚公共资源交易、企业信用信息服务、产业链数据中心等平台数据，形成政府侧数据仓；加快基础性工业互联网平台建设，汇聚各类市场主体生产经营产业端数据，形成企业侧数据仓；同时，打通政府侧和企业侧数据仓，建设"产业大脑"数据中枢。继续引导企业实施智能化改造行动，加快实施"5G＋互联网"工程，推进企业实现"设计—制造—物流—营销—运维"等环节全流程的智能化，3 年实现规上工业企业智能化技术改造全覆盖，形成"智能产线、智能工厂（数字化车间）、未来工厂"的多层次新智造企业群体。同时，统筹布局 5G 网络、光网城市、云计算中心等新一代信息基础设施，持续打造"万兆光网"示范园区，实施 5G "百千万"行动计划，到 2025 年，建成 5G 基站 3 万个。

## （四）科技赋能产业创新，"一港五谷"平台建设成效逐步显现

按照《温州市"强城行动"三年计划》，推动"一港五谷"创新平台提质增效是深入实施大孵化器集群发展战略、持续催生新质生产力的重要抓手。"一港五谷"平台规划涉及龙湾区、瓯海区、鹿城区等多区域，布局数字经济、生命健康、先进智能制造等多领域，是在统筹温州全市一盘棋的基础上，充分发挥各地区比较优势，对空间布局、产业能级、创新发展、要素支撑的高度协同，通过龙头带动、创新驱动、融合发展，构筑新形势下产业发展强有力的"四梁八柱"。

近年来，"一港五谷"六大平台聚焦大数据、生物医药、眼健康、智能装备、软件、激光等重点产业领域持续发力，涌现出一批标志性成果，取得了阶段性成效，科创平台方阵渐次成型，形成"多点开花"创新格局。平台能级不断攀升，中国（温州）数安港建立全国唯一的数据安全合规体系和数据司法保障体系，集聚了一大批生态企业，开出数据资产确认登记全国第一单；中国眼谷入选首届国家级"科创中国"创新基地、浙江省首批"未来产业先导区"，落地15个国家级、省级科创平台；中国基因药谷组建落地细胞生长因子领域国家工程中心、大分子药物与规模化制备全国重点实验室等三大国家级平台。创新主体培育壮大，中国（温州）数安港落地浙江大数据交易中心、浙南产业数据价值化研究中心，入驻企业172家，并与中国电子等4家数据龙头企业签订合作协议，有力推动数据产业项目转化为新质生产力；中国眼谷、中国基因药谷等平台招引科技企业近400家，坚持以科技创新推动产业创新，入驻企业研究院35家，并成功打造温州第一个完整生产型生物医药大分子生产线。创新人才不断汇聚，依托重大平台建设，持续招引海内外高层次人才及团队，中国基因药谷集聚多位院士级高端人才及团队；温州国

际云软件谷成立顾问团，聘请了包括多位中国工程院院士在内共 39 位专家大咖。

## 第二节　大力提升产业基础能力和产业链现代化水平

产业链水平体现一个国家的综合经济实力和竞争力，利用最前沿的科学技术和最先进产业组织方式，提升产业链现代化水平，使产业链具备高端链接能力、自主可控能力和领跑全球的竞争力，是建设制造强国的必由之路。习近平总书记在 2019 年 8 月召开的中央财经委员会第五次会议上指出，要以夯实产业基础能力为根本，打好产业基础高级化、产业链现代化的攻坚战。2019 年 12 月召开的中央经济工作会议进一步强调，要健全体制机制，打造一批有国际竞争力的先进制造业集群，提升产业基础能力和产业链现代化水平。进入新发展阶段，温州始终遵循习近平总书记关于提升产业基础能力和产业链现代化水平的重要论述，找准产业链供应链的薄弱环节，加快基础关键技术攻关，助推产业链上下游企业之间的技术协同攻关，加大产业补链的力度，加强产业链的韧性，同时推动优势产业向精细化、深加工方向转型，提高优势产业链供应链高端化发展水平，在开放合作中形成创新力更强、附加值更高的产业链。

### 一、实施产业链链长制"十个一"机制，提升产业链水平

制度创新，就是要推动有效市场和有为政府更好地结合在一起。

进入新发展阶段，温州继续完善现代化市场监管机制，完善产权保护制度，构建市场化法治化营商环境，打通产业发展的堵点，同时进一步完善科技创新领域的顶层设计，完善科技创新体制机制，推动人才、资金、项目等资源的一体化配置。2022年，温州印发《温州实施产业链链长制"十个一"机制方案》，为产业链的强链补链延链做好服务。"十个一"，即为每个产业链配置"一位市级领导担任链长，一个由各联系秘书长、相关负责人和企业服务职能部门共同组成的'链办'，一批链主链群企业，一个产业链图谱和发展规划，一套产业链支持政策，一批重点项目，一批产业发展空间，一系列公共服务平台，一个招商专班，一个行业协会商会"的工作机制。为了更有力推动产业链链长制落地，"十个一"工作机制除明确一名链长外，还为每条产业链设置一个"链办"，由对应的企业服务职能部门相关负责人等组成，具体开展工作；绘制一张产业链图谱，拿出一个集聚发展规划，滚动更新产业链分布图、全景图、招商图，做深做实产业链规划；遴选一批链主和主要上下游配套企业，更有针对性地促其协同合作发展。此外，"十个一"工作机制还包括推出一套产业链支持政策，落实一批强链补链延链重点项目，解决一批产业发展空间，打造一系列公共服务平台，配套一个产业链招商专班，做强一个行业协会商会等。

产业链链长制度的核心理念，是通过统筹和协调产业链上的各个环节，促进产业链的高效运转和协同发展。这种建链强链补链延链的做法，对于扭转"部门单打独斗、地方各自为战、企业自顾发展"局面、起手温州高质量发展大棋局具有重要作用。2023年，温州深入实施产业链链长制"十个一"机制，围绕重点指标、重点平台、重点项目、重点企业、重点展会"五重清单"，推进落实年度十大工作要点，产业链链长制对接政策链、金融链、招商链、创新链，形成多链同频共振，取得显著成效。例如，电气产业高分通过国家先进制造业集群验收，入选浙江省级智能电气特色产业集群唯一核心区；泵阀产业高规格举办 2023 中国（温州）国际泵阀展系列活动，入选全国首批中小企业特色产业集群，成功投产全国首条泵阀智能化装配产线；新能源产业成为浙江省"415X"产业核心区，近两年累计签约落地新能源项目总投资额超 4200 亿元；生命健康产业成功举行"一带一路"医学科技成果转化交流大会，首获创新创业创造领域中央专项补助资金 5000 万元；等等。

链长制是当前温州推进产业链发展的前端和基础，是打赢产业链现代化攻坚战的重要抓手。产业链链长制"十个一"机制作为温州首创的系统性构想，通过两年左右的实践，逐渐从"地方经验"成为"全国样板"，在浙江全省乃至全国"遍地开花"。

## 二、推动全产业链协同发展，提升产业链供应链韧性和安全水平

党的二十届三中全会通过的《中共中央关于进一步全面深化改革　推进中国式现代化的决定》强调"健全提升产业链供应链韧性和安全水平制度"[①]，并作出了系统部署。产业链是经济体系中各产业环节和上下游在一定的技术经济联系基础上形成的链条式关系形态。产业链供应链韧性和安全水平是指这种关系形态具有内在稳定

---

① 《中共中央关于进一步全面深化改革　推进中国式现代化的决定》，《人民日报》2024 年 7 月 22 日。

性、自主性和柔韧性，能够在受到外部冲击后较快自我适应，在受到封锁打压时维持有效运转，在极端情况下保证基本功能。产业链供应链韧性和安全水平取决于关键环节的自主可控能力和产业体系的完整性、稳定性。习近平总书记强调："产业链、供应链在关键时刻不能掉链子，这是大国经济必须具备的重要特征。"[1]我国拥有全球最齐全的产业门类、最强大的产业配套能力，不仅为赢得大国博弈提供了战略支撑，也为全球经济的顺畅运行提供了保障。因此，提升产业链供应链韧性和安全水平是加快建设现代化产业体系的关键一环。近年来，温州大力推动产业链供应链上下游协同发展，形成动态平衡的良性产业生态，通过强化各产业链的内部合作、相互交流，全面提升产业链供应链韧性和安全水平。

## （一）健全强化重点产业链发展体制机制

一方面，温州加快产业链"补短板"，统筹推进关键核心技术攻关工程、产业基础再造工程和重大技术装备攻关工程，加快技术攻关突破和成果应用，提升集成电路、工业母机、医疗装备、仪器仪表、基础软件、工业软件、先进材料等重点产业链供应链自主可控能力。另一方面，温州加强重点优势领域产业链锻长板，健全提升优势产业领先地位体制机制，深入开展工业产品质量提升行动，聚焦新一代信息技术、高端装备、新材料、新能源等重点领域，大力发展新技术、新产品、新业态，提高科技成果转化和产业化水平，增强产业链根植性和竞争力。

---

[1] 习近平：《国家中长期经济社会发展战略若干重大问题》，《求是》2020年第21期。

## （二）全链条推进技术攻关、成果应用

进入新发展阶段，温州注重"点""链"结合，提升共性技术供给，注重场景牵引，强化政策支撑，全链条推进技术攻关、成果应用、生态构建，实现"化点成珠、串珠成链"。通过充分发挥"链主"企业的关键作用，带动产业链上下游企业成长，保持和发展好完整产业体系。

## （三）优化完善传统产业的产业链结构体系

一是在服装产业方面。温州提出加快森马创业创新产业园建设，发挥森马服饰对温州服装产业的带动作用，推进大象城国际面辅料中心建设，鼓励引导面辅料供应商入驻，进一步延伸完善服装产业链，推动产业主体集聚壮大。同时加强与全球时尚温商业务联络并积极促成其回归，建立内外温商互动交流合作机制，通过品牌联营、生产合作、渠道共建、产业并购等多种交互形式，为温州服装产业发展赋能。二是在汽车零部件产业方面。温州借助"产业大脑"梳理汽车零部件产业上下游环节，以新能源汽车电池、电机、新型动力系统等关键领域为重点，绘制产业链发展全景图，建立精准招商项目库，开展汽车零部件产业链重点项目的主题招商。针对高精度轴承、轻量化材料等产业短板，谋划招引一批强链补链延链项目，推进全产业链协同发展。三是在泵阀产业方面。温州建设以铸造为主、锻造为辅，兼具高压阀门精密锻造及卫生级精密铸造为特点的铸锻造产业园，解决长期以来上游高端铸锻件产品制约和受制于人的被动局面，同时打造"执行器""阀座""O型圈""标准件"等泵阀基础配套产品智能制造产业园区，优化完善产业链结构体系。

## 三、实施"腾笼换鸟"，构建标志性产业链

　　浙江在 2004 年年底的全省经济工作会议上，提出实施"腾笼换鸟"，旨在破解经济发展中一系列"成长的烦恼"。温州也由此围绕"腾笼换鸟、凤凰涅槃"，开启淘汰落后产能、培育新兴动能的行动。2021 年，温州发布《温州市新一轮制造业"腾笼换鸟、凤凰涅槃"攻坚行动实施方案（2021—2023）》，提出要实施淘汰落后、创新强工、招大引强、质量提升四大攻坚行动。淘汰落后攻坚行动旨在精准排摸高耗低效企业，全面整治高耗低效企业，坚决遏制"两高"项目发展，全域整治工业低效用地，扩容提升产业发展平台，加快构建绿色制造体系。创新强工攻坚行动旨在加强关键核心技术攻坚，加速重大科技成果产业化，打造高能级科创平台，做大做精制造业主体，全力打造标志性产业链，加快数字经济高质量发展。招大引强攻坚行动旨在加强新兴产业重大项目招引，加强重大外资项目招引，加强补链强链关键项目招引，加强上市企业资本重组项目落地，加强项目全周期管理服务。质量提升攻坚行动旨在深入推进制造业质量革命，全面实施企业数字化技术改造，加快制造业产品升级换代，大力推进制造业品牌建设，强化知识产权全链条保护。

### （一）推动"亩均论英雄"改革

　　温州通过深化"亩均论英雄"改革，实施淘汰落后、创新强工、招大引强、质量提升攻坚行动，开创制造业提质扩量增效新局面，实现工业经济质量变革、效率变革、动力变革。进入新发展阶段，温州在实施"碳达峰""碳中和"战略、打造"全球有竞争力的先进

制造业基地"的新目标下，开启新一轮"腾笼换鸟、凤凰涅槃"攻坚行动。

### （二）建立"一链一专班一方案"工作机制

空间不足掣肘着产业链的延伸和提档。温州全面系统推动低效工业项目整治提升，积极打造两大万亿产业集群，为推进制造业"腾笼换鸟、凤凰涅槃"提供基础保障。为了腾出空间，给未来更多机会，温州建立"一链一专班一方案"工作机制，通过零地技改、回购利用、厂房租赁管理、司法拍卖接续管理等关键举措，深入推进低效工业项目整治提升。通过积极推进老旧工业区改造，打造"亩均论英雄"改革 3.0 版，构建起以绿色工厂、绿色园区和绿色制造先行区等为重点的绿色制造体系，整治提升高耗低效企业 800 家以上，确保全年亩均税收、亩均增加值列浙江省前三位。在"腾笼换鸟"中，温州产业结构不断升级，传统产业加快重塑再造，新兴产业也获得快速成长。

### （三）推行小微企业园建设

沿着浙江"八八战略"指引的方向，温州把小微企业园建设作为推进供给侧结构性改革、优化企业发展环境、引导传统产业转型升级的一项重要战略举措，使之成为"腾笼换鸟"的创新路径，在浙江省率先启动，走出了一条具有温州特色的小微企业集聚发展新路子。但是温州的小微企业量多面广，在转型发展的路上，70% 以上小微企业曾经都没有自己的厂房。发展空间不够、经济蓄力不足，长期制约着温州经济的高质量发展。2013 年，温州率浙江全省之先启动小微企业园建设，要将其打造成老百姓创业致富和小微企业创新发展的孵化器。自此，温州将小微企业园建设作为"低小散"产业整治的重要手段，对落后产能、"低小散"产业，温州通过采取整合入园、淘汰关停、就地整治等办法，坚持优化产业结构、集聚优秀企业。温州小微企业园建设，绝不是简单地搞标准厂房建设，也不是"低小散"企业的搬家堆砌，而是通过规划引领、政策创新、模式优化、环境营造、推力强化，赋予小微企业园以内在生命力，厚植传统产业升级、企业创业创新的沃土。

## 四、不断优化完善产业创新生态体系

习近平总书记在多个场合强调要围绕产业链部署创新链、围绕创新链布局产业链。产业链是指不同生产环节企业在专业化分工的基础上，依一定的技术经济联系或投入产出关系，客观形成的链网式关联形态。创新链是指通过知识创新活动将相关的创新参与主体连接起来所形成的链节结构形态。近年来，温州不断优化完善产业创新生态体系，形成产业链、创新链融合发展的良性态势。

### （一）打造"5＋5"创新联合体，促进上下游企业从"制造型"向"创新型"转型

产业链上下游企业创新联合体是以产业链龙头企业或关键环节主导企业牵头，联合产业链上下游，横向同类企业、科研院所、高校，以优化产业链企业分工与协作，提高产业创新能力、产业链主导能力、供应链畅通能力、市场拓展能力为共同愿景的新型产业组织形态。温州支持"5＋5"产业头部企业牵头建设创新联合体，通过打造"头部企业＋中小微企业＋服务环境"创新生态圈，培育一批关键行业民营科技领军企业、"专精特新"企业和创新能力强的中小企业特色产业集群。力争到2027年实现温州国家高新技术企业累计达到6500家、浙江省科技型中小企业累计达到2.2万家。目

前，温州已培育瑞浦能源公司的锂电池企业共同体等 11 家浙江省级产业链上下游企业共同体，带动全产业链高质量发展。例如，瑞立集团聚焦"双碳""智能网联汽车"研发智能安全件，全面推进全业务、全流程智能化深度转型的同时，整合产业链资源的产业生态平台，建设新瑞立汽配连锁，促进上下游企业从"制造型"向"创新型"转型。

### （二）设立"基金丛林"，让"科技 + 金融"进一步深化发展

随着创投基金走出一线城市，二三线城市紧抓机遇向各界抛出橄榄枝。2023 年 5 月，温州在现有产业基金的基础上，设立 500 亿元温州市产业高质量发展引导基金，按照"1＋1＋1"的总体框架组建：温州市重点产业发展基金，基金规模为 200 亿元；温州市国资创新投资基金，基金规模为 200 亿元；温州市科技创新创业投资基金，规模由 50 亿元逐步扩至 100 亿元。温州通过设立"基金丛林"，打造产业发展新引擎。其中，温州市科技创新创业投资基金自 2016 年设立以来，致力于引导社会资本加大对温州市战略性新兴产业、高新技术产业等领域的投资，重点投资种子期、初创期、成长期科技企业。在温州市"一港五谷"等新质生产力平台建设中，温州市科技创新创业投资基金作出了巨大贡献。

## 第三节　加强现代产业集群培育和平台建设

产业集群是工业化发展进程中重要的经济形态。加快产业集群发展，有利于形成城乡之间、不同产业之间和大中小企业之间的科学布局，推动产业结构调整和优化升级，实现产业协调发展，增强

产业抗风险能力。党的十八大以来，温州初步形成了龙头企业带动型、技术扩散型、资源加工型和市场聚合型的产业集群，为推动经济高质量发展发挥了重要作用。

## 一、建设大孵化器集群，构建全链条科技创新孵化体系

大孵化器集群包括众创空间、科技企业孵化器、加速器、科创园等形态。高标准谋划布局大孵化器集群建设，是温州高水平建设国家创新型城市、打造区域重要人才中心和创新高地的关键利器。自 2022 年启动实施大孵化器集群战略以来，温州全域推进大孵化器集群建设，形成党委政府引导、龙头企业牵头、高校院所支撑、创新主体协同的大孵化格局，并构建形成"众创空间—孵化器—加速器—产业园区"全链条孵化体系，"民营企业主导 + 增值服务孵化""头部企业 + 大学（研究院）"等模式在孵化空间生动实践，筑牢了温州创新创业的坚实底座。

### （一）全域推进孵化集群建设

温州全市一盘棋统筹布局大孵化器集群建设，以环大罗山科创走廊为重点区域，聚焦重点新兴产业、未来产业领域，结合各地创新资源禀赋、特色产业优势，统筹孵化空间资源，差异化布局建设大孵化器集群。鼓励温州全市各地打造各具特色、形式各样的孵化基地，鹿城、龙湾、瓯海聚焦众创空间、科技企业孵化器建设，乐清、瑞安聚焦科技企业孵化器、加速器、科创园建设，瓯江口、经开区聚焦加速器、科创园建设。

### （二）以标准化指引提升孵化空间效能和优化创新资源配置

温州推行有一定孵化空间体量、有一支专业运营团队、有一批

青年创新创业人才（团队）、有一个明确主导细分产业、有一个专业技术公共平台、有一批合作创投基金、有一个良好创新环境"七个一"标准，开展示范孵化基地争创活动。以中国眼谷为例，依托温州医科大学附属眼视光医院成熟的科研知产体系、临床研究体系、检验注册体系、市场推广体系，构建投资金融体系，形成眼视光领域的全链条孵化保驾护航模式，吸引了国内外 100 多个初创项目落地温州。

### （三）重点发挥头部企业的核心引擎功能和辐射带动作用

温州支持头部企业联合高校研发机构、行业上下游组建创新联合体，政产学研用联动开展关键核心技术攻关。支持头部企业建立专业孵化平台，国家及浙江省省级科技企业孵化器和众创空间申报、认定向头部企业倾斜，推动头部企业直接参与孵化器的建设运营。引导头部企业在孵化平台中采取互利共赢、风险分担等方式，提供技术、投融资等全链条服务，带动科技型中小企业成长。

## 二、充分发挥政府的引导作用，积极培育特色产业集群

### （一）完善"一集群一机构"治理机制，培育特色产业集群

进入新发展阶段，温州锚定建设高水平创新型城市的目标，坚持把科技创新作为高质量发展的"华山一条路"，系统构筑"一区一廊一会一室一集群"创新格局，架起温州创新首位战略的"四梁八柱"，形成"高端要素集聚在自创区、科技孵化在大走廊、成果溢出在全市域"的联动创新生动局面，走出了一条具有温州特色的创新发展之路。同时，温州进一步完善"一集群一机构"治理机制，重点培育高端软件、集成电路、数字安防与网络通信、智能光伏、节

能与新能源汽车及零部件、智能电气等特色产业集群。面向人工智能、基因工程、前沿新材料等前沿领域，打造一批具有技术领先性和国际竞争力的"新星"产业群。其中，乐清工业电气产业集群、瑞安汽摩配产业集群、温州鞋业产业集群、永嘉泵阀产业集群等已经成为浙江省乃至全国转型的"样本"。

**（二）积极培育特色产业集群龙头企业，发挥"领头羊"作用**

进入新发展阶段，温州积极培育形成 5 个以上销售收入超 1000 亿元、10 个以上销售收入超 500 亿元以上的关联度大、带动性强的核心企业，充分发挥其产品辐射、技术示范、信息扩散和网络销售中的"领头羊"作用。一方面，以股份制改革为重点，进一步深化国企改革，推进国有资产战略性重组，实现企业体制创新和结构优化，推进行业性并购重组，培育品牌产业集群。另一方面，温州各级政府和各行业协会重点扶持一批技术含量与附加值高、有市场潜力、产业带动作用显著的名牌产品或龙头企业，把部分优势产业打造成国内外知名的产业集群。

## 三、推动数字化改造，全面提升产业集群的核心竞争力

**（一）利用数智化推动技术转型升级，全面提升温州鞋革产业集群竞争力**

作为中国鞋革业的发祥地之一，温州市拥有悠久的制鞋历史。随着温州鞋革企业数量的增多引发产业自发集群，集群的规模也逐步扩增，温州市涌现出许多不同类型和规模的代表性企业，例如，奥康鞋业、红蜻蜓集团、巨一集团等规模较大的鞋服产业集团；同时，鞋艺小镇、鞋类设计和智造 U 谷设计平台、鞋业设计师（工程师）

协同创新中心、四川大学鞋革产业研究院等品牌鞋服生产区集中于温州鹿城，推动温州鞋服产业发展。2019 年，温州市出台《传统制造业重塑计划》对鞋服业发展提出新要求，提出要加强中高端鞋类产品创新发展，建设国际鞋业的时尚设计中心、智能制造中心和展览贸易中心，建立起以鹿城为中心，以龙湾、瓯海、瑞安、永嘉协同推进的发展新格局，推动温州从"中国鞋都"向"世界鞋都"发展。

温州鞋革产业集群的竞争优势主要是产业文化氛围浓厚、技术人才队伍壮大、产业链相对完善。当前，温州鞋服产业活跃度较高，有配套鞋服产业链企业超 1 万家，完整的产业链和完善的配套服务让温州市成为中国最具竞争力的鞋革生产、出口基地之一，在全国同类产品中具有较强的示范带动效应。温州市的制鞋、制革、皮件 3 个主体产业与合成革、鞋材、鞋机、鞋楦、模具、皮革化工等配套产业协同发展，专业市场、鞋类质量监督检测中心、皮鞋分技术委员会、皮革研究所、鞋都图书馆、鞋博物馆、鞋业信息中心、鞋类技术学院、文化广场、展览公司和设计等服务配套进一步完善。同时，目前温州市鞋革行业已迈出校企合作的第一步，例如，温州市鞋革产业研究院已建成制革清洁技术国家工程实验室（四川大学）浙江分平台、皮革化学与工程教育部重点实验室（四川大学）浙江分平台、省级博士后科研工作站、市级重点实验室，搭建了先进轻工材料、循环经济技术、生态及功能皮革、鞋服产业创新发展、产业创新要素五大研究中心。

近年来，随着数智化的发展，作为传统产业的温州鞋革业产业链持续革新技术，向数字化转型，研发平台扩容，逐渐将科技、设计、环保作为企业核心竞争力加以打造。作为行业龙头，巨一集团斥资 7.8 亿元建成智能制造产业园，拥有 18 条先进生产线，运用三维扫描、3D 打印、自动包装流水线等设备和技术，将生产、销售、研发设计、AI 数据化物流等环节融为一体，将企业生产效率提升了30%。由另一行业龙头红蜻蜓集团建立的惠利玛产业互联网有限公司，用两年多时间成功研发 Vali 鞋履 AI 设计平台，不到 7 秒就可出一张产品设计图。2024 年 8 月，该平台还与红蜻蜓品牌联合打造线下 AI 实验室，只需上传鞋类参考图或设计草图，根据提示筛选颜色、材质等，即可一键生成设计方案，仅需短短几秒就可以看到自己设计的专属鞋款。2023 年，温州鞋业总产值达 870 亿元，同比增长 4.8%，其中规上总产值 481.4 亿元，同比增长 8.9%，规上工业增加值 110 亿元，同比增长 6.1%。在顶层设计层面，温州制定印发《温州创建世界级鞋业产业集群对标行动方案》，使产业发展路径更加清晰。同时，2023 年新增智能化技改项目 57 个、应用机器人 161台，累计培育浙江省市级数字化车间、智能工厂 6 家。

### （二）打通数据互通关键节点，让数字产业集群插上腾飞的翅膀

近年来，温州数字产业集群发展现状呈现出蓬勃发展的态势，温州成功入选国家工业互联网标识解析二级节点城市，这意味着温州蓬勃发展的数字产业能力得到了国家层面的认可。为实现数字产业高质量发展，温州推进大平台、大数据、大集成建设，构建标准体系，搭建公共数据开放平台。按照跨部门、跨层级、跨领域的要求，打通数据互通关键节点，协调推进各单位、各部门公共数据资源规范化制定，取得"最多跑一次""一网统管""一网通办""一网协同"等数字化建设成效。温州积极推动人工智能、互联网、大数据、物联网等行业制定、实施先进标准，积极统筹温州全市数字经济产业发展，推动数字技术与传统产业融合发展，培育、孵化新产业，生成新型服务模式、组织、生产标准。推进新型贸易中心、

数字化实验室、金融中心、产业园、贸易港建设，推动创新成果标准化。

围绕数字产业化，温州形成了各地错位发展的数字产业集群。乐清以电子元器件、汽车电子、物联网传感器等产业为主；鹿城、瓯海以软件信息服务业、数字安防等产业为主；瑞安、平阳以汽车电子、智能装备等产业为主。温州数字产业化实现了"从 0 到 1"的跨越，形成项目招引"磁场"。目前，温州浙南科技城已经形成了以新能源电池、智能装备、新材料等为主导产业的产业集群，集聚了近 2000 家企业。其中，新能源电池产业在国内外市场具有较高的知名度和竞争力，智能装备和新材料产业也在不断壮大。同时，科技城还积极推进企业自主创新，鼓励企业加大研发投入，提高产品质量和技术含量。此外，温州浙南科技城还注重基础设施建设，不断完善交通、通信、能源等基础设施，为企业发展提供了良好的硬件环境。同时，科技城还积极推进产学研用合作，加强与高校、科研机构的合作，为企业提供技术支持和人才培养服务。2022 年，温州数字经济产业集群迎来"重量级"成员——中国（温州）数安港，作为国家级数据安全创新应用示范基地。这里汇聚了众多国内外知名企业和机构，涵盖了数据安全技术研发、产品制造、服务推广等多个领域。目前，中国（温州）数安港不断加强与国内外数据安全领域的合作与交流，推动技术创新和产业升级，开园仅仅一年多时间，就通过对数据要素全生态的探索，实现数据要素灵活应用，加速推动数据资源"变现"，在全国率先形成数据产业全生态合规体系。

（三）深化"产业大脑 + 未来工厂"，建设探索产业群体智造新模式

根据块状经济特点和优势特色，温州积极引导企业和行业突破

一批关键核心技术，研制一批智能技术装备，提升一批传统智能装备，打造一批智能制造新模式应用示范企业，重点在智能制造关键核心技术、智能制造技术装备、传统装备智能化提升上发力，先后涌现出一批行业巨头，显著提升产业集群的整体竞争力。温州推进细分行业"产业大脑"建设，深化"产业大脑＋未来工厂"建设，进一步推进产业集群数字化转型，加快重点细分行业中小企业数字化改造全覆盖，加强大型数据中心建设，高标准建设"双千兆"网络基础设施，推进算力基础设施建设，加快工业互联网与新一代信息技术的融合应用。

# 第四节　打造具有温州特色的现代化产业体系

产业是发展的根基，加快形成新质生产力必须建设现代化产业体系。现代化产业体系是现代化经济体系的重要内容，建设现代化产业体系是构建新发展格局、推动经济高质量发展的必然要求。党的十八大以来，以习近平同志为核心的党中央从全面建设社会主义现代化国家的高度，作出建设现代化产业体系的重大战略部署，明确要求"打造自主可控、安全可靠、竞争力强的现代化产业体系"[①]。习近平总书记在 2022 年中央经济工作会议上强调"加快实现产业体系升级发展"，提出"要在重点领域提前布局，全面提升产业

① 习近平：《加快构建新发展格局　把握未来发展主动权》，《求是》2023 年第8 期。

体系现代化水平，既巩固传统优势产业领先地位，又创造新的竞争优势"，[①]二十届中央财经委员会第一次会议提出，"加快建设以实体经济为支撑的现代化产业体系，关系我们在未来发展和国际竞争中赢得战略主动""推进产业智能化、绿色化、融合化，建设具有完整性、先进性、安全性的现代化产业体系"[②]。这为温州系统构建有特色的现代化产业体系提供了科学指引。进入新发展阶段，温州明晰未来一段时期主导产业，以着力实施"五一〇产业培育提升工程"，打造具有温州特色的现代化产业体系，并将做强做大五大传统支柱产业和培育发展十大新兴产业的任务，明确按照一个产业、一个挂钩联系领导、一个专项工作组、一个实施规划或方案、一套工作机制"五个一"的要求，尽快启动工程，分头抓好落实。

## 一、聚焦"扬长补短"，促进产业全链条演进

进入新发展阶段，温州按照"培育产业链条、打造地标产业、领跑国内同行、提升全球影响"的目标定位，以补短板、锻长板的"链"思维，围绕"链区"、找准"链谱"、绘制"链图"，建设具有温州特色"两大万亿"标志性产业链。温州实施"一链一方案，五图五清单"，强化产业链精准提升，推进产业智能化、绿色化、融合化。通过聚焦产业链断链、缺失环节，温州健全强链补链延链项目

---

① 习近平：《当前经济工作的几个重大问题》，《求是》2023 年第 4 期。

②《习近平主持召开二十届中央财经委员会第一次会议强调　加快建设以实体经济为支撑的现代化产业体系　以人口高质量发展支撑中国式现代化》，《人民日报》2023 年 5 月 6 日。

库，面向全球 500 强、世界温商、大型央企国企等靶向招引一批牵一发动全身的重大产业项目、重大科技合作项目，实施一批生产制造方式转型标杆项目。通过引进一批掌握市场或技术等资源主导权的头部企业、旗舰型企业落地温州，做大做强温州本土领军、"专精特新"、隐形冠军、独角兽企业，并依托"链主型"企业分类组建产业链上下游企业共同体，优化产业链分工协作体系，带动产业链企业协同提升。

## 二、强化"平台建设"，夯实产业载体支撑

进入新发展阶段，温州实施"聚焦头部、精明增长、强化多元功能、压实主责主业"策略，推进产业平台整合提升，完善产业平台体系，为大产业、大项目、大企业引育提供承载空间。通过有效整合临近相关产业平台，以打造促进整合、以整合推动打造，做大温州高新区（温州经开区）、乐清经开区、瑞安经开区，形成"万亩空间、千亿产值、百亿税收"高能级战略平台，做强温州海洋经济发展区（综保区）、瓯海经开区、乐清湾临港经开区等 11 个载体，形成"百亿产值"高质量骨干平台。通过内部挖潜、项目支持、特色发展等形式，鼓励一般产业平台升级成为高端要素集聚、主导产业明晰、创新能力较强的都市型现代工业园区、特色小镇、山区生态产业平台。同时，温州深化数字经济集聚区"一核心多区块"建设，提速建设"一港五谷"。中国（温州）数安港推动入驻重点数据企业 500 家，举办 2024 年数据安全发展大会，争创第一批国家级数据安全产业园、国家数据要素综合试验区示范园区。国际云软件谷着力打造全国有影响力的云软件高地，实现软件和信息服务业营业

收入增长 25%。中国（温州）智能谷提速建设"一器一园"，构建"4＋3＋N"产业体系，加快打造人工智能产业新高地。

**三、立足"内通外联"，推动双循环格局形成**

习近平总书记指出："中国的发展惠及世界，中国的发展离不开世界。我们要扎实推进高水平对外开放，既用好全球市场和资源发展自己，又推动世界共同发展。"① 习近平总书记关于推动高水平对外开放的重要论述为温州在新形势下实施更大范围、更宽领域、更深层次对外开放，更加有效地融入全球产业链供应链，提升高质量和高水平的国际循环指明了方向。进入新发展阶段，温州始终坚持高水平对外开放，打造数字丝绸之路战略节点城市，建设温州综合保税区、中国（温州）跨境电子商务综合试验区、中国（浙江）自由贸易试验区温州联动创新区三大国家级开放平台。通过畅通国内国际产业合作网络，实现内外贸双循环、国际国内产业链双嵌入，稳定供应链和贸易体系，建设"双循环"节点城市围绕服务和融入新发展格局，构建"通道＋枢纽＋网络"现代物流运行体系，培育发展物流枢纽经济，推动物流业降本增效。通过抢抓 RCEP、CAI等投资协定和区域协定契机，依托温州自贸区联动创新区，打造国际油气交易、航运与物流、数字贸易等服务业开放高地。通过"接沪""融杭""联甬"，融入长三角产业布局，深化产业链跨区域协作。通过叠加跨境电商综合试验区、市场采购贸易方式试点、综合保税

---

① 习近平：《在第十四届全国人民代表大会第一次会议上的讲话》，《人民日报》2023 年 3 月 14 日。

区等政策和平台，进一步完善"买卖全球"市场网络，推动外贸提质增效。

## 四、瞄准"亩均产出"，实现要素有效供给

进入新发展阶段，温州通过深化"亩均论英雄"改革 3.0 版，推动区域转型、产业提升、要素配置与技术创新，逼出土地含金量。通过强化土地全生命周期管理，温州推进"标准地 + 承诺制 + 代办制 + 区域评估"改革，强化工业用地供后联合监管。通过提高新上工业项目用地容积率低限，创新"标准地 + 定制地 + 双信地"准入和服务模式，并借鉴珠三角工业载体新模式，建设"立体工厂"，探索企业建楼"联合体"，实现"一栋楼就是一个产业，一栋楼就是一个产业链"。温州还加强能源消费总量弹性管理，争取以重大项目建设减免能耗量、以可再生能源发展抵扣能耗量，完善重大平台"区域能评 + 产业能效技术标准"准入机制，推动能源要素向低碳新兴产业、强链补链延链和技改项目流动。

进入新发展阶段，为了有效提升"亩均产出"，温州充分认识到人才的重要性，不断迭代人才政策，谋划产业链重要环节人才地图和人才数据库，搭建"跨太平洋人才直通车"、引进"高精尖缺"人才、聘任"共享人才官"，助力"百万人才聚温州"，推出"人才新政 40 条 4.0"、"510+ 行动计划"、温州人才院等政策，为人才留温提供住房租售、就业、交通、创业项目等各项补贴，营造人才友好的城市氛围。除此之外，温州围绕"创新"二字，为青年创业提供了更为广阔的舞台。温州自 2022 年启动实施大孵化器集群战略以来，吸引了大批优秀人才，并不断完善城市基础设施，让青年居住

有了更多选择。温州实施"强城行动",在"产业—城市—人才"之间形成了发展的闭环逻辑,以产业的创新发展提高城市竞争力,吸引人才集聚,又在人才引进的同时激活城市发展动能,以"产城人"融合推动高质量发展,组成牢不可破的三角关系以促进新质生产力发展,实现要素有效供给。

## 五、坚持"精准施策",保障产业高质量发展

进入新发展阶段,温州围绕项目培育、惠企政策、区域(部门)联动等内容,创建"矩阵式"产业扶持体系,推动产业政策重心向以普惠性、重点支持关键领域的功能性政策和竞争性政策转变,加大扶持企业、激励创新、做强市场等力度。温州扩大科创母基金规模,重点覆盖战略性新兴产业,实现更多科技成果在温州高效转化,深化区域金融改革,推动条件成熟的地方法人机构加快上市并申请更多金融牌照,争取外资金融机构落户温州。在财税政策扶持方面,温州强化金融信贷支持,开展民企"融资畅通工程",开发全国首个"金融大脑",落地全国首个技术产权证券化产品创新实施"无还本续贷"、"科创指数贷"、"两个健康"积分贷等措施,有效化解企业融资难、融资贵难题。

同时,温州把推动民营经济高质量发展作为创建工作的生命线,聚焦打造传统支柱产业和战略性新兴产业两大万亿级产业群,创新实施产业链链长制"十个一"机制,精准施策引导民企向强链补链延链和战略性新兴产业领域扩大投资,新能源"核风光水蓄氢储"产业全链条异军突起。系统构建"一区一廊一会一室一集群"科创新格局,高起点规划建设"一港五谷"创新矩阵,实现了63家高能

级平台落地，并从市场准入、公平竞争、社会信用、破产重整等市场化机制入手，有针对性回应了民营企业家的关切，为市场主体的创新活动解除后顾之忧。

## 六、推动"产业融合"，为实体经济发展赋能

在现代化产业体系中，实体经济尤其是制造业具有核心和主体地位。习近平总书记指出："实体经济是一国经济的立身之本，是财富创造的根本源泉，是国家强盛的重要支柱。"[①]党的十八大以来，习近平总书记对如何发展实体经济作出一系列重要论述，提出一系列新举措新路径，强调，"在经济循环中，实体经济供求循环发挥着基础性作用，这一循环畅通，经济就不会出大问题"[②]"推动经济高质量发展，要把重点放在推动产业结构转型升级上，把实体经济做实做强做优"[③]。尤其在二十届中央政治局第二次集体学习时，习近平总书记指明了发展实体经济的战略举措，强调要"扎实推进新型工业化，加快建设制造强国、质量强国、网络强国、数字中国，打造具有国际竞争力的数字产业集群。"[④]党的十八大以来，温州认

---

①《习近平在中共中央政治局第三次集体学习时强调　深刻认识建设现代化经济体系重要性　推动我国经济发展焕发新活力迈上新台阶》，《人民日报》2018年2月1日。

②《习近平著作选读》第1卷，人民出版社2023年版，第614页。

③《习近平在参加内蒙古代表团审议时强调　扎实推动经济高质量发展　扎实推进脱贫攻坚》，《人民日报》2018年3月6日。

④ 习近平：《加快构建新发展格局　把握未来发展主动权》，《求是》2023年第8期。

真践行习近平总书记关于发展实体经济的重要论述，充分认识到加快建设现代化产业体系，必须把发展经济的着力点放在实体经济上，坚持"温州模式"的根基在实体经济，温州高质量发展的基础在实体经济，温州再创新辉煌的关键也在实体经济。

**（一）坚持把实体经济发展作为构筑经济发展战略的重要支撑**

实体经济是社会财富的根本源泉，是社会生产力的集中体现，也是温州经济的重要基础。党的十八大以来，温州始终把发展实体经济作为首要任务，充分认识到没有实体经济的发展，就没有温州的辉煌。只有振兴实体经济，依托发达稳健的实体经济，才能真正发挥实体经济增强城市综合实力、改善人民群众生活、实现经济持续发展和社会稳定的重要作用。面对复杂的国内外宏观发展形势，温州针对实体经济发展过程中遇到的新挑战、新困难，及时作出了振兴实体经济的战略部署，研究出台了一系列进一步加快实体经济发展的政策文件，把振兴实体经济作为巩固温州经济基础和竞争优势的根本、赶超发展的首要任务和构筑经济发展战略的重要支撑。

**（二）坚持把实体经济特别是制造业做实做优做强**

制造业是立国之本、兴国之器、强国之基。没有强大的制造业，就没有强盛的国家和民族。习近平总书记多次强调"制造业是国家经济命脉所系""制造业高质量发展是我国经济高质量发展的重中之重，建设社会主义现代化强国、发展壮大实体经济，都离不开制造业"[1]。党的十八大以来，温州利用自身优势，力争实现实体经济重要领域和关键节点的自主可控，打造"以我为主"的产业链供应链，

---

[1]《习近平在广西考察时强调　解放思想深化改革凝心聚力担当实干　建设新时代中国特色社会主义壮美广西》，《人民日报》2021 年 4 月 28 日。

推动以高精尖产业发展壮大实体经济。同时，温州加快补短板强弱项，改造提升传统制造业价值链层级，推动制造业迈向价值链中高端环节，向技术专利核心进军，形成与自身经济发展水平相匹配的产业体系，保持制造业传统优势，进一步提升产业发展的韧性。

### （三）推动实体经济和数字经济深度融合发展

数字经济能为实体经济提供新的科学技术知识支撑和生产组织形式重构，实体经济则能为数字经济提供应用市场和大数据来源。习近平总书记在党的二十大报告中强调："加快发展数字经济，促进数字经济和实体经济深度融合，打造具有国际竞争力的数字产业集群。"[①]党的十八大以来，温州把实体经济和数字经济深度融合发展作为推动经济高质量发展的重要方面，以智能化、数字化、物联网化为重点，在设计研发服务、技术转移服务、创业孵化、科技咨询等领域，推动互联网、大数据、人工智能等同各产业深度融合，进一步完善科技服务产业链的体制机制，加快推广应用新技术，加速产业数字化转型，更好发挥数字技术对经济发展的放大、叠加和倍增作用。

---

① 习近平：《高举中国特色社会主义伟大旗帜　为全面建设社会主义现代化国家而团结奋斗——在中国共产党第二十次全国代表大会上的报告》，《人民日报》2022 年 10 月 26 日。

# 第三章

# 积极推进制度创新，打造营商环境新高地

温州是一个敢于创新、善于创新的地方。新时代以来，温州创新进入一个加速期：国家创新型城市创新能力排名提升幅度达到全国第二，城市人才吸引力排名进入全国前 25 位。当前，瓯江新城、科教智城、东部科技城等含有高创新要素的"五城三园"提速建设；国科温州研究院、香港理工大学温州技术创新研究院等动作频频；一批温州企业跻身国家专精特新"小巨人"，展现科技创新主体实力……不断推进创新特别是制度创新，打造营商环境新高地，让温州插上腾飞的翅膀。

# 第一节　充分发挥党在推动经济发展中的把关定向作用

坚持和加强党对经济工作的全面领导，是我国社会主义市场经济的重要特征，是中国特色社会主义制度的一大优势，也是我国经济社会健康发展的根本保证。习近平总书记指出："党是总揽全局、协调各方的，经济工作是中心工作，党的领导当然要在中心工作中得到充分体现，抓住了中心工作这个牛鼻子，其他工作就可以更好展开。"①

---

① 习近平：《中国共产党领导是中国特色社会主义最本质的特征》，《求是》2020 年第 14 期。

党的十八大以来，以习近平同志为核心的党中央不断深化党对经济工作领导的规律性认识，深刻把握国内外经济形势发展变化趋势，科学总结我国社会主义经济建设的经验教训，准确判断我国发展所处的历史方位，指引我国经济发展取得历史性成就、发生历史性变革。

在社会主义制度下，党对经济工作的全面领导表现为自上而下有组织推进，不断完善和创新对经济工作和经济建设的领导体制和工作方法，确保了党对经济工作和经济建设领导的科学有效和有序推进。新时代以来，温州充分发挥党对经济工作的把关定向作用，构建统一领导、协同推动的体制机制，找准新形势下经济工作的切入点和着力点，牢牢掌握经济工作主动权，推进经济社会健康发展。

## 一、加强党对经济工作的战略谋划和统一领导

党的二十届三中全会指出，要"坚持党的全面领导，坚定维护党中央权威和集中统一领导，发挥党总揽全局、协调各方的领导核心作用，把党的领导贯穿改革各方面全过程，确保改革始终沿着正确政治方向前进"[2]。

### （一）中国共产党是中国特色社会主义事业的领导核心

坚决维护党的核心和党中央权威，是党的百年奋斗的重要历史经验，是中国共产党能够成功和继续成功的根本政治优势。新中国成立后，毛泽东强调，"领导我们事业的核心力量是中国共产

---

[2]《中共中央关于进一步全面深化改革　推进中国式现代化的决定》，《人民日报》2024 年 7 月 22 日。

党"①"工、农、商、学、兵、政、党这七个方面，党是领导一切的"②"为了建设一个强大的社会主义国家，必须有中央的强有力的统一领导，必须有全国的统一计划和统一纪律"③。改革开放后，邓小平强调，"中央要有权威。改革要成功，就必须有领导有秩序地进行"④"任何一个领导集体都要有一个核心，没有核心的领导是靠不住的……要有意识地维护一个核心"⑤。党的十八大以来，以习近平同志为主要代表的中国共产党人统揽伟大斗争、伟大工程、伟大事业、伟大梦想，推动党和国家事业取得历史性成就、发生历史性变革，中华民族迎来了从站起来、富起来到强起来的伟大飞跃。习近平总书记明确指出，"中国特色社会主义最本质的特征是中国共产党领导，中国特色社会主义制度的最大优势是中国共产党领导"⑥"党政军民学，东西南北中，党是领导一切的"⑦。2024 年 7 月，党的二十届三中全会通过的《中共中央关于进一步全面深化改革　推进中国式现代化的决定》，把党的建设制度改革摆在重要位置统筹谋划、接续推进，作出一系列具体部署，对于推动党的领导制度优势更好转化为治国理政的实际效能具有重要意义。

### （二）在全市宣传领悟"两个确立"的决定性意义

温州全市上下深刻领悟"两个确立"的决定性意义，坚定捍卫

---

① 《毛泽东文集》第 6 卷，人民出版社 1999 年版，第 350 页。
② 《毛泽东文集》第 8 卷，人民出版社 1999 年版，第 305 页。
③ 《毛泽东文集》第 7 卷，人民出版社 1999 年版，第 32 页。
④ 《邓小平文选》第 3 卷，人民出版社 1993 年版，第 277 页。
⑤ 《邓小平文选》第 3 卷，人民出版社 1993 年版，第 310 页。
⑥ 《习近平著作选读》第 2 卷，人民出版社 2023 年版，第 16 页。
⑦ 《习近平著作选读》第 2 卷，人民出版社 2023 年版，第 17 页。

"两个确立"、坚决做到"两个维护"，把绝对忠诚融入干事创业中，主动对标对表中央最新规定，及时校正思想认识偏差，始终做政治上的明白人、思想上的清醒人、实践上的创业人、步调上的一致人，把牢政治方向、站稳政治立场、恪守政治原则，自觉从习近平总书记对温州的重要指示批示中找方向、找思路、找办法，坚决做到"总书记有号令、中央有部署、省委有要求，温州见行动走在前"。将党中央的决定贯彻到实现温州的高质量发展中、将党中央的精神落实到走好共同富裕的现代化进程中，深学笃行习近平新时代中国特色社会主义思想，传承好"红色血脉"，争当引领新时代新发展的"排头兵"，勤勉干事、干净干事。

温州作为民营经济的标杆地，既具有地域特征，又具有风向标意义，在广大民营经济主体中全面、系统、整体坚持党的领导尤为重要。享受着改革红利的温州民营企业家、非公有制经济人士一致认同并坚持党中央集中统一领导是最高政治原则，党的领导制度是我国的根本领导制度，坚决维护习近平总书记党中央的核心、全党的核心地位，坚决维护以习近平同志为核心的党中央权威和集中统一领导。坚决做到"两个维护"，这既是党的十八大以来我们党的重大政治成果和宝贵经验、最根本的政治纪律和政治规矩，也是检验企业家党员、民营经济管理层的理想信念、政治立场、党性修养的试金石。

### （三）在党的领导下制定科学的发展战略并切实贯彻执行

习近平同志在浙江工作期间，科学提出"八八战略"。温州坚持以"八八战略"为总纲，加强党对经济工作的战略谋划和统一领导，把温州放到浙江省、长三角、全国一盘棋的大背景下，在新发展格局这个总系统中找准位置，把近期、中期和远期目标统筹起来谋划，聚焦制约高质量发展的短板问题，精准谋划、精准布局、精准发力，不断打造人无我有、人有我优、人优我特的城市核心竞争力。

改革开放以来，温州创造了闻名全国的"温州模式"。习近平同志在浙江工作期间，寄予温州"续写创新史"的殷殷嘱托。2024年9月6日召开的浙江省委常委会会议专题研究温州工作，在新征程上赋予了温州"续写创新史、再创新辉煌，提速打造'全省第三极'"的光荣使命。温州要"提速打造全省高质量发展'第三极'"，这是一个重要的战略规划和行动目标。改革开放以来，浙江区域发展的空间战略和格局经历了多次蝶变。目前，杭州、宁波都市经济圈发展得相对比较快、比较好，唱响了"大湾区"和"双城记"高质量发展，而温州都市经济圈的发展及带头作用还有很大空间。据浙江省统计局发布的《2023年浙江省人口主要数据公报》，2023年年末，温州全市常住人口976.1万人，比2022年年末增加8.2万人，增量仅次于杭州。温州要成为浙江全省高质量发展"第三极"，就是为了更好地促进区域经济协调发展，推动浙江全省经济的高质量发展。

2024年是中华人民共和国成立75周年，也是实现"十四五"规划目标任务的关键一年。《温州市2024年国民经济和社会发展计划》提出，各地各部门要坚持以习近平新时代中国特色社会主义思想为指导，全面贯彻落实党的二十大精神及中央经济工作会议精神，深入学习贯彻习近平总书记考察浙江重要讲话和重要指示批示精神，围绕全省"勇当先行者、谱写新篇章"新定位新使命，持续推动"八八战略"走深走实，全面落实省委、省政府关于三个"一号工程"和"十项重大工程"系列决策部署，强力推进创新深化改革攻坚开放提升，深入实施"强城行动"，全面推进"四大振兴"，打造全省高质量发展"第三极"，着力稳增长提质效、打基础利长远、除风险保平安，奋力实现全年地区生产总值增长 6% 以上，一般公共预算收入与经济增长基本同步，规上工业增加值增长 7% 以上，固定资产投资增长 7%，社会消费品零售总额增长 6.5%，货物贸易出口额增长 5.5%、稳定全国 1% 的份额，实际使用外资额 6 亿美元，R&D 经费支出占 GDP 比重超过 2.85%，新引育人才 20 万人；居民人均可支配收入增长 6% 以上，城乡居民收入倍差缩小到 1.86 左右；居民消费价格涨幅控制在 3% 左右，城镇调查失业率控制在 5% 以内，每千人口拥有执业（助理）医师数达到 3.95 人，基本养老保险参保人数达到 603 万人；单位 GDP 能源消耗降低率、主要污染物减排量、城市空气质量优良率等约束性指标确保完成省下达目标任务，亿元 GDP 生产安全事故死亡率控制在 0.010 人／亿元以内。要对照打造全省高质量发展"第三极"和"双万"城市定位，按照高线目标要求，加压奋进、实干争先，以更大努力争取更好结果。

2024 年 8 月 30 日，温州市委举行十三届六次全体（扩大）会议，审议通过了《中共温州市委关于全面学习贯彻党的二十届三中全会精神，进一步全面深化改革，在奋进中国式现代化新征程上续写创新史、打造第三极、谱写新篇章的实施意见》。温州市各县（市、区）系统谋划相关改革任务，全面对标进一步全面深化改革的路线图、任务书和计划表，为温州推进中国式现代化市域先行作出贡献。例如，鹿城区聚焦聚力"四大振兴"，深入实施"强城行动"，锚定"一区三高地"坐标，以改革稳增长、调结构、防风险，以城市化引领产业化、走向现代化，优化市场经济、支持全面创新、城乡融合发展等领域体制机制。温州湾新区、龙湾区提出将全面提速"三谷两镇"建设，加快打造"东部科技城"，力争四夺省"科技创新鼎"、首夺"天工鼎"。健全传统产业优化升级体制机制，持续壮大千亿级新能源、新材料、智能制造产业集群，争取涌现一批具有核心竞争力的关键技术、应用场景和重点企业。同时，深入实施行政审批中介服务规范提升等16大专项行动，全力跑出"一号改革工程"加速度。瓯海区坚持产业提质、创新提效，争当"经济高质量发展"改革排头兵；坚持开放提升、城市提能，争当"城乡融合发展"改革排头兵；坚持全域统筹、全民共享，争当"共同富裕示范区"改革排头兵；坚持变革重塑、平安法治，争当"市域治理"改革排头兵；坚持以文塑城、以文兴业，争当"文旅深度融合发展"改革排头兵。洞头区以高效改革为海岛发展蓄势赋能，找准切口、打好"特色牌"，重点攻坚海霞精神、海上风电、海港建设、海上花园、"海上枫桥"5个方面改革，持续谋划一批有特色、可复制、得民心、见实效的改革。

### （四）完善和创新党领导经济工作的体制机制

党对经济工作的领导必须通过一定的制度和体制机制来实现。自2024年5月1日起施行的《温州市民营企业科技创新促进条例》，是全国首部以民营企业科技创新为主题的地方性法规。其中第三条规定："民营企业科技创新促进工作坚持中国共产党的领导，坚持科技创新在现代化建设全局中的核心地位，更好发挥政府作用，强化企业科技创新主体地位，建立健全以企业为主体、市场为导向、产学研用深度融合的创新体系，依法保护民营企业平等获取科技创新资源、公平参与市场竞争，推动民营企业将科技创新作为核心竞争力，成为创新决策、研发投入、科研组织、成果转化的主体。"第四条规定："市、县（市、区）人民政府应当加强对民营企业科技创新促进工作的组织和管理，建立健全促进工作协调机制，统筹本地区重大科技发展布局、资源配置和政策制定，督促检查政策落实，研究、协调促进工作中的重大问题，优化民营企业科技创新环境。"[①] 该条例对加强党对经济工作的领导，特别是对制度化落实民营企业科技创新主体地位有重要意义。

龙港市紧扣"大部制、扁平化、低成本、高效率"的改革导向，形成了扁平化基层管理模式。其中，龙港市经济发展局把发展改革委、经信、科技、金融、商务、统计等 8 个部门的 97 个处室的职能与任务进行分解与归类，构建龙港的综合规划模块、重大投资模块、产业服务与人才发展模块、研发创新模块等 11 个科室模块。这个局只有 20 名行政编制和 32 名事业编制，但通过"模块化"架构重塑、职责重塑，承担起具有"大经济"概念的工作职能。

## 二、始终坚持"两个毫不动摇"和"三个没有变"

2012 年，党的十八大报告明确"两个毫不动摇"——毫不动摇巩固和发展公有制经济，毫不动摇鼓励、支持、引导非公有制经济发展。2017 年，党的十九大报告把"两个毫不动摇"写入新时代坚持和发展中国特色社会主义的基本方略，作为党和国家一项大政方针进一步确定下来。2022 年，党的二十大报告重申"两个毫不动摇"。2016 年全国两会期间，习近平总书记在参加全国政协十二届四次会议民建、工商联界委员联组会时，强调"三个没有变"，即非公有制

---

① 《温州市民营企业科技创新促进条例》，http://www.wzrd.gov.cn/art/2024/5/11/art_1219971_58924552.html，2024 年 5 月 11 日。

经济在我国经济社会发展中的地位和作用没有变，我们毫不动摇鼓励、支持、引导非公有制经济发展的方针政策没有变，我们致力于为非公有制经济发展营造良好环境和提供更多机会的方针政策没有变。2018 年 11 月 1 日，习近平总书记在民营企业座谈会上再次强调"三个没有变"，让民营企业家吃下"定心丸"。2024 年党的二十届三中全会提出："毫不动摇巩固和发展公有制经济，毫不动摇鼓励、支持、引导非公有制经济发展，保证各种所有制经济依法平等使用生产要素、公平参与市场竞争、同等受到法律保护，促进各种所有制经济优势互补、共同发展。"①

### （一）毫不动摇巩固和发展公有制经济

近年来，温州持续推进产业能级提升等"三大战役"，创新实施产业布局强基延链等"十大行动"，国企产业转型升级，市属国资国企改革不断深化。2023 年，温州国资国企谋深做细国企改革顶层设计，持续优化完善温州国资国企综合改革方案，组建温州市国资国企改革发展研究院，深入开展国企改革发展课题研究论证，研究出台市属国企市场化改革试点指导意见，以试点企业点状突破带动市属国企全面做强做优做大，创新实施公用事业一体化改革。聚力打造全市公用事业经营管理平台，以市级国资控股、县级国资参股方式，通过市县两级国资股权等价置换，对市域内水务、燃气、环保三大板块国有资产进行整合；纵深推进国企用工管理改革，落实《关于进一步规范市属国有企业用工管理的实施方案》，强化引才用才机制建设，加快推进市属国企人才体制机制改

① 《中共中央关于进一步全面深化改革　推进中国式现代化的决定》，《人民日报》2024 年 7 月 22 日。

革试点等；全面优化国企绩效激励机制，坚持效益导向进一步改革工资总额决定机制和企业内部分配机制，试点推行中长期激励制度和企业年金制度等；扩投资优服务强化战略功能，引导市属国企聚焦主业持续深化与青山控股、光大环境、省交通集团等头部企业战略合作，积极向科创基地、清洁能源、数字经济等领域拓展等；多措并举盘活优化国有资产，分类分批推进产权办理工作等；构建党建统领国企治理新格局，坚持发展导向、以学促干，大力赋能国资国企高质量发展等。2024 年，温州国资国企深入贯彻党的二十届三中全会精神，完整、准确、全面贯彻新发展理念，通过改革推动市场化转型，更好发挥市场机制作用，不断优化布局结构，实现资源配置效率最优化和效益最大化，切实发挥国有企业在构建温州新发展格局中科技创新、产业控制、安全支撑的重要作用。另外，温州市交发集团经营公司大力发挥国企担当，推进温州土地综合整治产业化发展。截至 2024 年 9 月，该公司累计垦造的高产农田，已经覆盖温州 8 个县（市、区）多达 1.6 万余亩，实现了经济与生态效益共赢。截至 2024 年 5 月底，温州 9 家市属国企资产总额 4140.53 亿元；1 月至 5 月累计实现营业收入 143.16 亿元，实际上缴税费 16.82 亿元。

大力发展农村集体经济。在乐清，农村"家底厚实"，村级集体经济总量已高达 39.5 亿元，每年仍然能保持不低于 15% 的增速。乐清依托民营经济发达、市场主体活跃的发展优势，创新"村企共建"共富机制。截至 2024 年 7 月，共推动 213 个村社与 168 家企业、27 家国企、50 家商会共建共赢，为推动乡村振兴和实现共同富裕打造了优秀实践范式。2023 年，鹿城区文旅传媒集团牵头吸纳全区 34 个相对薄弱村共同出资成立区强村公司，打破发展村级集体经济单兵作战格局，旨在借势集团人才、资金、技术和管理经验，创新村集体增收新模式，建立强村富民长效帮扶机制，助力鹿城区村级集体经济高质量发展。鹿城区强村公司成立以来，探索实践闲置资源盘活、农副产品销售、乡村建设运营等造血模式，成立不到一年，股东们就已经尝到甜头——公司创净利润 245 万元，34 个村集体股东投资回报率达 30%。2024 年，平阳县各地以增加经营性收入为重点，总投资 70804 万元，共开工村集体经济项目 56 个，主要涵盖工程建设、文旅融合、物业购买、规模农业等方面。泰顺县以缩小城乡差别、促进城乡共同繁荣发展为目标，建立健全多元化乡村振兴投入机制，财金协同、招商引资、乡村自主"造血"多元投入，形成财政保障、金融支持、社会参与的乡村振兴长效动力。

### （二）大力发展民营经济

近年来，温州市委、市政府和温州商会，围绕"两个毫不动摇""三个没有变"，通过各种途径向民营企业家讲清党的方针政策，进一步坚定民营经济人士的决心信心，强调党的二十大擘画了全面建设社会主义现代化国家、以中国式现代化全面推进中华民族伟大复兴的宏伟蓝图，吹响了奋进新征程的时代号角，市场前景大有可为，发展机遇大于发展挑战，民营经济必须发挥应有的作用。

从 1980 年温州的章华妹领到我国改革开放后第一张个体工商业营业执照，到 2024 年温州的经营主体已突破 141 万户，以常住人口 976 万人计算，每 6 个人中就有 1 名"老板"。有数据显示，全国民营经济的特征是"56789"，而温州民营经济的特征是"99999"，即民企数量比重、民营经济对 GDP 的贡献率、工业增加值占比、从业人员占比、税收占比均超过 90%。

新时代以来，温州致力于树立民营经济高质量发展的新标杆，为了更好服务企业，温州推出"万名干部进万企"活动，再次吹来管家级贴心服务民营经济发展的春风。民营经济发展既需要政策保障，也离不开法治沃土，温州市委、市政府瞄准国家战略发展要求，立足温州发展的产业聚集特点，积极引导本埠民营经济与新发展阶段要求相匹配，督促企业积极落实新发展理念、适应新发展格局，优化企业生产与运营模式，更好契合经济发展规律，在市场化竞争大潮中搏击。积极引导民营经济向产业链高端攀升、从劳动密集型向创新驱动转换、从家族治理向现代治理转型，为民营企业"心无旁骛创新创造，踏踏实实办好企业"做好服务工作。在 2023 温州民营企业家节上，温州发布促进民营经济高质量发展若干举措，在全面承接落实全省"民营经济 32 条"外，细化 195 条任务清单，为推动民营经济高质量发展保驾护航。

近年来，温州以创新发展促动能提升，引进 67 家高能级科创平台，建成 450 万平方米大孵化器集群，每年新引育各类人才超 20 万人；出台民营企业科技创新促进条例，设立千亿产业引导基金，建设中国（温州）数安港、中国眼谷、国际云软件谷、中国基金药谷、中国（温州）新光谷、中国（温州）智能谷"一港五谷"，规上民营企业研发投入增速保持在 10% 以上。在 2023 年联合国"中小微企业日"，温州再一次选择勇立潮头——在全国率先启动中小微企业友好城市建设，发布"满天星"计划，推动构建创业扶持、创新推动、市场开拓、财税支持、信贷融资、服务体系、权益保护七大友好支撑体系，优化中小微企业发展空间和发展环境。2023 年，温州实现工业增加值 1619.8 亿元，增长 9.4%。其中民营工业引领作用增强，规上民营工业增加值比上年增长 9.9%，对规上工业增长贡献率达 94.5%。

### （三）依法平等保护各类经营主体的合法权益

2022年以来，温州以数据安全与应用为切入口，全力打造中国（温州）数安港，探索构建了"1112X"数据安全合规体系，即1个管理机构、1个专业组织、1支技术队伍、2套工作机制和一系列数据基础制度规范，同时率全国之先建立了包括数据资源法庭、数据资源检察室、数据资源仲裁院、数据资源公证服务中心、数据安全保卫支队在内的"五位一体"司法保障体系，对各类经营主体一视同仁对待、依法平等保护，高质效办好每一个涉企案件。温州市检察院成立服务数安港工作专班，下设数据资源检察综合办案、数据司法保护法律政策研究和数字检察监督建模3个专业团队，在数安港设立服务平台，加大对计算机软件、数字版权等网络知识产权的司法保护。与此同时，温州市两级检察院充分发挥检察一体化办案优势，凝聚合力，筑牢个人信息数据保护"防火墙"。瓯海区检察院对一年多来办理的54件侵犯公民个人信息案件进行系统梳理，总结出行业治理问题。为针对性解决问题、加强行业自律，瓯海区检察院在数安港召开听证会，向房地产、建筑装修、家具产业协会等发出社会治理检察建议，并将检察建议书抄送数安港。此外，瓯海区检察院还组建了"法律监督大数据中心"，与数安港入驻企业合作，全面整合内部数据、调查数据、政府授权公共数据和互联网数据，充实检察法律监督数据库。截至2024年8月底，浙江省检察机关建立涉企案件大数据法律监督应用场景19个，下发、审查线索4万余条，成案268件。瑞安市检察院为该公司量身设计"法治体检"，针对性制发检察建议，引导企业引入"智物流"系统加强管理，建立健全销售、财务管理制度，推动企业建立现代化管理模式。瑞安市检察院联合工商联、司法局搭建检企沟通平台；联合行业协会向辖区内企业家提供法治宣传教育讲座；在瑞安市企业综合服务中心设立检察听证点，提供法律咨询等法治服务，推动"企呼我应"。为优化法治化营商环境，依托产业特色，温州市检察机关积极探索，一体强化涉企检察"增值化"服务。例如，乐清市检察院立足电气产业集群优势预警平台，为企业提供知识产权体检服务；洞头区检察院立足海洋经济特色，依托养殖产业，设立"两菜一鱼"（羊栖菜、紫菜、黄鱼）服务平台，为企业提供事前、事中、事后的法治服务；文成县检察院立足浙江省内第二大侨乡定位，依托"涉侨检察依法保护侨胞合法权益工作示范点"，坚持在个案办理、类案治理中推动侨资项目落户，增强侨胞回国投资信心。①

## 三、以"两个健康"推动民营经济高质量发展

以习近平同志为核心的党中央高度重视民营经济发展，把促进非公有制经济健康发展和非公有制经济人士健康成长摆上重要战略位置。习近平总书记关于"两个健康"的重要论述，科学回答了非公有制经济领域最紧要、最现实的重大理论和实践问题，为我国民营经济发展指出了光明前景。党的十八大以来，温州始终遵循习近平总书记关于民营经济的重要论述，推动"两个健康"重要论述在温州先行先试、落地生根，获批创建全国首个新时代"两个健康"先行区。在先行区创建过程中，温州始终坚持把加强党对民营经济工作的领导作为根本保证，坚定政治方向、锚定先行指向、突

---

① 孙丽、张宁、范跃红等：《"蓝力量"赋能改革加速度》，《检察日报》2024年9月27日。

出问题导向、坚持政企同向，走出了一条以高质量党建引领民营经济高质量发展的宽广路子。

**（一）认真学习贯彻习近平总书记关于"两个健康"的重要论述**

非公有制经济的健康发展和非公有制经济人士的健康成长，既是重大经济问题，也是重大政治问题。温州民营经济的健康、可持续发展，既是温州人在社会主义市场经济大潮中继续拼搏闯荡出来的，也是习近平总书记关于民营经济发展的重要论述的巨大思想引领与实践引领力在温州落地的需要。新时代以来，温州全市上下秉承"永远跟党走"的清醒和坚定，坚持以习近平新时代中国特色社会主义思想为指导，坚决贯彻习近平总书记殷殷嘱托和重要指示批示精神，教育引导民营经济人士用习近平新时代中国特色社会主义思想武装头脑、指导实践。

在温州民营企业中大力弘扬企业家精神和新时代温州精神，争做新时代中国特色社会主义事业建设者，营造向好向善的社会主义市场经济大环境。2019年3月，温州民营经济学院正式揭牌，为党政干部和企业家"一屋同学"搭建平台。2020年5月27日，温州召开"全市民营经济人士理想信念教育现场会"，从大统战视野出发，积极宣讲国家经济政策，团结民营经济人士，为国家发展、人民就业、工人增收贡献智慧。近年来，为帮年轻一代"强筋健骨"，温州在探索年轻一代非公经济人士培养方面做了很多尝试，例如，建立年轻一代民营企业家培养人才库，举办"温州市非公经济人士'青蓝接力'培养行动年度乐享会"，这是中共温州市委统战部、温州市工商联联合推出的非公有制经济人士培养行动，多措并举为民营经济人士铺就成长快车道，促进有序接力与良性互动，以期实现"青出于蓝而胜于蓝"，构建师徒团队、微讲坛、同馨思享吧、双月谈（行）活动、年度乐享会等常规化培训分享模式。中共温州市委统战部与市工商联专门出台《关于开展非公有制经济人士"青蓝接力"培养行动的实施意见》，将培养行动制度化、规范化，让民营经济人士懂政策、知进退、有底线，自觉遵循"两个健康"原则。

温州已经搭建起针对民营企业家理想信念教育的常态化机制，推动统战工作向商会组织有效覆盖，强化商会承接政府职能转移能力，还打造一批有代表性的理想信念教育基地，建成有温州特色的民营经济人士理想信念教育基地体系。特别是有的综合性行业协会承接政府职能转移试点案例，还获得了全国统战工作创新奖，被评为全国地市级工商联"十大创新"项目，入选了第三届浙江省公共管理创新案例"十佳创新奖"，并获得温州市党政工作创新项目一等奖。例如，瓯海区委统战部按照目标任务选择确定一批重视基础管理、技术提升和工艺装备改进的小微企业为培育对象，把许多初期创业者纳入新生代企业家培育工作范畴，通过"老带新""新带小"，实现新生代企业家培育工作滚动实施、波次推进。

### （二）积极打造"两个健康"先行区

如何促进和引导"非公有制经济的健康发展和非公有制经济人士的健康成长"，对于温州来说，具有异乎寻常的意义。作为我国民营经济的发祥地，"中国创业第一城"的温州，民营企业数量在全市企业中占比高达99.5%。这个独特的数据要求温州市委、市政府必须扮演好角色，既要优化营商环境，不断把民营经济做优做强，又要筑同心、谋共富。2018年8月9日，温州正式获批创建新时代"两个健康"先行区，这是温州市委、市政府基于国家发展需要和温州实际作出的战略安排。发挥民营经济作用、厚植产业优势、做强温州家底，大环境是基本支撑，没有政治建设的保驾护航、社会和谐稳定的环境、国际多边贸易的平等交换原则、民营经济的社会责任、民营企业人士的社会担当，就无法实现民营经济的健康发展。创建新时代"两个健康"先行区，是960多万温州人深入学习贯彻习近平新时代中国特色社会主义思想的重要举措，为强化民营企业家、非公有制经济人士爱党爱国注入政治保障，为营造企业家健康成长环境和弘扬优秀企业家精神，激发企业家的进取意识、创造创新斗志，引领民营经济实现高质量发展，合理回报社会、回馈家乡，具有重要的政治意义、经济意义与实践意义。

制定"两个健康"评价指标体系。党的十八大以来，温州创新出台"两个健康"温州先行"80条新政"，引导民营企业加快步入高质量发展轨道。2020年11月，中国（温州）新时代"两个健康"论坛上，"两个健康"温州指数首次面世，标志着温州率全国之先创建了民营经济健康发展和民营企业家健康成长综合评价体系。此番首创，是温州深化经济领域改革的注脚。4年来，针对性实施224项改革举措，形成150余个制度文件，实施全国首部"两个健康"地方性法规、设立全国首个民营企业家节、打造全国首个"两个健康"评价体系等87项改革成果，向全国发出"民营经济看温州"的强音。

温州作为新时代"两个健康"先行区，探索出很多第一，创建并高规格召开全省民营经济发展大会，制定了全国首部关于"两个健康"的地方性法规《温州市"两个健康"先行区建设促进条例》；出台改革开放以来浙江省第一份关于民营经济统战工作的文件《关于加强新时代浙江民营经济统战工作的实施意见》，制定《推动新时代民营经济新飞跃的若干意见》；在全国率先成立新时代民营企业家宣讲团，创新"企业家讲、讲给企业家听"的宣传教育形式，省市县三级联动开展宣讲 1000 余场；"万家民企同上一堂课"主题宣讲会入选浙江省党史学习教育百法百例；"品质浙商提升工程""浙商青蓝接力工程"被写入《浙江高质量发展建设共同富裕示范区实施方案（2021—2025 年）》等省委、省政府重要文件。温州推出的世界浙商大会成为浙江省规模最大、规格最高、影响最广的浙商盛会和省委、省政府支持浙商创业创新的重要战略平台；温州总结的浙江民营经济改革开放 40 年 40 人 40 事和"一带一路"看浙商宣传活动被纳入省委庆祝改革开放 40 周年重要活动。还设有温州"诚信日"、积极倡导诚信精神传承、大力构建温商诚信体系、努力打造温商诚信品牌。

### （三）切实为企业健康发展保驾护航

温州市委、市政府全力履职，首置党性原则、构建和谐的政商关系，坚持擦亮"浙商永远跟党走"金名片，全力当好民营经济与民营经济人士的"引路人"；政府搭台民企唱戏，不断优化营商环境，全力当好民营经济与民营经济人士的"护航人"。反过来，民营经济与民营经济人士积极回馈党和政府，积极参与共同富裕伟大事业，以身垂范树立践行先行示范的"带头人"；民营经济人士强化自我管理，第一时间学习大政方针，了解经济形势与国际贸易风险，努力实现自身和下一代的健康成长，确保后继有人，争做爱党爱国的企业家。温州市委、市政府，将党的领导、政府管理、商会统领、企业内优化与社会激励等多元手段结合起来，精细化深耕"两个健康"的广阔天地，以党、政、社会与市场合力推动"两个健康"向更深程度更高水平发展。2023 年 3 月，温州的"打造惠企利民资金直达智控在线加速政策直达快兑"，入选浙江省优化营商环境十大最佳实践案例。事实上，这项改革已走过 5 年的升级路——从集成建立"1＋5＋X"产业政策体系，到动态上线惠企利民政策项目 4759个；从打通 61 个业务系统的数据孤岛，到打造 24 小时不打烊的服务窗口，惠企利民资金直达智控在线不断蜕变，已累计兑现惠企利民资金 466.9 亿元，惠及企业 40.8 万件次、群众 1622 万人次。

树立民营企业创新主体地位。新时代以来，温州全面落实创新、协调、绿色、开放、共享的新发展理念，纵深推进供给侧结构性改革，推动民营经济向高端制造攀升、向创新驱动转换、向现代治理转型，着力建设现代化经济体系。以推进国家自主创新示范区建设为载体，温州强化民营企业创新主体地位，大力推进技术创新、制度创新、管理创新和商业模式创新，电气、鞋革、服装、汽摩配、泵阀等传统产业改造升级步伐加快，智能装备、生命健康、数字经济、新能源智能网联汽车、新材料等战略性新兴产业培育发展扎实推进，推动温州经济朝着更高质量、更有效率、更可持续的方向发展。

营造尊重企业家的良好氛围。温州坚持把民营企业家作为"自己人"，营造尊重企业家氛围，激发和保护企业家精神，给企业家以礼遇、尊重和荣耀，让一切创造社会财富的源泉充分涌流。温州把每年 11 月 1 日设为"温州民营企业家节"，实施各级领导联系重点企业制度，建立企业家参与涉企政策制定、优秀企业家评价表彰机制，给企业家以礼遇、尊重和荣耀；设立世界温州人家园，打造世界温州人的情感地标和精神家园；创办温州民营经济学院，开设"亲清政商学堂""青蓝新学"等 10 个班次，民营企业家和党员干部"同上一个班、亲清共成长"；实施"青蓝接力"行动，着力培养造就一批勇于创新、敢于冒尖的新锐企业家，让温州民营经济永葆生机活力。

## 第二节　优化营商环境，构建亲清政商关系

习近平总书记多次强调，要"营造稳定公平透明、可预期的营商环境"①。党的十八大以来，温州坚持把优化营商环境作为检验政治生态的重要标准，坚持以风清气正的政治生态引领带动公平透明的营商环境，进一步找准"有效市场"与"有为政府"的最佳结合点，打造一流营商环境高地。

### 一、构建亲清政商关系的具体做法

#### （一）出台多项便民举措打造优质高效政务环境

温州持续推进"放管服"改革，大力推进清费减负工作，真正让企业轻装上阵、放手发展，打造优质高效的政务环境。党的十八大以来，温州系统打造便民服务"瓯e办"、惠企政策"直通车"、为侨服务"全球通"，"最多跑一次"事项全覆盖，尤其是将178个产业政策全面清理整合成工业、服务业、农业、开放型经济、人才等5个产业新政策，奖补项目全部实行网上申报、在线审批、刚性兑现。温州还同步出台了针对性强、操作简便的实施细则和兑现流程，推出"无感兑现""模拟审批""逆流程""免审即享"等直达快兑做法。

---

① 《习近平主持召开中央财经领导小组第十六次会议强调　营造稳定公平透明的营商环境　加快建设开放型经济新体制》，《人民日报》2017年7月18日。

## （二）完善市场运行机制打造透明开放的市场环境

优化国际化营商环境为推进新时代温州高质量发展提供有力保障。进入新发展阶段，温州初步建立了与国际接轨的经济运行方式、开放型新兴产业体系和国际化的政府运作制度，初步实现和营造了贸易投资的便利化和开放式的社会文化环境。通过高水平建设国家知识产权示范城市，温州加快建设世界（温州）华商综合发展试验区、浙南闽北赣东进口商品集散中心等高能级开放平台，鼓励民企高质量"走出去"、高水平"引进来"。通过加强制度型开放，温州初步形成与国际通行规则接轨的市场运行制度，构建统一、开放、竞争、有序的市场体系。

## （三）实行制度管人管事打造公正公平的法治环境

为推动温州营商环境持续优化，温州要求规范政商交往行为，打造亲清政商关系，在全国率先推行"三清单一承诺"制度，分别是机关单位及工作人员政商交往"正面清单"、机关单位及工作人员政商交往"负面清单"、清廉民企建设"引导清单"，开展反对"挈篮子"承诺。同时，温州还建立企业和企业家创新容错免责机制，推行涉企柔性执法，设立民营企业维权服务中心，建立企业家紧急事态应对机制，实行重大涉企案件报告制度，形成"有求必应、无诉不扰"的服务体系。

## 二、构建亲清政商关系的创新之处

### （一）创新探索亲清政商关系的制度体系

《温州市"两个健康"先行区建设促进条例》规定：政府及有关部门应当对邀请非公有制经济组织及人士参加会议、调研等活动合理统筹，规范行政执法检查和数据报送，减轻他们的精力负担。条例还增加对服务业和个体工商户的支持态度、明确一般工业项目自有用地内配套行政办公及生活服务设施的可建建筑面积比例可以放宽等内容。对非公有制经济实施规范引导，要求非公有制经济组织、非公有制经济人士在生产经营活动中应当合法经营、诚实守信、公平竞争，依法履行安全生产、生态环境保护、消费者权益保障、职工权益保障等责任，维护社会公共利益。鼓励和引导非公有制经济组织、非公有制经济人士主动融入高质量发展建设共同富裕示范区，承担向上向善、推动共同富裕的社会责任，积极兴办社会公益实体、参与公益慈善事业、推进共建共享，让高质量发展成果惠及广大人民群众，对成绩显著的予以褒扬。对新时代"两个健康"先行区建设工作探索中出现的失误，例如符合国家和省确定的改革方向，未违反法律法规的禁止性、义务性规定，决策程序符合法律法规规定，勤勉尽责、未牟取私利，主动挽回损失、消除不良影响或者有效阻止危害结果发生等行为给予弹性处罚，给予免责或者减轻责任处理。自2024年5月1日起施行的《温州市民营企业科技创新促进条例》，是全国首部以民营企业科技创新为主题的地方性法规，对制度化落实民营企业科技创新主体地位有重要意义。

### （二）推动亲清政商文化体系建设

2023年3月6日，乐清在浙江率先推出《关于提升"两个健康"文化，以文化人、以文聚力、以文赋能助推乐清高质量发展的实施方案》，分别从"聚焦政治铸魂，赓续红色血脉""聚焦青蓝接力，传承乐商基因""聚焦创新集智，激发开拓意识""聚焦改革提能，践行亲清理念""聚焦开放协作，坚持共赢思维"等五大方向，推动构建"亲而有度""清而有为"的亲清政商文化体系，创新推出亲清监督服务卡，全力打造营商环境县域新高地。

数智赋能，拉紧廉政风险"警戒线"。在纪检监察"一体化"数字监督平台，乐清已实现工商注册登记、社保记录等监督数据的实时归集。近年来，乐清以涉企执法监督为切入点，围绕涉企执法的10个重点领域和20项高频事项，成立专项监督组开展"1020"专项监督。此项工作开展以来，通过对预警信息逐一排查，全市各相关派驻（出）机构、乡镇（街）纪（工）委已开展明察暗访500余次，对发现问题的有关人员依纪处理。值得一提的是，乐清率温州之先开发运用了涉企执法行为在线报备系统，对涉企执法报备工作予以规范。2024年以来，乐清市执法人员完成执法事项报备1323次，确保涉企执法行为规范。

勤廉并重，擎起服务企业"硬支撑"。乐清市场经济活跃，领导干部在工作和生活中面临诸多诱惑和考验。为从源头防范利用职权影响干预或影响公务公正的廉政风险，乐清强化亲清政商文化的制度建设，起草了《重点涉企部门领导干部及关键岗位工作人员近亲属从业限制清单》，为27个重点涉企部门领导干部及关键岗位人员近亲属"量身定制"从业限制130条，让心存敬畏、手握戒尺真正成为日常自觉。与此同时，乐清升级迭代公职人员政商交往"正面清单""负面清单"、民营企业政商交往"引导清单"各10条，为"政"和"商"双方搭建规范交往的框架，建立融洽的平等合作关系。乐清坚持严管和厚爱结合，激励和约束并重，制发《严管厚爱激励担当作为"巩固深化年"活动任务清单》，细化11个领域的容错清单，进一步鼓励干部在服务民营经济发展、优化营商环境中担当作为，树立激励担当作为的鲜明导向。

### （三）画好国企与民企的更大同心圆

2018 年 11 月 1 日，习近平总书记在民营企业座谈会上的讲话中指出，"40 年来，我国民营经济从小到大、从弱到强，不断发展壮大。截至 2017 年年底，我国民营企业数量超过 2700 万家，个体工商户超过 6500 万户，注册资本超过 165 万亿元。概括起来说，民营经济具有'五六七八九'的特征，即贡献了 50% 以上的税收，60% 以上的国内生产总值，70% 以上的技术创新成果，80% 以上的城镇劳动就业，90% 以上的企业数量。在世界企业 500 强中，我国民营企业由 2010 年的 1 家增加到 2018 年的 28 家。我国民营经济已经成为推动我国发展不可或缺的力量，成为创业就业的主要领域、技术创新的重要主体、国家税收的重要来源，为我国社会主义市场经济发展、政府职能转变、农村富余劳动力转移、国际市场开拓等发挥了重要作用。"[1]温州民营企业家以敢为人先的创新意识、锲而不舍的奋斗精神，创造了温州模式，为中国创造经济快速增长的奇迹，发挥了功不可没的作用。

在保管好、使用好、发展好我国公有制经济这个全体人民的共同财富的同时，国家还积极鼓励、支持、引导非公有制经济发展。公有制经济和非公有制经济是中国特色社会主义市场经济的有机统一体。中央强调要发挥好公有制经济与非公有制经济的相辅相成、相得益彰作用，而不是相互排斥、相互抵消，既需要通过强化监管、惩治国有资产领域发生的腐败现象，做大做强、升值保值国有经济，又需要借助于"两个健康"创新发展民营经济，以期在实现经济增

---

① 习近平：《在民营企业座谈会上的讲话》，人民出版社 2018 年版，第 4—5 页。

长、促进共同富裕、保持社会长期稳定、实现国家综合国力提升等方面，国企与民企在新时代新征程上联合画出更大同心圆，发挥同向而行的相互扶持的更大作用。

## 三、构建亲清政商关系的主要经验

### （一）加强非公有制经济组织和社会组织党的建设是关键工作

在非公有制经济组织中强化党的领导，打造温商党建的"红色工程"，确保企业家与党同心同德、同向而行，是新时代温州加强基层党的建设的重要内容。将一张立体的商会党建工作网络从温州延伸向31个省（自治区、直辖市），构建起"1+31+X"党建工作网络，以温州市温商党工委为"总部"，在31个省（自治区、直辖市）设置在外温商党工委，并由这些党工委指导各自下属的温州商会党组织和温商企业党组织开展党建工作。温州将商会与党组织对接起来，温州商会在国内的异地商会共260余家，海外商会共360余家，企业会员数万家，把2万名在外经商办企业的本地流动党员纳入管理体制，在政治建设方面确保"方向坚定不移"，在策略和效果导向上坚持"方法因地制宜"，全面加强外出流动党员教育服务管理，既能充分发挥温州的集团破解市场的闯劲，也能有效了解温州在外经营生活情况，更有利于高效传递改革信息与政策新声，做好思想引领工作，发挥"红色细胞"的"稳定器"作用，加强温商与家乡的黏合度，引领温商回归回报家乡。这种将商会的经济资源整合能力与党建工作叠加起来，将党建工作与商会工作有机结合起来，确保党建工作融入流动党员的日常，通过在外温州商会中建立党的组织，进一步加强和改进在外温州商会党的建设，扩大党的组织覆盖面，能够有效发挥党组织的政治核心和政治引领作用，有利于市委、市政府的决策部署在商会中得到贯彻落实，也有利于发挥在外商会团结企业、凝聚温商的桥梁和纽带作用。

### （二）实现非公企业党建工作的"全覆盖"是重要抓手

实现非公企业党的组织和工作"全覆盖"，用心用情、真心真意出实招，坚持具体问题具体分析，确保听党话、跟党走，共建和谐、共谋发展的大方向和总原则不变，实施灵活多样手段，结合数字化管理，构建完善的组织管理体系与"党员覆盖体系"。例如，设立"一企一联络员"抓组建、"一企一台账"建档案、"一企一对策"谋举措；建立非公企业联席会议制度，建立领导干部联系点制度，建立目标考核制度，落实党建工作指导员制度；对民营企业发起真情宣讲、引导企业落实国家政策，注重感情疏导，注重现身向导，注重政策引导；强化落实重质量，建立督查指导制度、销号制度、组建进度、每周通报制度；强化网络化管理，以制度化管理为基础，以目标化管理为核心，以信息化建设为手段，以一体化管理为抓手，激发党建工作生机与活力。

### （三）切实帮助企业排忧解难是保障要素

2022 年 11 月，乐清建立"两个健康"直通车（政企恳谈会）闭环服务机制，由市委、市政府主要领导牵头组织直通车活动，推动政企直面沟通、诉求直办答复、服务直达现场，努力为企业发展提供更加优质的营商环境，让企业在乐清创业有信心、投资能放心、发展更安心。为进一步优化营商环境，助力"两个健康"，乐清在全国首创"民营企业服务驿站"，以中小微企业为主要服务对象，提供定点轮值咨询、即时网络回复、预约上门指导、专家授课讲座、集中现场办公等服务，全方位启动"企呼我应"服务模式。重构新型亲清政商关系，乐清用规矩约束人，深入开展"三清单一承诺"行动，真正做到对企业家"高看一眼，厚爱三分"。

# 第三节　龙港的大部制、扁平化管理新探索

温州龙港原来是一个小渔村，1984 年设立"农民自筹自建"农民城（建镇）。2014 年年底，龙港被列为全国首批镇级国家新型城镇化综合试点，按照"大部制、扁平化、低成本、高效率"的改革要求，开始探索特大镇设市改革。2019 年 8 月，龙港撤镇设市。从 2019 年到 2024 年，短短 5 年时间，龙港走出了改革赋能高水平运行的龙港路径，探索出了改革赋能高质量发展的龙港经验。

## 一、龙港通过改革赋能高质量发展的蝶变历程

1994 年，建镇 10 年的龙港就发展成了有 13.5 万户籍人口的特大镇，综合经济实力在全国亿元镇中排名第 17 位。和其他特大镇一样，龙港也面临着"责大权小功能弱"的发展窘境——有着"县级"的人口总量和经济体量，但在用地指标、信贷规模和项目审批等方面，受到"乡镇衣帽"的限制，发展潜力得不到充分释放。从 1995 年开始，龙港先后进行了小城镇综合改革试点、强镇扩权试点、小城市培育试点等一系列改革。尽管每次改革的核心都是围绕扩权，但权力往往是放了收、收了放。2014 年年底，龙港被列为全国首批镇级国家新型城镇化综合试点，按照"大部制、扁平化、低成本、高效率"的改革要求，龙港开始探索特大镇设市改革。2016 年 6 月

4 日，龙港镇 15 个"大部门"正式挂牌成立。2018 年，龙港人口达到 38 万人，地区生产总值 299.5 亿元，人均地区生产总值 7.86 万元，城市建设、城市规模、城市功能和城市能级达到较高水平。国家新型城镇化标准化试点高分通过验收，龙港成为全国唯一镇级试点优秀单位。随着龙港的快速发展，原有镇的体制已经难以适应改革发展需要，主要表现在放权改革面临瓶颈、城镇化潜力释放受到制约、"小马拉大车"问题突出 3 个方面。2019 年 8 月 16 日，经国务院批准，民政部复函浙江省人民政府，同意龙港撤镇设市；9 月 25 日，"中国共产党龙港市委员会""龙港市人民政府"正式挂牌。2023 年 7 月 28 日，全国首个规范"市管社区"地方性法规《龙港市社区治理条例》立法获浙江省人大常委会批准。

党的二十届三中全会提出："深化赋予特大镇同人口和经济规模相适应的经济社会管理权改革。"①龙港作为全国首个特大镇改县级市试点，其经验为我国特大镇发展与改革提供重要借鉴意义。在民政部、浙江省两级批复和通知中要求，构建简约高效基层管理体制，细化量化严控机构编制和落实国务院"约法三章"规定，所需人员编制和经费由地方自行解决等具体任务。龙港市锚定"大部制、扁平化、低成本、高效率"改革方向，"先后实施 7 项国家级、42 项省级改革试点，入选中国改革典型案例 3 个"②，实现了从特大镇到县级市的飞跃发展。

5 年来，龙港实现了从特大镇到县级市的飞跃发展，奋力书写

①《中共中央关于进一步全面深化改革　推进中国式现代化的决定》，《人民日报》2024 年 7 月 22 日。

②　李艺：《人民城市为人民　龙港改革这 5 年》，《温州日报》2024 年 9 月 29 日。

新型城镇化综合改革新篇章。《龙港市社区治理条例》规定："龙港市人民政府应当依托一体化智能化公共数据平台，运用现代信息技术，整合联通不同层级、不同部门的业务信息系统，集成应用网上办事、民情反映、议事协商、预警研判、协同响应、服务直达等场景与功能，推进智慧社区建设，以数字化赋能社区治理。"[①]2023年7月7日，在"一枚印章管审批"改革落地1000天的重要节点，龙港市企业综合服务中心正式挂牌成立，成为温州首个县级企业综合服务中心。在实现高效能服务上，龙港全市仅设6个党委部门、9个政府部门、6个事业单位，联动推进"一枚印章管审批""一支队伍管执法""一张清单转职能"等改革，系统重塑体制机制、优化机构职能，党政机构和编制数量较同类县（市、区）均缩减60%，以40%行政资源有效承接100%行政管理职能，并建立"一体化一次办"政务服务新模式，推出开业礼包、法治体检、融资担保等229项增值服务，争创营商环境最优市。

## 二、推动高质量发展、致力于"强城富民"

5年来，龙港累计招引落地超亿元产业项目77个，总投资达到492.5亿元，规上企业数量突破500家。全市在册经营主体总量10.8万家，较2019年相比数量几乎翻了一番，年均增长14.35%，每万人市场经营主体拥有量居浙江省前三，平均每4个人中就有1位"老板"。为支持龙港新型工业化壮大，浙江省政府出台《关于支持龙

---

[①]《龙港市社区治理条例》，https://www.wenzhou.gov.cn/art/2023/8/23/art_1229196400_2026808.html，2023年8月23日。

港市苍南县两地深化改革协同高质量发展的政策意见》，"五年来累计帮助龙港争取各类资金 62 亿元，统筹落实部、省各类土地指标 2393.5 亩，支持龙港统筹抓好传统产业转型升级和新兴产业培育，龙港的印刷包装、新型材料、绿色纺织等三大传统产业分别实现年产值超 200 亿元、190 亿元、110 亿元（工业）；2020 年至 2023 年，高新技术产业投资从 9.47 亿元增长到 20.24 亿元，战略性新兴产业增加值增长近一倍"。[①] 5 年来，龙港高度重视工匠培育，紧扣"中国印刷城" 3.5 万家经营主体需求，深化低收入家庭学业、就业、创业"三业"综合帮扶改革，创新区域中高职一体化人才培养模式，投用全省首家印刷包装高技能人才公共实训基地，推出职业技能等级企业自主认定等"问企识才" 7 条举措，打通了"职工增技、企业增效、家庭增收"的共富路径，城镇新增就业年均 6700 余人。"龙港自被列入全国新一轮农村宅基地制度改革试点以来，创新建立宅基地使用权出租、入股机制，盘活闲置农房资源，吸引人才、资本、技术向农村流入，共推动 1 万余间闲置宅基地（农房）得到利用，闲置率降低至6%以下"[②]，村集体经济组织和农民实现了"双增收"。龙港还不断推进农村宅基地制度改革试点，盘活闲置农房，在全国率先推出集体经济组织成员建缴住房公积金制度，构建城乡一体化农民住房保障体系。

在人才引进方面，2023 年 10 月，龙港推出"城市合伙人"相关

① 李艺：《新发展　经济彰显硬实力　创新驱动强根基》，《温州日报》2024 年 9 月 29 日。
② 黄文盈：《新帮扶　"共富"路上，一个都不能少》，《温州日报》2024 年 9 月 29 日。

方案，其中明确，对在城市发展、产业升级、科研创新、引资引智、宣传推介等方面作出贡献的，有机会获评"城市合伙人"，并享受信贷优惠、出行便利、审批优先、绿色入学等礼遇。据统计，与设市之初相比，龙港的高层次人才数、年均吸引大学生就业数分别增长4倍、11倍。截至2024年9月，包括3万余名"城市合伙人"在内，龙港现有常住人口47.16万人，人口密度居全国县域第三、浙江县域第一。2023年，龙港在城市发展大会上正式发布"全球招募令"：邀请各行各业精英以"城市合伙人"的身份，共谋龙港未来，共享改革红利，为城市发展、产业升级、科研创新、引资引智、宣传推介等方面作出突出贡献的各领域精英都将成为龙港发展的合伙人。龙港还出台《龙港城市合伙人办法》，以及《龙港市高校毕业生等青年就业创业推进计划实施方案》等17项青年专属政策，制定全域青年业态、青年阵地、青年创新创业政策"三张清单""四十条举措"，着力打造引才"宝地"，围绕住房租售优惠、康养就医优待等10方面提供全方位、全链条服务，助力青年从"引进来"到"留下来"。[1]

## 三、创造高品质生活、促进"全域市民化"

龙港每年将80%以上财政收入用于民生事业支出，大力实施公共服务补短提质行动，以"优质均衡"创造高品质生活。龙港市"教共体""医共体""养共体""文共体"建设全面铺开。"常住人口

---

[1] 陈圆圆：《新活力　近悦远来，孵化青年理想之地》，《温州日报》2024年9月29日。

城镇化率达到98.2%"①，基本建成全域"15分钟公共服务圈"。引进华东师范大学、温州中学等优质教育资源，新改扩建学校52所、新增学位近1/3，公共文化设施面积、体育场地面积分别增长1.2倍、1.6倍。"目前，龙港市共新增养老床位500张，新建老年食堂30家，实现老年人助餐服务16万人次，开展上门居家服务9万人次以上。云岩医养中心已投用，北大洋康养中心、江山医养中心、滨海康养中心项目建设也在有序推进中。"②同时，龙港实施"拥江面海"发展战略，全力打造"一轴一带一新城"空间新格局，建设宜居宜业宜游的生态幸福之城。龙港高标建成了65个瓯江红"共享社·幸福里"，打造邻里食堂、共享自习室等各类共享场景500多个。"龙港市图书馆按国家一级图书馆标准建设，总投资1.5亿元，场馆面积1.26万平方米，设计容纳馆藏28万册，现有藏书12万册，设有700余阅览席位。作为浙江省首家引入国家图书馆下属服务团队承接社会化运营的公共图书馆，龙港市图书馆将全方位导入国家图书馆的业务规范和服务标准，引入国家级文化活动资源，展现龙港文化新篇章。2023年浙江省居民阅读状况调查报告中，龙港市阅读率高达93%，高于全省居民综合阅读率91.9%，图书借阅量增速实现连续三年大幅增长，均超过50%，全民阅读热持续升温。"③2023年8月，龙港"正式启动了六大片区城市有机更新项目，以此进一步优化城

① 李艺：《人民城市为人民　龙港改革这5年》，《温州日报》2024年9月29日。
② 金瑞雅：《新幸福　民生答卷，绘就幸福底色》，《温州日报》2024年9月29日。
③ 陈圆圆、林守将：《新文韵　以文为墨，精绘美好生活新卷》，《温州日报》2024年9月29日。

市空间布局、完善城市功能、改善人居环境，实现城市能级、品质双提升"①。"目前，李家垟社区作为龙港最大的城中村社区，整村改造已接近尾声，将在世纪大道景观轴上打造新的南部综合商业服务中心。"②

5年来，龙港新增常住人口8万余人，全市常住人口近50万人，其中14—35岁青年占比25%，超过全省22%的平均水平。在生态文明建设方面，在撤镇设市后，龙港投入近1亿元，对海堤内外侧进行生态改造，增加增殖放流和贝类附着建设，新增红树林面积约1000亩。2023年，龙港市新美洲红树林湿地入选新一批国家重要湿地名录。这一处湿地是我国红树林生态系统延伸最北的地区之一，被评价为"数量领先，质量绝佳"，每年固定碳量高达570吨，产生的生态经济总价值约达8.9亿元。目前龙港市红树林面积约占浙江省的16.5%。③

## 四、在赋能高水平治理上，实行"大部制、扁平化、低成本、高效率"

在赋能高水平治理上，龙港立足"不设乡镇（街道）层级"实际，实行"大部制、扁平化、低成本、高效率"12字设市方针，出

---

① 陈圆圆：《"桥"见成长　通达未来　一组大桥照见证龙港城市蝶变》，《温州日报》2024年9月29日。

② 张睿：《新蝶变　转变路径推进产城人协调发展　5年来，看见一座城市美好的模样》，《温州日报》2024年9月29日。

③ 潘圆：《新生态　现代化实景，人与自然共生》，《温州日报》2024年9月29日。

台全国唯一一部规范"市管社区"的地方性法规。设置 15 个党政部门，不设"乡镇、街道"，再造层级，落地"市管社区"地方性法规，构建"市—社区—网格"治理架构，下沉社区、进驻网格的市级机关干部人员达 70%，每万人配备的社工数量超过了 19 人，实现 90% 以上的个人事务都能在家门口得到办理，90% 以上的矛盾纠纷都能在社区得到化解，构建"一网统管"新体系，推动社会治理、城市运行、智慧城市建设"三个中心"一体融会贯通，实现风险"全域感知、全时响应"，群众安全感、满意度不断提升。龙港市社会治理中心（城市运行管理中心）"融合了城市运行管理、矛盾纠纷调处、政法信息、12345 投诉举报、110、应急、疫情防控、渔业安全救助、综合行政执法等基层治理功能，能协助工作人员统一处置社会治理和城市运行工作事项"[①]，实现全域"一网统管"。这种市直管社区的扁平化治理模式，同样加速着社区城市化进程。在林家院社区，"原本苍蝇乱飞的村容，如今'升级'得优美整洁，社区房屋因此升值，加上临近工业区，很多房屋租金也快速上涨"[②]。龙港比浙江省内同类县（市、区）机构数量少 60% 左右，较同等人口规模县（市、区）相比，编制总量压缩 40% 以上，每年节约成本 10 亿元以上。

不靠编制靠"智治"。龙港坚持数字赋能基层治理，重塑社区管理体系和运行机制，立法明确社区定位和社区职能，实现"一个

---

① 徐龙飞：《新担当 "省级平安市"护民安居》，《温州日报》2024 年 9 月 29 日。

② 李艺：《新典范 全国首个"镇改市"勇敢闯出新天地》，《温州日报》2024 年 9 月 29 日。

层级抓到底"，妥善解决了因取消乡镇层级后管理幅度过大、管理成本增加等难题。在行政资源有限的情况下，龙港切实提升治理效率，推动政府数字化、智慧化转型，打通各个委办科室数据壁垒，综合集成视频监控9700余路、各类物联感知端近9400个，以智能提升效能、算力解放人力，实现城市运行"全域感知"、社会治理"一网统管"、事件处理"高效协同"的社会智治模式。同时，龙港构建社会化合作的综合服务体系，将政府职能转移给行业协会、社会组织，实现可转尽转，"政府包揽"变为"社会参与"、"花钱养人"变为"花钱办事"，走出一条"政府主导、社会参与、多元共治"的新路子。截至2024年9月，已转移环保管家、安全管家等83个事项，共有17家社会组织、59家企事业单位、6家院校承接。

国家税务总局龙港市税务局打造公务员绩效管理基层新样板"数字治队"，这是龙港在绩效指标的编制、评价模型的设计、评价方式的改进和绩效结果的运用等4个方面探索的绩效管理模式。在数字治队模式下，"核心内涵是以事实为依据，用数字来说话，通过记录干部的工作行为和结果，用数学模型进行量化评价和深度应用评价结果，并建立起多维度、体系化和常态化的激励机制。""数字治队运用排名赋分法、相对工作量指数法、分组合并技术，独创性地解决了不同事项、不同职能、不同科室、不同系列的绩效横向比较问题。"[1]每个人的分数差距从80—100大跨度分布，使得个人绩效在"数字人事"考评结果中起到主导作用。此外，按季发放差异化奖金，提高了激励的及时性。考核结果与荣誉、奖金、职务、职

---

① 陈圆圆：《新成长 "龙城虎将"争当实干家》，《温州日报》2024年9月29日。

级等深度挂钩，实现了对全年龄段干部的全方位激励。目前，全员分类考核已在龙港全市各部门单位全面铺开。

总之，龙港设市以来交出了一份经济高质量发展的硬核答卷——2020年至2023年龙港生产总值平均增速超6%，高于同期浙江省平均水平，2024年上半年增长8%，居温州第1位、全省第3位；城乡居民可支配收入比从1.92缩小到1.79，综合实力跃升至全国县域发展潜力百强县第34位。温州、龙港以先行探路之责再创体制机制新优势，为进一步全面深化改革、推进中国式现代化作出重要贡献。

# 第四章

## 积极推进社会治理创新，打造市域社会治理现代化新高地

"治理"概念是自 20 世纪 90 年代起，在国际社会迅速兴起的一个热门词语。民主与治理紧密相连，好的民主一定有利于实现良政善治。作为全国首批市域社会治理现代化试点城市，温州市在实践全过程人民民主中高度重视将发展社会主义民主与社会治理结合起来，既注重推进全过程人民民主在基层落地，也注重深化基层治理，以"共建、共治、共享、共富"为出发点和落脚点，聚焦重点，精准发力，走出了一条具有温州特色的社会治理新路子。2020 年，温州被中央政法委确定为"全国第一期市域社会治理现代化试点城市"。近年来，温州统筹构建起组织责任体系、目标工作体系、创新实践体系、制度保障体系，稳步实施《温州市创建全国市域社会治理现代化试点城市三年行动计划》，并成功认领"发挥政治引领作用""防范网络安全风险"等全国试点项目，获评"平安中国建设示范市"，试点创建整体效果明显。

# 第一节　打造全过程人民民主的温州样板

　　民主的本质是人民的统治。人类民主政治的实践表明，民主政治虽具有普遍的意义，但其发展道路、实践形态却是特殊和具体的，不同国家基于不同的历史传统、现实条件和社会制度，其民主的价值目标、制度安排、实践过程、运行环节、民主效能、制度绩效等必然有着巨大的差异。我国是人民民主专政的社会主义国家，人民民主的优越性不仅在于它坚持以人民为中心的价值导向，还在于它创建了"全过程"的实践形态。全过程人民民主在性质上是社会主义的，在实践形态上是"全过程"的，其主要特征包括：一是以人民为中心是全过程人民民主的价值追求；二是党的领导是发展全过程人民民主的根本保证；三是"过程完整"是全过程人民民主的实践形态；四是主体平等性和广泛性是全过程人民民主的实践基础；五是民主与治理有效结合是全过程人民民主运行的重要特征；六是解决现实问题，满足人民利益诉求是发展全过程人民民主的内在要求。全过程人民民主深深扎根于人民群众之中，形成了人民全过程参与党和国家各项事务的全过程链条。

"八八战略"坚持以人民为中心的发展思想，实施"八八战略"最根本的目的就是让人民过上更加美好的生活，发展全过程人民民主是践行"八八战略"的题中应有之义。温州市是市场经济发达的地区，人民的民主和法治诉求较强。温州在落实"八八战略"过程中为实践全过程人民民主进行了积极的探索实践。

## 一、把全过程人民民主理念落实到人大工作的各环节全过程

社会主义民主政治的本质和核心是人民当家作主。人民当家作主最根本的是掌握国家权力，这是最大的民主。党创建人民代表大会制度的根本目的就是为了保证人民当家作主地位，切实维护人民利益，人民代表大会制度提供了人民掌握国家权力的根本途径和实现形式。全过程人民民主的制度体系直接体现人民当家作主的目标

要求，体现社会主义民主政治的基本原则和本质属性，包含根本制度、基本制度和具体制度，其中人民代表大会制度是全过程人民民主最根本的制度载体。温州在落实"八八战略"过程中为完善人民代表大会制度进行了积极的探索实践。

## （一）把加强党的全面领导贯穿人大工作全过程

党的领导是人大工作保持正确政治方向，实现人民代表大会健康发展的根本保障。人大依法履行宪法和法律赋予的立法、监督等职权以及推动宪法和法律的正确实施，其前提就是自觉坚持和紧紧依靠党对人大工作的领导。2014年9月，习近平总书记在庆祝全国人民代表大会成立六十周年大会上的讲话中就强调，"各级党委要加强和改善党对人大工作的领导"。[1]2021年10月，习近平总书记在中央人大工作会议上的讲话中进一步强调，"各级党委要把人大工作摆在重要位置，完善党领导人大工作的制度"。[2]

党的领导是人民当家作主和依法治国的根本保证。历届中共温州市委高度重视人大工作和建设。2004年9月17日，市委首次召开全市人大工作会议。之后，"每届党委至少应召开一次人大工作会议"、出台关于加强人大工作的制度性文件的惯例延续至今。同时，历届中共温州市委先后就立法工作、预算审查监督、国有资产监督职能、讨论决定重大事项、民生实事票决等方面，出台相关指导性文件，为高水平推进新时代人大工作明确方向要求、提供政治保障。

新时代温州市人大建设过程中自觉把党的领导贯穿人大工作的全过程各方面，认真落实请示报告制度，专题向市委汇报常委会党

---

① 《十八大以来重要文献选编》（中），中央文献出版社2016年版，第59页。
② 习近平：《在中央人大工作会议上的讲话》，《求是》2022年第5期。

组工作、年度立法监督计划、法规草案等重大事项，做到"重大事项提前向党委请示、重点工作主动向党委汇报、重要活动及时请党委支持"。深入贯彻落实省委、市委人大工作会议精神，协助市委部署开展专项督查，把"党领导人大工作"首次纳入县（市、区）领导班子和领导干部实绩考核，坚持党管干部与人大依法任免有机统一，确保党组织推荐的人选通过法定程序成为国家政权机关的领导人员。紧紧围绕市委中心任务谋划推进人大工作，做到市委决策部署到哪里、人大履职就主动跟进到哪里，及时把市委的决策主张转化为全市人民的共同意志。为了把党的领导落到实处，温州市人大专门出台《关于高水平推进新时代人大工作和建设的意见》等7个相关制度文件，部署开展省委、市委人大工作会议精神的落实督查，为人大工作提供有力支持。市委主要领导亲自调研指导人大工作，走进代表联络站听取代表和群众意见，并就人大工作提出要求、指明方向。

### （二）全力支持和保障人大代表依法履职

温州市人大常委会始终坚持把人大代表工作放在重要位置，持续加强和改进人大代表工作，积极搭建履职平台，强化服务保障、完善履职机制，有效发挥人大代表主体作用，不断汇聚发展合力。具体来说，需要做到以下几个方面。

一是坚持人民至上，完善人大代表工作制度。在人大代表工作制度建设方面，温州市坚持实行常委会组成人员与代表、代表与群众"双联系"制度，健全代表组织网络，组建13个代表中心组、14个代表小组，并将全市1.26万名各级人大代表全员编入基层代表联络站，积极组织和指导代表开展活动。同时，温州市人大还制定了《关于联系代表、开展代表活动的试行办法》《加强同代表联系的决定》《温州市人民代表大会代表建议、批评和意见处理办法的若干规定》《温州市人民代表大会议案处理办法》等一系列制度，有效推动市人大代表工作制度化、规范化，探索出一条能反映代表心声、调动代表积极性，且行之有效的工作路径。温州市各区也进行了积极的探索。温州市瓯海区还出台了《关于建立和完善街道选民代表议政会制度的实施意见》《温州市瓯海区人民代表大会常务委员会街道工作委员会工作办法》等一系列工作制度和办法，对于街道人大工委组织机构、工作职责、议政会的内涵、任务和组织形式、会议时间、议程以及选民代表职责、任期及资格终止等都作了详细规定。

二是推动人大代表联络站规范化建设。早在 2010 年，温州市永嘉、瑞安等县（市、区）率先开始探索组建代表联络站。2012 年人大换届以来，各县（市、区）代表联络站建设紧扣当地实际，建立了覆盖广泛的代表联系群众阵地，形成了一大批有特色、有亮点、有实效的代表联络站示范点。截至 2024 年 5 月，温州按照因地制宜、管用实用、就近就便原则，优化布局 10 个县级联络站、189 个乡镇（街道）联络站及 510 个联络点。同时，积极探索建立市级领导干部进站和法官、检察官进站等制度，创新开展"代表·局长面对面"和"乡（镇）长有约"等活动，实现"一府一委两院"与人大工作动态交互，助力提升基层治理能力。持续推动业务下沉，重点打造"明眸皓齿 e 线牵""华侨 e 事通"等 8 个"e 系列"基层单元特色场景，推动建立 13 个示范站、94 个特色站。例如，打造"华侨 e 事通"人大侨情联系在线平台，组织"华侨新生代""在温国际友人"走进人大联络站。

### （三）创新打造基层单元亮点特色

为了深入推进全过程人民民主，温州市人大系统谋划人大践行全过程人民民主基层单元"1261e系列"体系架构，推动人大各专委核心业务下沉，重点打造"立法e点通""共富e起来"等8个"e系列"特色场景，在各县（市、区）人大代表联络站中挂牌建设13家示范站和94家特色站，以数字化改革赋能代表联络站迭代升级。聚焦"联、商、督、促、智"五大功能，率全省之先设计运行"活力指数"，有力撬动基层单元实战实效。2022年8月，应用场景上线以来，全市各级人大发布立法监督议题303个、征集意见7万余条，组织国家机关进站4200余人次、收集民意5万余条，相关数据及时转交基层治理"四个平台"处理。其中，"两个健康e观察"场景全面收集推送各类惠企政策信息，拓宽企业和企业家意见建议收集渠道，助力打造一流营商环境；"华侨e事通"场景突破时空壁垒，倾听华侨心声，有效帮助解决一批华侨关心关切的问题；"明眸皓齿e线牵""一老一小e关爱"场景，搭建平台引导政府相关部门和专家代表广泛听取民意、主动服务群众、积极回应关切。市人大"e系列"场景等3个项目入选全省2022年度基层单元建设最佳实践案例。

### （四）有效激发人大工作创新活力

为了有效激发人大工作创新活力，温州市人大建立常委会领导班子成员分片联系指导基层单元建设工作制度，部署开展"温州人大工作与时俱进通报表扬"活动，鼓励支持各县（市、区）积极探索创新全过程人民民主的实践方式路径、打造工作品牌。各县（市、区）创新开发"e鹿履职""龙e督""e言洞见""代表e嘉问政"等一批特色应用，构建基层单元全链条运行机制，依托"法治民e坊""护水e路行"等应用场景，采取"线上＋线下""站内＋站外""固定＋流动"等多种方式，开展"三官一律一员"（法官、检察官、警官和律师、人民调解员）和其他国家机关工作人员进站活动，拓宽基层人大工作平台渠道。及时总结提炼数字化改革和基层单元建设经验，形成一批理论成果和 12 项制度成果，相关经验做法得到全国、省人大常委会领导的充分肯定，被《人民日报》《浙江日报》等中央和省级主流媒体相继报道。

## （五）构筑人大全过程监督链条

人大监督是人大自身的重要职责。历届温州市人大常委会聚焦市委重大决策部署、政府重点难点工作和群众关注的民生热点问题，强化责任担当，坚持依法监督、正确监督、有效监督，寓支持于监督之中，听取审议市"一府一委两院"工作报告，有力推动温州市加快转型发展。在践行全过程人民民主中的创新性实践主要包括以下几个方面。

一是创新开展预算和重大投资项目审查监督。管好"钱袋子"是人大常委会的一项重要职责。温州市人大常委会全面贯彻中央关于人大预算审查重点向支出和政策拓展的要求，突出全口径、全过程、全覆盖，深入做好"四本预算"审查。创新政府重大投资项目审查，探索建立政府投资超 3 亿元建设项目的审查机制。持续深化市级部门预算分项审查。创新推进预算国资联网监督系统建设，跟踪监督审计发现问题的整改落实，推进绩效管理全面实施和预决算公开机制不断健全，助力建设全面规范、公开透明的现代预算制度。

二是创新拓展监督方式方法。坚持正确监督、有效监督是提升工作实效的必然要求。温州市人大常委会注重探索推进全过程"闭环"监督，完善审议意见形成、交办、跟踪机制，提升审议意见办理实效。针对市区水环境治理创新开展"项目化清单式"监督，通过明察暗访、满意度测评等方式，精准跟踪问效，全面推进问题解决落实。推进专题询问常态化，召开生活垃圾分类、养老服务体系建设、农村人居环境提升等专题询问会，同步开展网络视频直播，其中农村人居环境专题询问会引起农业农村部农村事业促进司的高度关注。强化数字赋能，系统构建"152"体系框架，建成预算国资监督、生态环境监督、养老监督、代表联系群众等一批具有人大辨识度的应用场景，促进人大履职提质增效。

## 二、完善人民政协协商机制，创新政协协商模式

人民政协作为我国协商民主的制度化组织形式和机制保障，是我国实行协商民主的重要舞台，发展人民政协协商民主是践行全过程人民民主的生动实践。具体来说，主要表现在以下几个方面。一是人民政协协商民主的主体构成广泛。人民政协委员是来自各个党派、团体、界别的优秀代表，整体素质普遍较高，具有联系面广、包容性强等显著优势。二是人民政协的有效运行实现了利益表达、政治参与、政治协商、民主监督的有机统一。通过完善政协委员履职机制，尤其是通过完善政协委员调研、视察机制等，能够很好地将相关利益诉求引导到协商民主的进程中来；通过开展人民政协工作，尤其是完善协商活动互动机制，推动各种不同观点、看法、意见等交流交融交锋，可以实现政治参与、政治协商和民主监督的有机统一；通过完善政治协商成果跟踪督办机制，有利于进一步增强民主监督效应，提高民主运行质量。温州市在实践全过程人民民主实践中高度重视协商民主发展，为推进政协协商民主进行了一系列的探索实践。

### （一）提高协商主体的协商意识，增强政协委员履职能力
政协工作的优势在委员、活力在委员。政协委员作为人民政协

履行职能的主体，是政协开展工作的基础。如何充分发挥委员的主体作用，使政协工作焕发出新的生机和活力，是政协工作的重中之重。

一是改进委员产生机制，把好委员"入口"关。建立由政协党组和党委组织、统战部门等共同组成的委员推荐、协商、审核工作班子，共同把好委员"政治关""素质关""结构关""程序关"，真正把代表性、议政水平高、群众认可、德才兼备的优秀人士吸收到委员队伍中来，努力建设一支"懂政协、会协商、善议政"的高素质委员队伍。

二是深入推进思想理论武装。建立习近平新时代中国特色社会主义思想学习座谈会制度，完善以政协党组理论学习中心组学习为引领的学习体系，积极推进"书香政协"建设，持续学懂弄通做实习近平新时代中国特色社会主义思想，不断提高政治判断力、政治领悟力、政治执行力。为了推进学习制度化，温州市政协还制定出台《关于加强和改进委员学习工作的意见》等系列文件，广泛开展"温州政协·学思讲坛""委员讲坛""政协书屋"等活动，进一步拓宽委员视野、提高履职能力。依托"数字政协"建设率先上线"学思系列"读书功能应用模块，按照"1＋12＋29＋X"的模式组建4489人读书群组，积极开展线上读书活动。2021年全年线上读书群组共发帖10万多条。主动顺应统战对象新变化，全市共创建133个委员工作室、17家委员会客厅。着眼界别代表性作用发挥，创新推出"168"工作模式，目前已持续实施3年，大大增强了界别的带动力、凝聚力和组织力，被省政协评为全省第三批政协创新案例。

三是加强政协委员履职管理。第一，建立主席会议成员经常性联系走访委员机制。在制度建设方面，温州市政协制定完善《关于进一步健全市政协委员知情明政保障机制的意见》《加强和改进调研工作的实施办法》等 75 项制度，逐步构建权责清晰、程序规范、运行高效的政协制度体系。强化委员责任担当，出台《关于强化政协委员责任担当的实施意见》等文件，引导委员知责于心、担责于身、履责于行。加强委员日常管理服务，创新推出"主席接待委员日"活动，抓好委员履职情况量化考评工作，组织开展常委、委员年度述职，委员活动日等活动，对履职不到位委员进行谈话提醒，努力让政协委员"动"起来、履职成果"实"起来。第二，强化专委会基础作用。温州推进政协协商民主建设中，高度重视专委会基础作用，发挥政协专门委员会"专"的优势、"联"的特点、"精"的实效，落实《关于进一步加强政协专门委员会履职规范化建设的实施意见》，优化专委会的组织设置和运行机制。完善专委会"1+3+X"履职清单制度，开展"一委一精品"活动，提高专委会议政建言的专业化和品质化。健全专委会联系界别委员制度，强化专委会组织协调功能，带领界别委员有计划、有步骤地开展履职活动，使政协专委会工作更富活力、更具实力。第三，抓好界别、委员联络组建设。温州市政协注重完善主席会议成员联系界别和委员联络组制度，定期召开工作例会，强化工作指导和履职联动，推动各界别和委员联络组在团结委员、发动委员、服务群众、引导群众中更好发挥作用。

**（二）创新政协委员了解和收集社情民意渠道，提高政协提案质量**

温州市政协高度重视提高协商议题质量，按照市委统一部署，主席会议成员带头认真开展"三服务""万名干部进万企"活动，深入重点企业、重点项目的联系走访，积极帮助解决企业、群众和基层反映的困难和问题。同时鼓励各地区进行创新性探索。温州市龙湾区政协创新开展"委员驿站"活动，以"政协主牵、界别主推、委员主力"的资源整合方式，以及"一月一主题，一月一界别"的活动组织模式，做到"一事一协商、一月一专报"。每次"委员驿站"活动，界别组都经过精心策划、深入调研，协商问题精准、意见建议翔实，形成了良好的工作机制，有效提升了政协工作的效能。借助于"委员驿站"活动，近年来区政协形成《关于加强龙湾传统文化传承的建议》《关于"大干交通·畅行龙湾"的建议》《关于助推"国家自主创新示范区建设"的建议》《关于龙湾区永中街道寺前街保护与利用的建议》等资政建言专报，受到区委、区政府的重视，区委、区政府主要领导批示，助推相关工作的落实。瑞安市结合自身情况、通过深入研究，制定出台《瑞安市政协提案工作第三方评价工作实施办法》，就工作目标、主要任务、评价人员、评价范围、实施原则和基础保障等内容作出明确规定。第三方评价就是择优遴选独立机构，从财政绩效评价中介库选取多家具有评估资质且有合作意向的评价机构，经由主席会议审定，确定提案工作第三方评价机构，以独立、专业、负责为基本要求，对提案质量、提案办理质量"双向互评"结果，进行第三方再评价，并提交评价报告。通过提案工作第三方评价，有效解决了承办单位重答复"要满意"、轻落实轻过程的局限，让提案办理过程结果更公开、客观、透明。为了规范提案工作，2021年11月11日，温州市政协正式发布《数字政协提案工作规范》温州地方标准，成为省内首个数字政协建设背景下提案工作市级地方标准。基于该标准的制定和实施，市政协迭代跃升原有提案系统，升级后的"提案e办"包括提案提出、审查、交办、办理、督办、评议、公开、归档及重点提案遴选和优秀提案遴选等，推动提案工作制度化、规范化、程序化，着力实现提案工作从"立了多少""办了多少"向"办出什么效果"转变。《数字政协提案工作规范》实现提案工作全流程在线运行，获评2022年浙江省数字化改革"最优规则"和全省政协工作创新案例。在省内率先建立重点履职成果跟踪问效工作制度，每年筛选12项左右重点履职成果进行跟踪问效，有效提升了履职质效。温州市鹿城区还注重梳理重点提案，印发《提案摘报》，以参阅件形式报送党政领导。此外，还注重创新提案宣传模式，建立提案办理成果公开机制，积极利用省市级平台、鹿城门户网站和政协公众号，大力宣传政协提案工作成效。在《今日鹿城》和"掌上鹿城"合力打造"聚焦政协好提案"系列专题，推出《见证一双鞋的思与变》《在西部蝶变中遇见向往的生活》等报道，全方位宣传重点提案办理成果，进一步扩大提案工作的社会效益。

### （三）做优协商平台，创新协商形式

一是持续深化"请你来协商"平台建设。温州市政协专门制定出台《关于温州市政协"请你来协商"工作意见》，进一步明确"请你来协商"活动流程、频次要求、职责分工。指导各县（市、区）政协全面深化"请你来协商"平台建设，加强工作经验交流，确保有序、规范运行。以2022年为例，2022年温州市县两级共开展"请你来协商"活动635场，其中市县主要领导参加31场，提出建议3242条，已落实建议1683条。

二是大力加强委员会客厅建设。在实践中，温州市政协建立了市政协副主席和各专委会联系委员会客厅工作制度，理顺会客厅工作流程，提升会客厅运行效率。全市15个委员会客厅严格落实"4+X"要求，围绕助推"两个健康"、文旅融合发展、关爱新温州

人等开展活动，有效架起与特定群体沟通联系的桥梁，创新强化思想政治引领的平台载体。乐清市成立"浙江省政协乐清传媒政协委员会客厅"，市委主要领导专程调研会客厅并参加协商活动。委员会客厅认真落实"4＋X"要求，组织开展"聚焦'重要窗口'在全媒体时代弘扬正能量做强话语权"专题协商、记者节广场为民服务等活动，充分发挥融媒体优势，通过影响更多的媒体人，壮大主流舆论，凝聚各方共识，为发展大局画好最大同心圆。

三是深入推进界别"168"工作模式。"168"工作模式是指，"1"个总目标，即增强界别代表性、树立新时代新样子；"6"是深化六项界别工作新载体，即健全"界别学习日"、设立"界别工作站"、组织"界别协商会"、开展"界别活动月"、构建"界别e联网"、召开"界别述职会"；"8"是通过努力，使每个界别活动组达到"八个有"的规范化要求，即界别工作有计划总结、有学习培训、有调研视察、有协商监督、有议政建言、有组织活动、有联谊交流、有亮点成效。这个工作模式运行以来，实效好，亮点多。为了规范"168"工作模式，温州专门制定了《关于深化界别"168"模式增强界别代表性作用的工作意见》，制定界别协商年度计划，建立专委会指导界别协商机制，设立界别工作站，打造富有界别特色的网上工作平台，使界别代表性作用进一步凸显。

四是倾力打造工作精品。深入开展"一委一精品、一县一亮点"创建活动，积极引导全市政协系统牢固树立精品意识，按照工作项目化、项目品牌化的理念，通过项目创建和评比活动，打造了应用服务平台、市民协商团、村头巷尾商商量等一批富有创新性、实效性的工作品牌，以点带面推动政协工作提质增效。

五是持续推进"数字政协"建设。制定温州数字政协建设方案

2.0 版，有效提升政协整体智治水平，在全省政协系统数字化改革综合评价中排名前列，数字赋能政协提案工作情况在"浙江数字政协"建设工作推进会上作经验介绍。编制《温州数字政协使用手册》，掌上履职、掌上办公、掌上议政"三大业务应用"全面上线，贯通省政协"六大在线"综合应用，自建学思系列、界别工作、社情民意等 12 个特色场景应用，并强化应用推广培训工作，推动数字化场景落地见效。

## 三、发展基层民主，推动基层民主与社会治理相结合

民主与国家治理紧密相关。民主的发展与国家治理相互作用、相互促进。好的民主一定是有利于实现良政善治、推动国家发展和社会进步的，而不是造成社会撕裂和冲突；有利于保持社会稳定有序，而不是带来混乱和动荡。全过程人民民主也可以视为治理型民主，是民主与治理有效结合的民主形态。新时代以来，温州在探索基层民主过程中，尤其注重民主与治理的有机结合，在促进社会治理中探索发展全过程人民民主有效途径。

### （一）实施建设工作"四大工程"

按照"有标识、有阵地、有队伍、有服务"的"四有"要求，实施民主法治村（社区）建设工作"四大工程"。组织实施"亮牌提升工程"，对已获批的民主法治村（社区）实行"挂牌子、亮身份"，扩大民主法治村（社区）的社会影响力。组织实施"阵地建设工程"，建立"法治学校、法治宣传栏、法治书架、法治文化点、公共法律服务点、人民调解室、法治微信群"等基层民主法治阵地，为基层干部群众尊法学法守法用法提供场所。组织实施"队伍建设工程"，

培育一批以村（社区）干部为重点的"法治带头人"，挖掘一批具有法律知识背景的党员、村（居）民代表以及居住在村（社区）的法官、检察官、警官、律师等"法律明白人"，命名表彰一批"尊法学法守法用法示范户"，为建设工作打造一支良好的人才队伍。组织实施"法治服务工程"，落实村（社区）法律顾问制度，开展常态化法治文艺表演、法治讲座、法律咨询等法律服务活动，提高基层干部群众民主法治村（社区）建设的获得感。

### （二）健全落实"五民主三公开"制度

围绕民主选举关键环节，完善选举制度，规范选举程序，公开选举过程，严格选举纪律，将村（居）民选举权落到实处。加强民主协商制度建设，建立健全民主恳谈会、民主听证会等机制，凡是涉及群众切身利益的决策都充分听取群众意见。增强民主决策参与，对涉及村（社区）集体和村（居）民利益的重大事务，积极征询村（社区）法律顾问的意见建议，按照"五议两公开"程序和民主集中制原则实行决策，实现村（居）事民议、村（居）务民晓、村（居）事民评。强化民主管理，严格执行自治章程、议事规则等管理制度，完善财务支出审批、建设工程实施、经济合同管理等工作流程。优化民主监督运作方式，制定村（社区）"小微权力清单""监督责任清单"，将党务、村务、财务分项目分类别列入监督内容，及时在公开栏或华数电视终端等进行公开，不断提高民主监督的针对性和实效性。

### （三）建立健全建设工作多元融合机制

树立"一切工作到支部"鲜明导向，加强和发挥村（社区）党组织在建设工作中的领导核心作用，保证基层民主法治建设的正确方向。大力开展党章党规学习，提高广大党员干部党章党规意识。

与乡村振兴战略、美丽乡村建设等中心工作相融合，以建设工作服务中心工作，以服务中心工作检验建设工作成效。认真落实浙江省《关于进一步把社会主义核心价值观融入法治浙江建设的实施意见》精神，把建设工作与社会主义核心价值观教育相融合，强化道德对法治的支撑、滋养作用，发挥法治对社会主义核心价值观的规范和保障作用，提高村基层干部群众法治意识和道德自觉。

**（四）强化党群服务中心矩阵体系，聚力精准服务**

近年来，温州探索打造"瓯江红"基层党建工作品牌，通过盘活资源，充分利用各类公共场地、服务设施，打造集文体活动、群众服务等多种功能于一体的平台——"瓯江红"党群服务中心，打通了党群服务"最后一公里"，具体来说，主要包括以下几个方面。

一是突出"规范化"，打造阵地样本。温州率先出台《瓯江红党群服务中心建设和运行规范》，公开发布"45条党群标准"，制定运行"8条规范"、项目"23条指引"，坚持统筹规划、统一标准，对形象标识、功能布局、阵地建设、阵地运营、阵地管理等作出明确规定。在全市范围启动"瓯江红·百强千佳"提档升级行动，以乡村振兴示范带、西部生态休闲产业带、美丽城镇、特色小镇等为依托，成功创建100个市级党群特色示范点、1000个县级党群特色示范点，统筹推动各领域各方面资源、政策、力量向党群聚集，形成块状集群化示范效应。

二是突出"政治味"，提升政治功能。各级党群服务中心专门设立"主题党日馆"和"红色讲堂"，开通活动场馆线上预约平台，引入读红色经典、观红色电影、赏红色音乐等形式，满足基层党组织开展组织生活的共性和特性需求。搭建"互动式"教育平台，将党群服务中心融入全市"1+12+100"精品"红色研学路线"，串联革命教育基地、爱国主义教育基地等红色阵地资源，激活宣扬革命传统、巩固思想阵地、推进建设发展的重要政治属性。整合"共享式"红色资源，组建市级"师资共享库"，由知名专家、高校教师和全市优秀党建业务骨干组成红色讲师团，为基层党组织开展"三会一课"、主题党日等党内组织活动提供支持。

三是突出"精准化"，发挥服务优势。党群服务中心围绕各地中心工作，将党员志愿服务与"民生关键小事"结合，开展"党群连心·我为群众办实事"系列实践活动，充分调动区域内机关企事业单位、群团组织、社会组织等各方资源进驻，实现党建服务、思想教育、法律援助、医疗健康等服务功能加速进场到位。着眼新兴领域政治引领，在各级党群嵌入"城市驿站"，为快递小哥、外卖骑手、网约车和货车司机等提供休息小憩、续航补给、服务代办等"8+X"服务，掀起关心关爱新就业群体的服务热潮。同时，常态化开展"红色星期天"服务活动，形成"一公里红色活动圈"，在星期天、重大节日提供阅读书画、体育健身、职业培训、专业讲座、党群议事、长者服务、少儿托管等多种类服务。推动市、县、乡三级党代表进驻党群服务中心，切实打通服务群众"最后一纳米"。

四是突出"联动性"，释放矩阵效应。依托市党群服务中心社工团队，突出市、县两级党群服务中心"人才孵化器"作用，面向镇街、村社党群服务中心广泛招募、精准筛选、高效培养一批优秀"瓯江红"CEO专职社工，持续向基层党群输送优秀社工人才。《实施CEO培养计划联动"四互四促"机制　培育建强"瓯江红"党群服务中心专业骨干队伍》成功入选全省党群服务中心典型案例做法。打造全市党群服务中心优秀项目及特色做法展示平台，实施"月度之星"党群服务中心评选，配套推出"今天我当班"轮值活动，由各月份"月度之星"示范开展创新服务项目，经验做法供全市党群工作者观摩学习。目前，"瓯江红"已经成为温州市基层治理的阵地标识。推出全市统一标识 LOGO 和党群建设运营"一标准一规范一指引"，打出整体形象、强化资源整合、推动党建联建，以开放、公益、集成、共享为主要特征，构建形成布局合理、全面覆盖、互联互通的"1+14+185+N"党群服务中心体系，形成"15 分钟党群服务圈"，在基层各类服务阵地中处于中心枢纽地位。

目前，"瓯江红"已成为温州市党群服务的身份标识。"瓯江红"马甲活跃在村社一线、服务于群众中，切实将党员群众的"需求清单"转换成"项目清单"，以精准、细致、务实的服务项目，积极回应群众关切，帮助群众解决急难愁盼问题，让群众真切感受到"惠从党来"。

## 第二节　平安温州的新探索

平安浙江建设是习近平同志在浙江工作期间作出的重大决策部署。新时代以来，温州市在推动社会治理中，以"八八战略"为指引，为平安温州建设进行了新的探索。2023 年 3 月，浙江省建设平安浙江工作会议在杭州召开，会上宣读了省委、省政府关于 2022 年度平安市、县（市、区）和省级部门平安建设优秀单位的通报，温州市成功获评"平安市"，平安温州实现"八连创"，洞头区成为温州市唯一获得全省首批"二星平安金鼎"殊荣的县（市、区），鹿城区被授予"平安金鼎"，另有 9 个县（市、区）被命名为"平安县

（市、区）”。

## 一、着力构建齐抓共管工作格局

上下协同，才能齐抓共管，温州在推进平安温州建设过程中积极构建齐抓共管工作格局，成立以市委书记、市长为双组长的创建全国市域社会治理现代化试点城市领导小组，建强市级智慧治理、县区集成指挥、镇街“一体两翼”、村社多元共治的四级善治指挥链，形成党委统一领导、政府组织落实、联席会议协调、各方齐抓共管的工作格局，以大平安理念落实总体国家安全观，推动从一时一域静态安全到全域全程动态安全、从可知可感面上安全到舒心放心本质安全、从除险清患维护安全到主动防控塑造安全转变跃升。

在实践中，各个部门坚持底线思维，全力推进政治安全捍卫行动，发扬斗争精神，增强斗争本领，强化重点领域政治风险防范，坚决筑牢意识形态阵地。坚持系统施策，全力推进公共安全治本行动，抓深抓实安全生产、消防、涉海涉渔、道路交通、城镇燃气、建筑施工、自建房等重点领域隐患治理，未雨绸缪开展防汛防台工作，对各类违法犯罪始终保持严打高压态势。坚持源头治理，全力推进社会稳定维护行动，坚持和发展新时代“枫桥经验”，法治轨道抓信访工作，闭环施治抓极端防范，聚焦重点抓风险化解。坚持大抓基层，全力推进固本强基提升行动，提升基层底座支撑力、群防群控保障力、数字赋能驱动力、平安文化引领力，广泛动员社会力量参与平安建设。工作中，坚持齐抓共管，严格落实平安建设领导责任制。

## 二、构建多元预防调处化解机制

近年来，温州市紧盯影响和制约平安建设源头性、基础性和根本性问题，持续深化社会治安、公共安全等平安建设基层基础工作。在化解社会矛盾方面，温州以防范化解各类社会风险源为着力点，搭建集约型矛盾纠纷调处平台，不断提升防范化解社会矛盾风险能力和水平。

### （一）加大矛盾纠纷化解力度

为了探索矛盾纠纷化解有效途径，温州积极探索人民调解、行政调解、司法调解等"五联调、三协同、四强化"机制。实行跨境"掌上调解"、涉企纠纷"专业调解"、邻里纠纷"多元调解"，组建志愿者和乡贤调解队伍。如何让法治护航社会治理？"共享法庭"是温州作出的生动诠释。镇街覆盖率达 100%，村社覆盖率达 96.3%，布局全覆盖；提供多元化"家门口"诉讼服务，服务功能全覆盖；融合法官、村社负责人、两代表一委员、人民调解员，形成矛盾纠纷化解闭环。当前，温州市已建成"共享法庭"近 4000 家，形成辐射区，社会治理触角延伸至基层。创新"巡回调解"工作模式，推出"企调帮"一站式化解工作模式，完善社会心理服务教育培训、监测预警、帮扶助困、心理疏导和危机干预等五大工作机制，以多元工作机制保障群众的合法权益。在瑞安市湖岭镇，以"镇庭联动"为核心的一站式多元解纷机制将群众的矛盾纠纷化解在基层、解决在萌芽。至 2023 年 10 月，湖岭镇社会治理中心已受理各类纠纷 350件，调解成功率高达 68.8%，诉源治理成效明显。"镇庭联动"的解纷模式，也得以在瑞安市各乡镇推广。为创新社会治理模式，全市政法系统纷纷发挥主责主业作用。在温州市龙港市华中社区平安站，"三官两师两员"（警官、法官、检察官，律师、心理咨询师，执法员、调解员）纷纷走访入户。"你点单，我上门"的惠民系列活动得到能级释放，并延伸到政务、服务、法务、警务"四务"联动治理新平台。在温州，有很多像平安站这样的调解组织，入驻多方资源，有效实现资源整合引领下的精确指挥、精准行动、精细服务。截至2024年8月，温州市共有人民调解组织4108个，专（兼）职人民调解员15373名；行政调解组织597个，行政调解员2226名；行业性、专业性调解组织222个，调解员419名；镇街、村居调委会设立率实现100%，加强人民调解专业队伍建设和调解名册统一备案管理，备案率从79.8%提升至100%，人民调解组织规范化率达95%以上。

## （二）数字赋能让矛盾化解有"智"又有"质"

针对基层社会治理出现的新情况、新问题、新变化和群众新需求，温州全力以创新基层社会治理为抓手，用科技力量助力矛盾纠纷预防化解，尤其通过数字技术的加持，极大提高了基层治理的感知能力、协调能力、法治能力、预警预测能力，为基层矛盾纠纷化解提供了智能保障。温州市瓯海区以创造性落地做实"141"体系为引领，提出"瓯海的一天"社会治理理念，围绕每一天城市里"发生了什么，由谁来处置、怎么处置、处置得怎么样"这一闭环主线，强化数据融通、应用打通、过程管理、机制重塑，做到社会治理和城市运行两个中心合二为一、迭代升级，探索形成"瓯海的一天"闭环智治模式。该模式把原先散落在各部门的41个纠纷投诉处置中心"搬"到一起，梳理出121项多跨事项处置主体，把责任"捆"在一起，做到问题"一窗受理、协同办理"，群众"最多跑一地、诉一次"。发挥中国（温州）数安港数据要素改革效益，贯通"安监云"等 15 个区级平台、"民呼我为"等 45 个重大应用，打通雪亮工程等 9 类物联感知设备，实现各类投诉集成受理在一个口、各类风险集成感知在一个屏。同时，打破区、街、社区、网格四级行政边界，区级指令通过基层智治系统可"一键"直达网格最小单元，做到"队伍一体下沉、指令一键直达、处置一步到位"。2023 年 8 月 24 日，《创新"瓯海的一天"闭环智治模式　推动城市治理提能增效》获《浙里改（领跑者）》刊发推广。浙江省委办公厅还将"'瓯海的一天'数字治理方法路径"纳入《浙江省基层智治综合应用标准化建设指南》向全省复制推广。

## 三、构建立体化治安防控体系

温州是人口大市，经济发达，人口流动性大，市情社情较为复杂。温州又是一座充满活力的创新之城，是全国改革开放的先行者，一举一动颇受舆论关注。近年来，温州市公安局聚焦全国社会治安防控体系建设示范城市创建，全面推进立体化、信息化社会治安防控体系建设，有力确保温州社会治安持续向好。

### （一）聚焦圈层查控，多维感知，筑牢整体防线

具体来说，相关的举措主要包括以下几个方面。一是筑牢卡点防控圈。按照构建环浙、环温"护城河"要求，在全市 72 个入温通道部署 7 个公安检查站、102 个电子卡口，并升级打造温州"智慧化公安检查站"，实现查控围闭度达 100%。制定在逃人员预警处置机制、战时卡点武装警戒用兵机制等配套机制，建立各类预警模型，实现精准过滤风险。二是筑牢公共交通防控线。公交车、客运车安装车载视频图像采集设备 11504 个，安装率达 100%，实现客运班线

实名购票、乘车信息、车辆位置信息实时汇聚；轨道交通部署视频监控 1812 路、人脸识别设施 126 路，实现重点部位技防系统覆盖率 100%，并有序推进地铁公交智慧防控系统建设，初步完成客流超限预警等主要功能模块。三是筑牢区域智慧防控面。精心打造 30 个重点区域"135"快反圈，构筑"核心部位圈"，建立融合 10 个平台功能的数据资源中心和多维数据关联的信息研判中心，以及"两级指挥、分级负责、平战结合"的巡控指挥中心，总结提炼"关联分析法""空地网搜索法"等 7 种巡控技战法，确保警情扁平指挥、快速反应、有效处置。

### （二）聚焦要素管控，预警预防，做实防控阵地

具体来说，相关的探索包括以下几个方面。一是严管重点人员。健全肇事肇祸精神障碍患者、吸毒人员等重点人员的分级分类管控机制，加强日常排查，依托"一标三实"动态管控模块等平台，对各类人员开展风险研判、动态管控，严防漏管失控、肇事肇祸。二是严管重点物品。实施危险物品"全生命周期"管理，拓展"互联网＋监管"手段，推进专项整治、机制完善、专项立法，落实企业主体责任和部门监管责任，全力构建多部门共管、全环节监控的危化品安全监管体系。三是严管重点行业。探索场所特业智慧化监管，加快行业场所前端智能感知设备部署，对黄赌毒前科劣迹人员、逃犯进行实时预警处置。积极开展无人机管控平台、网约房平台立项建设，探索重大安保 AR 智慧指挥平台建设，试点打造场所行业协会"警协共建"模式，推动拓展保安队伍"警保联动"工作。

### （三）聚焦单元防控，固本强基，夯实基础工程

一是创新实施智慧化社区警务。建成"智安小区"1437 个、"智安单位"1567 个，745 个参建小区实现零发案；积极推进"智慧内

保信息系统"建设，研发"单位保安在线管理"和"访客管理"两大应用模块，全市 2815 家校园"单位码"和访客系统实现全覆盖。二是积极创建"枫桥式"基层派出所。主动争取将深化"枫桥式公安派出所"创建纳入温州市"十四五"规划重大项目，构建温州首创、全省推广的"枫桥指数"评估标准体系，全力开展"枫桥式公安派出所"创建，瓯海娄桥派出所入选全国"枫桥式公安派出所"。三是推动形成"多元共治"联防联控格局。全市发展警务助理 13597 名，建成平安社会组织 226 个 11929 人、平安志愿者队伍 1060 支 21025 人，形成了"平安乐巡""海霞妈妈""鹤城大姐"等群防群治品牌，"平安乐巡"APP 获公安部科技创新应用三等奖。主动融入"基层治理四平台"和"全科网格"工作体系，2022 年以来通过"警调衔接"受理纠纷调解 6519 起，成功调解 6517 起，成功率达 99.97%。

### （四）聚焦科技智控，数字赋能，实现整体智治

一是布局综合感知体系。依托"雪亮工程"，布局"全域覆盖、圈层防护、要素管控"的立体化、智能化的城市安全综合感知体系，全市已建各类感知点位超 30 万个，包括建设联网公共区域视频监控点位 14 万余个、高位视频监控（鹰眼）553 个、智能车辆卡口 1.75 万个、人脸识别卡口 1.5 万个，采集汇聚数据 7000 多亿条，形成 70 类原始基础数据，实现圈、层、点、线、面全覆盖。二是打造"公安大脑"指挥中枢。科学规划"公安大脑"，基于省政法云、市政务云，建成"温警在线""温州公安应用中台"等基础性、主干性平台，推动时空、视频、检索、布控、政务服务等能力在线集中，为全警提供全维度数据及应用能力支撑。三是做实智慧防控系统建设。建设社会治安防控体系管控平台，集成检查站、智安小区、智慧内保、智慧街面、地铁公交等五大系统功能，对接"一标三实"、无人机、

网约房等 13 个管控平台数据，一屏展示 70 余项在线数据，通过系统建设促进防控体系向智能化转型升级。

## 四、构筑食安工作新格局

2023 年 12 月，温州市食品安全宣传月启动仪式暨"温州潮食安"品牌发布会举行。该品牌以《食安温州创建 VIS 视觉识别系统》为基底，拓展以"食安大市集""食安大直播""食安大讲台""食安小故事""食安小科普""食安小歌曲"这"三大三小"品牌栏目为主要矩阵的宣传体系，迭代优化食安卫士形象，旨在构建"责任压实、监管创新、民生共富、产业高质"的食品安全工作格局，形成温州市域食品安全治理水平持续向好和全民食品安全科学素养不断提升的工作品牌。

近年来，温州市抓紧抓实"食安国创"和"亚运安全保障"两大任务，将"食安温州"和"食安国创"分别列入温州市共同富裕示范区建设标志性成果和突破性抓手清单，全市食品药品安全治理水平得到有效提升，群众食安满意度创历史新高，"食安国创"顺利通过省级初评。

不仅如此，温州首创发布《国家食品安全示范城市创建现场检查适用法律法规版操作手册》，联合市级 7 个部门建立 22 项攻坚清单，整改破解问题短板 800 多个，打造食安示范特色点位 1715 个；召开 2023 中国（温州）预制菜产业大会，设立 50 亿元预制菜产业投资基金，构筑食品产业高地；全国率先实现农批市场食品安全数字化全程追溯；高质高效完成年度民生实事项目，新建放心农贸市场 64 家、养老机构"阳光厨房"140 家、阳光食品作坊 178 家、民生药事服务站 30 家。

# 第三节　法治温州的新探索

法治是治国理政的基本方略，是中国式现代化的重要保障。全面深化法治温州建设，是大势所趋，是市情所系。新时代在推进温州治理过程中，温州市委、市政府高度重视法治温州建设，把党的领导贯彻到法治建设全过程和各方面，确保法治建设始终沿着正确方向推进，同时在加强地方立法、推动柔性执法，以及法治数字化改革方面进行了积极的探索，取得了显著成就。

## 一、强化地方立法，夯实法治温州基础

人大作为立法机关，实现科学立法、民主立法既是人民代表大会制度有效运行的基本要求，也是保障人民利益、践行党的群众路线的题中应有之义。2015 年 7 月 30 日，温州获批行使地方立法权之后，市人大常委会为进一步健全"党委领导、人大主导、政府依托、各方参与"立法工作格局，不断完善立法工作体制机制进行积极探索实践，取得了显著成效。例如，立足高质量发展建设共同富裕示范区时代背景，全国首部关于"两个健康"的地方性法规——《温州市"两个健康"先行区建设促进条例》应运而生，以立法推动"两个健康"从实践层面向制度层面跃升。围绕城市精细化管理，制定《温州市城市绿化条例》《温州市销售燃放烟花爆竹管理规定》，修订《温州市市容和环境卫生管理条例》，使治理更加高质高效；围绕民

生改善，制定《温州市电梯安全条例》《温州市养犬管理条例》《温州市家政服务条例》《温州市居家养老服务促进条例》，使群众生活更舒心；围绕文化繁荣，制定《温州市泰顺廊桥保护条例》《温州市全民阅读促进条例》，使乡愁延续、文脉传承；围绕生态文明，制定《温州市楠溪江保护管理条例》《温州市气候资源保护和利用条例》，坚定捍卫绿水青山。支持龙港市新型城镇化综合改革，积极争取省人大常委会出台《关于促进和保障龙港市新型城镇化综合改革的决定》，为龙港市基层治理创新提供法治支撑。

温州市在探索推进创制性立法过程中，充分体现"小切口、大纵深、有效管用"的特点，创新打造具有温州特色的地方立法模式。《温州市文明行为促进条例》立法过程中回收有效问卷25万份，就社会反映强烈的行人过斑马线看手机行为设置法律责任，首张罚单引起中央媒体广泛报道，获得3亿点击量。《温州市危险住宅处置规定》是全省设区市制定的最"短"法规。《温州市荣誉市民条例》提请市人代会审议通过，并授予何纪豪等3人为温州市荣誉市民，凝聚最广泛"温州人"力量。探索推进民主立法，通过"校地合作"共建地方立法研究院，选聘立法专家库，设立27个基层立法联系点，推动基层立法联系点与代表联络站融合建设，使立法工作与法治实践深度融合。

最严格的法律需要最坚决的执行，才能落地生根、发挥作用，才不会成为"稻草人""纸老虎"。温州市人大尤其注重做好立法"后半篇文章"，人大常委会亮出"法律巡视"利剑，直奔问题去、瞄准点位查、盯着清单改，以高质量执法检查报告和审议意见，让法规在实施中绽放鲜活生命力，把制度优势更好转化为治理效能。例如，近年来开展动物防疫、野生动物保护"两法两条例两决定"执法检查，推动依法全面禁止非法野生动物交易。开展台湾同胞投资保护"一法一条例"、省华侨权益保护条例执法检查，依法强化华侨、台胞权益保障。开展省全民健身条例执法检查，促进掀起全民健身热潮。开展省粮食安全保障条例执法检查，推进粮食安全保障体系建设。开展市电梯安全条例、物业管理条例、市容和环境卫生管理条例执法检查，推动温州市制定的地方性法规有效落地。

## 二、柔性执法有温度，法理相融暖人心

2019年温州市开展新时代"两个健康"先行区创建以来，在温州市积极探索推行柔性执法改革工作，创新执法理念和机制，建立推行轻微违规行为"首次不罚"制度，同时配套引入依法慎用行政、刑事强制措施机制，为民营企业健康发展提供法治保障，着力构建亲清新型警企关系，努力打造新时代"两个健康"法治保护"温州样本"。

柔性执法就是针对涉企执法存在轻微违规处罚过细、"执法陷阱"过多、"以罚代管"普遍、处罚记录可能影响信贷、强制措施可能影响运营等6类企业反映较为集中的问题，探索创新出台民营企业家容错关爱机制，努力实践谦抑审慎的涉企执法模式。2019年3月21日，温州市公安局制定出台《关于推行涉企轻微行政违规行为"首次不罚"柔性执法制度的通知》，并于2019年、2020年、2021年3次发布《温州市公安局涉企轻微行政违规行为"首次不罚"目录清单》，清单内容涉及治安、禁毒、交警、机场等多个警种部门共57项日常涉企执法管理事项，对符合条件的轻微违规行为，优先运用提醒、教育、约谈、责令改正等非处罚手段。同时建立涉企行政

指导工作制度，于 2020 年 6 月制定下发《温州市公安局关于深化涉企行政指导工作的通知》，编制公布《温州市公安局涉企行政指导目录》，根据公安机关管理职能和企业需求，推行以非强制性服务指导手段代替日常监管和行政执法活动，通过政策辅导、规劝提醒、走访约谈、矛盾纠纷化解、法治宣传等方式，为企业出谋划策，引导企业树立自律意识，引导企业主动守法遵规、合法健康发展。

"首次不罚"柔性执法制度是温州市公安机关深入贯彻习近平法治思想，牢牢遵循以人民为中心执法理念的充分体现，也是助力"两个健康"先行区创建的重要举措和重要承诺。"首次不罚"柔性执法制度聚焦群众反映的急难愁盼问题和行政执法领域的痛点、难点、堵点问题，全面推行人性化执法、说理式执法、阳光下执法，切实把柔性执法体现在行政执法工作实践中，引入轻微违法"容错免责"，变"被动监管"为"主动服务"，引导企业合法健康发展，最大限度降低执法对企业正常生产经营活动的不利影响，让日常执法既有力度又有温度，从而获得社会各界一致好评，构建起良好的法治政商环境。

## 三、推进数字法治改革

深化数字法治改革、推进政法智能化建设，是应对新形势新情况的必然要求，也是提升政法队伍能力素质的重要举措。近年来，温州市、县两级政法部门围绕数字化改革，面向温州全市域范围，鼓励机关企事业单位及社会组织积极参与，积极推进"法护家安"集成应用系统建设。2021 年，温州市龙湾区社会治理中心牵头"和家庭"智调应用开发试点工作，项目纳入 2021 年度温州市首批数字化改革赋能市域社会治理重点孵化场景应用和市数字化改革重大应用"一本账"S0。之后，在 2021 年试点工作的基础上，与市法院、区法院、区妇联深度合作，通过参加全省法院系统综合评比，获得省高院 200 万元系统研发专项资金，应用系统升级为"法护家安"数字化改革项目，谋划建设浙江省高院一站式诉讼服务平台开发的数智家事解纷应用，包括家事智审业务模块、家事多元调解模块、反家暴预警模块、关爱未成年人模块、适老助残模块、家庭教育指导模块等六大模块。通过"法护家安"集成应用系统建设，实现了群众矛盾调解、保护弱者、情感修复等功能跨部门、跨业务、跨层级的高效协同，以家庭和谐"小平安"推动社会和谐"大平安"。

# 第四节　和谐温州的新探索

党的十九届五中全会审议通过的《中共中央关于制定国民经济和社会发展第十四个五年规划和二〇三五年远景目标的建议》（以下简称《建议》）描绘了全面建设社会主义现代化国家的宏伟蓝图，是向第二个百年奋斗目标进军的纲领性文件。《建议》提出："实施积极应对人口老龄化国家战略。""推动养老事业和养老产业协同发展，健全基本养老服务体系，发展普惠型养老服务和互助性养老，支持家庭承担养老功能，培育养老新业态，构建居家社区机构相协调、医养康养相结合的养老服务体系，健全养老服务综合监管制度。"为积极应对人口老龄化指明了方向和目标。

2021 年 12 月，国务院印发了《"十四五"国家老龄事业发展和养老服务体系规划》（以下简称《规划》），《规划》指出，在党和国家重大规划和政策意见引领下，我国老龄事业发展和养老服务体系建设取得一系列新成就。人口老龄化是人类社会发展的客观趋势，我国具备坚实的物质基础、充足的人力资本、历史悠久的孝道文化，完全有条件、有能力、有信心解决好这一重大课题。同时也要看到，我国老年人口规模大，老龄化速度快，老年人需求结构正在从生存型向发展型转变，建设老龄事业和养老服务体系的重要性和紧迫性日益凸显，任务更加艰巨繁重。

当前，我国的养老事业形成了"9073"的格局，就是90%左右的老年人都居家养老，7%左右的老年人依托社区支持养老，3%的老年人入住机构养老。共同富裕目标下的养老服务的"高质量"，要公平惠及不同区域、不同阶层、不同特征的老年人，全面兼顾老年人经济物质方面和精神文化方面的生活发展需求。国家、地方政府、家庭和个人全盘联动、同心协力，养老服务的高质量发展之路才能走活搞好。

## 一、"老有所养"的温州实践

全国卫生健康系统积极参与并推动养老事业的发展，特别是在健康老龄化、医养结合等方面不断探索，总结出了许多好的经验。温州市坚持把老年健康工作摆在重要位置谋划推动，深入实施"健康温州"战略，加快区域医疗康养中心城市建设，探索推进社会力量办医养结合服务新模式，初步形成了政府主导、社会参与、市场化运作的老年健康服务体系。温州老年友好型社会实践有以下特点。

### （一）较早引入社会资本，发展社会化养老

1995年，温州正式进入老龄化社会（比全国早4年，比浙江省

迟 8 年），人口老龄化趋势日渐明显，家庭空巢化特征显著，面临极
其严峻的养老考验，社会养老服务体系建设的任务十分艰巨。为了
更好地缓解养老的问题，温州市积极引入社会资本，大幅增加养老
床位，不断扩大养老服务供给。温州市上下联动，社会各界高度关
注，各类资本纷纷涌入，积极发展社会化养老服务，推动温州养老
服务网络发展模式多样化、养老服务政策体系日渐完善，激发市场
活力，构建多元工作机制。

### （二）积极探索医养结合养老模式

"医养结合"的实质是在"就地老化"的理念下整合养老资源和
医疗资源，使得老年人能够就近获得老年医疗服务。温州市城市社
区医养结合养老服务主要做法包括以下几个方面。

一是强化政策支持。第一，以国家级医养结合试点单位为契机，
先行先试，初步形成养中有医、医中有养、医养联合体及医养协议
合作等温州特色"医养融合"模式。第二，加大资金补助，强化政
策供给保障力度。第三，推进部省级康养试点，完善医养协作模式。

二是探索形成多种医养结合模式。第一，建设医养结合项目。
第二，推进"养中设医"模式。第三，推进"医中有养"模式。第
四，探索推进"医养结对"服务。第五，探索推进"嵌入式"服务
模式。目前，温州市医养结合养老模式主要分为嵌入式、合作式和
互联网服务式三大类。其中，嵌入式为医疗系统与养老系统的整合，
融合度最高；合作式主要为养老机构与医疗机构的服务协议模式，
其灵活度较高，运用面较广；互联网服务式是通过互联网信息服务，
一点辐射多面，医养结合服务覆盖率较高，是接下来的发展新趋势。

三是积极促进医养结合试点建设。第一，实施社区医养结合服
务能力提升工程。第二，组织实施老年人心理关爱项目。第三，推

进安宁疗护试点建设。

四是有效推动医养融合纵深发展。第一，以社区为阵地，打造基层康养联合模式。第二，以智慧为引领，延伸康养服务链条，推动信息技术在康养服务行业中的运用，探索"互联网＋健康养老"模式。

（三）对老年人养老诉求的认识从"老有所养、老有所依、老有所乐"发展到"老有所为、老有所养、老有所依、老有所乐、老有所安"

2017 年 2 月，温州市第十二次党代会提出，深化国家级医养结合试点，全面建成以居家为基础、社区为依托、机构为补充、医养相结合的多层次养老服务体系。此后，温州对于老龄化社会老年人的养老现状及养老方式、诉求的认识不断加深，将其细分为"老有所为、老有所养、老有所依、老有所乐、老有所安"5 个方面。"老有所为"主要关注老年人对未来的兴趣和期盼，尤其是为社会做点自己力所能及的事；"老有所养"主要关注老年人的养老方式；"老有所依"主要关注老年人的经济来源和经济状况问题；"老有所乐"主要关注老年人的社交愿望和社交形式；"老有所安"主要关注老年人的个性需求和养老观念。温州市的养老实践体现出了这些关注，例如，松台街道谋划提出"十个一"重点项目，全力推进"魅力西居　幸福松台"品牌建设，奋力打造老年友好样板，着力构建集"食、住、学、乐、养"于一体的老年友好服务平台，满足老年人在居住环境、日常出行、健康服务、养老服务、社会参与、精神文化生活等方面的需求。

（四）农村居家养老服务设施主要以养老服务中心的形式体现，省内最早推动养老服务标准制定、实施、管理、监督、服务全流程推进标准化

温州市在浙江省内率先制定出台《温州市乡镇（街道）养老服

务中心建设指导标准》。温州市乡镇（街道）级居家养老服务中心主要采取"政府建设、退居幕后""社会运营、专业服务"的建设运营模式，服务中心建设主体为政府，验收合格后，由财政给予一定的建设奖补，再交由专业服务机构或社会组织承接运营，经等级评定后给予一定的运营补助。村社居家养老服务照料中心则多由村（居）委会负责运营，或将部分服务外包。在管理方面，温州市实行区域化统筹机制，全省首创"政府 + 社会"社区养老管理模式，探索乡镇（街道）养老服务中心的溢出效能，填补镇（街）级政府在社区居家养老服务管理工作中的缺位，统筹区域居家养老服务设施发展，助推政府居家养老服务职能发挥效应实现从"1"到"1＋1>2"的飞跃，实现有效覆盖。在实践中，温州市全省首创社区养老机构"条""块"结合监管机制，对社区养老照料中心进行"块上监管"和"条上监管"。"块"管是面上的监管，实行街道、社区、单元小网格三级监管制度。"条"管是专项上的监管，分为备案登记和"星级"评定，备案登记是对目前尚不具备登记条件的社区养老照料中心通过降低准入门槛进行事前备案，以明确责任主体，"星级"评定是根据评定标准对社区养老照料中心的"星级"实行动态升降管理，以提升养老服务水平。

## 二、"儿童友好城市"的温州实践

儿童友好是指为儿童成长发展提供适宜的条件、环境和服务，切实保障儿童的生存权、发展权、受保护权和参与权。建设儿童友好城市，寄托着人民对美好生活的向往，事关广大儿童的成长发展和美好未来。目前，我国深圳、长沙、上海等城市都提出了建设儿童友好城市目标并付诸实践。建设儿童友好城市将有助于推动城市的整体发展与提升，折射出人们对城市美好生活的期待。

温州踌躇满志，全域谋划儿童友好城市的建设蓝图，并将建设儿童友好城市纳入《温州市国民经济和社会发展第十四个五年规划和二〇三五年远景目标》《温州市儿童发展"十四五"规划》《温州打造高质量发展建设共同富裕示范区市域样板的行动方案（2021—2025 年）》，出台了《关于建设儿童友好城市的实施意见》《温州市儿童友好城市建设"三张清单"》等。当前，温州儿童友好型社会实践具有以下特点。

### （一）重视困境儿童帮扶

温州市的困境儿童主要为社会型困境儿童，留守儿童的问题尤为突出。因此，留守儿童也成为温州市困境儿童保障重点对象，与此同时，其他困境儿童更需引起重视。尽管困境儿童的数量不多，但仍有不少儿童因深陷困境而涉险乃至危及生命。温州市困境儿童获取服务的方式主要以机构救助兜底、家庭寄养作为补充、社会服务提供支持。温州市困境儿童社区服务主要做法包括以下几个方面。

一是通过顶层设计做好社区服务的政策支持和引导。明确制度先行原则，根据本地区实际需要，因地制宜建立并完善顶层设计，为困境儿童社区服务提供强有力的制度后盾。

二是构建儿童服务网络。第一，实现社区与政府部门的有效链接。目前，温州市已形成自上而下、深入各社区的"儿童福利指导中心—儿童福利指导工作站—社区督导员"三级完整的儿童福利服务网络体系，社区督导员通过摸底、筛查、走访等方式，将社区内的困境儿童情况反馈给政府部门，政府部门把各类政策和服务通过社区这一平台有效地递送到儿童及其家庭。第二，实现社区与社会力量的链接，引导社会力量有序参与社区服务并实现自我发展。通过购买社会服务、设立公益岗位、设立社会工作站、培育社会工作机构等方式，统筹和融合社会资源，充分发挥社会工作服务机构和社会组织的作用，积极参与困境儿童社区服务。与此同时，推进社区、社会组织和社工的"三社"联动机制建设，使社会组织成为社区建设的多元主体之一。

三是推介品牌项目，满足社区儿童个性化需求。第一，通过社区精准服务留守儿童，构建留守儿童社会联动机制。通过社区前期排摸，将留守儿童逐一登记入册，再根据留守儿童具体情况逐一解决问题。第二，在社区推广家庭教育服务。通过社区家长学校、社区活动中心等推出特色家庭教育服务。第三，打造儿童文化品牌，创造有益于儿童成长的社区文化环境。在社区内加强图书馆、文化馆、博物馆及学校等文化资源整合，探索多种阅读推广渠道，让图书馆优质的阅读服务走进社区，走进孩子中。

## （二）在"五大友好"的基础上构建"六大友好"体系

2021年9月，国家发展改革委等23部门发布《关于推进儿童友好城市建设的指导意见》，明确了儿童友好城市需要具备的"五大气质"：社会政策友好、公共服务友好、权利保障友好、成长空间友好、发展环境友好"五大友好"。

2022年2月，温州市政府出台《温州市建设儿童友好城市三年行动方案（2022—2024年）》，结合温州儿童产业优势，聚焦政策友好、服务友好、权利友好、空间友好、产业友好、环境友好"六大友好"体系，推出30项行动，确定122项任务，将"儿童友好城市"从一个概念转变成全城的共识和行动。随着越来越多社会力量的加入，温州推进儿童友好城市的软实力越来越强，全市正在掀起共建共享的热潮。儿童友好建设需要全社会一起努力，温州动员全市家庭、社会组织、市场主体、志愿者等广泛参与，积极推动城市治理引入儿童视角，努力为儿童更好成长画出最大"同心圆"，实现社会治理添内涵、儿童得实惠、社会广参与的成效。

一是"政策友好"把"儿童友好城市建设"写入温州市委党代会报告、市政府工作报告和温州"十四五"规划，纳入全市考核考绩体系。让城市小主人有充分的"话语权"，逐步建立健全儿童参与机制，让儿童与城市生活紧密连接。

二是"服务友好"完善发展体系，充分满足不同成长阶段儿童的发展需求，让儿童享受到高品质的托育、教育、卫生健康等服务。

三是"权利友好"构建适度普惠的儿童福利体系，让儿童在社会社区及家庭中的知情权、表达权和参与权充分彰显。

四是"空间友好"聚焦儿童友好的空间品质，为儿童和家庭提供友好生活的各类活动体验。以"一米的高度看城市"，注重儿童空间优先改造。

五是"环境友好"净化网络环境、维护校园安全，确保儿童用品安全，预防未成年人犯罪，筑牢儿童安全发展屏障。同时，以数字赋能儿童友好城市建设，积极探索儿童数字化工作新赛道，通过搭建"童心同行"儿童友好宝、"数智家教""智汇惠童"数字平台，提供"一站式"儿童智慧服务。

六是"产业友好"利用儿童及家庭对教育、健康、文化和公共服务等方面的需求，积极营造宜游、宜学、宜乐的良好环境，按照各年龄段儿童身心发展特点，从衣、食、住、行、学、医、养、服各个场景入手，发挥儿童产业聚集优势，助传统产业升级，形成儿童友好的产业生态。

### （三）积极探索"医育结合"模式

"医育结合"模式致力于实现婴幼儿教育与儿童保健救治全方位一站式服务。这种新的资源整合模式成为当前深化医疗服务内涵、引领科学托育潮流的新路子。温州市作为浙江省托幼托育改革创新的典型，获国家发展改革委专刊通报，打造了独有的"温馨善育"品牌。

为了积极贯彻浙江省"浙有善育"重大部署，落实政策文件精神，温州市先后出台了《加快推进3岁以下婴幼儿照护服务发展实施方案》《温州市区域卫生暨中心城区医疗卫生机构设置"十四五"规划》《温州市"一老一小"整体解决方案》等文件，提出系统构建家庭照护、社区统筹、机构兴办"三位一体"托育体系，推出"卫生中心专业办""社区小区配套办""幼儿园托幼一体办""机关单位带头办""企业单位鼓励办""社会机构市场办"6种托育模式，大力推进"温馨善育"品牌打造，加强托育机构增量提质建设，切实落实和破解社会"托育难"问题。

## 三、"幸福邻里互助会"的温州实践

2018年，温州市首个"幸福邻里互助会"由温州市瓯海区妇联牵头打造，面对城市建设的快速发展带来的新形势、新任务，区妇联主动发挥自身群团组织职能优势和资源优势，以社会组织的培育和发展为载体，走出了一条政府、社区居民、社会组织多元参与的社区治理新路子。区妇联下属的"暖心工坊"团队联合瓯海心理社工服务队，围绕全区城中村改造中的特殊拆迁户开展了心理安抚服务活动；全区13个镇街的巾帼志愿者队伍围绕"清垃圾除破烂"重点工作开展了网格化监督服务……区妇联在发挥女性力量、调动社会组织资源助力中心工作和社会管理工作的同时，也实现了妇联微组织在社区的延伸与拓展，推动社区建设和发展从单一的政府为主向政府、社区居民和社会组织多元主体转变，从政府调控、引导、服务向政府与社会整合转变，助推形成政社分开、权责明确、依法自治的现代社会组织体制政府和新的社区治理模式。

　　"幸福邻里互助会"通过开展"邻里自治、邻里互助、邻里友善"等活动，促进形成"出入相友、守望相助、贫病相扶、老幼相携"的睦邻文化，推动构建平等互助、团结友爱、热心公益、奉献社区的新型邻里关系，推动社会和谐发展，实现社区管理自治、有序和创新。

第五章

积极推动文化创新，
打造文化强城新高地

纵览历史，无论是在古代社会还是在现代社会治理结构和治理体系中，文化发展无不滋养、推动着社会的发展和进步。温州在把文化的力量转化为发展的动能方面做得非常好，且已形成自己的特色。习近平总书记指出："统筹推进'五位一体'总体布局、协调推进'四个全面'战略布局，文化是重要内容；推动高质量发展，文化是重要支点；满足人民日益增长的美好生活需要，文化是重要因素；战胜前进道路上各种风险挑战，文化是重要力量源泉。"①

改革开放以来，浙江在陆域资源并不丰富、政策并无特殊支持的情况下，成为全国经济发展最好最快的省份之一，其深层原因，就在于文化的力量，在于浙江深厚的文化底蕴，在于浙江能够较好地适应市场经济的文化传统。浙江以文化赋能经济社会大发展的实践，成为习近平同志提出的"文化的力量最终可以转化为物质的力量，文化的软实力最终可以转化为经济的硬实力"②的生动案例。一个民族，只有文化繁荣展示出比物质和资本更强大的力量，才能推动更大的文明进步；一个国家，只有经济发展体现出持续深厚的文化品格，才能进入更高的发展阶段。一个地区也是

---

① 习近平：《论把握新发展阶段、贯彻新发展理念、构建新发展格局》，中央文献出版社 2021 年版，第 401 页。

② 习近平：《干在实处　走在前列——推进浙江新发展的思考与实践》，中共中央党校出版社 2006 年版，第 294 页。

如此。

2003年7月，中国共产党浙江省委员会第十一届四次全体（扩大）会议提出"八八战略"，即进一步发挥八个方面的优势、推进八个方面的举措。其中，第八个战略就是：进一步发挥浙江的人文优势，积极推进科教兴省、人才强省，加快建设文化大省。20多年来，特别是新时代10多年来，具有强大人文优势的温州，始终坚持和践行"八八战略"所蕴含着的以人民为中心的价值观、一切从实际出发的实践观、全面协调可持续的发展观和干在实处、走在前列、勇立潮头的使命观，充分发挥其人文优势，创新性地利用红色文化、地域文化、慈善文化等，以文赋能，切实增强文化软实力，从物质文明和精神文明上相协调，助推温州经济社会快速发展，续写温州发展新篇章，开辟了新时代中国特色社会主义在温州生动实践的新境界。

温州蕴含着丰富的文化资源，文化作为一种更基础、更广泛、更深厚、更持久的精神滋养着历史温州、现在温州和未来温州。2021年6月10日，《中共中央 国务院关于支持浙江高质量发展建设共同富裕示范区的意见》发布，支持鼓励浙江先行探索高质量发展建设共同富裕示范区。温州继续沿着习近平同志在浙江工作时擘画的文化建设"八项工程"线路，在新时代浙江文化建设的总部署下，按照市委"五城五高地"的建设要求，深入实施新时代文化温州建设工程，着力将温州打造成为高成色瓯越文化起源地、高品质文化生活优选地、高质量文化传播示范地、高水平全域文明引领地、高能级文化产业融合地、高层次文化人才集聚地，让温州成为浙江高质量发展建设共同富裕示范区的文化样板地。

# 第一节 弘扬新时代"四千精神"

精神的力量是无穷的。改革开放以来，浙江人民敢为人先、敢闯敢冒，创造出凝结着经验、智慧、信心和优势的"四千精神"。在"四千精神"的指引下，温州人民书写出了辉煌的发展成就。当今世界正经历百年未有之大变局，温州发展需要继续弘扬"四千精神"，以思想再解放推进温州进一步全面深化改革，推进温州的现代化建设，再绘温州发展新篇章。"空谈误国，实干兴邦。"温州人是实干家的代名词，新时代温州人正继续以"四千精神"开创发展新辉煌。

## 一、"四千精神"开创温州发展模式

作为浙江人改革开放以来奋斗精神总结的"四千精神"，是温州人民在改革开放中的奋斗精神和创造精神真实而生动的写照，较为形象地概括了温州人在市场经济萌发期敢为天下先的内在特质；不仅标注着温州人筚路蓝缕、披荆斩棘的创业精神，更凸显了勇于探索、敢为天下先的创新精神。"四千精神"不仅被温州人所认同、所传承、所弘扬、所创新，也得到外界的广泛认可与学习。"四千精神"不仅成为温州人精神与"温州模式"的时代特征和诠释，最重要的是成为一种"种子精神"，成为温州续写新时代新传奇的精神支撑。

"四千精神"的种子不仅深深地根植在温州大地上，而且深深地根植于温州人的心里甚至血脉中，一遇阳光雨露就会生根发芽、茁壮成长。"四千精神"作为"种子精神"，在浙江经济历次转型升级中被不断赋予新内涵。例如，面对 2008 年国际金融危机带来的发展问题，第二代浙商在"老四千精神"的基础上，在全省经济转型升级的时代背景下，逐渐发展出了"新四千精神"，即"千方百计提升品牌，千方百计拓展市场，千方百计自主创新，千方百计改善管理"。[①]如果说"老四千精神"是浙江企业在创业阶段吃苦、拼搏的精神写照，那么"新四千精神"是浙江企业应对国际金融危机带来的转型升级阶段创新、变革的精神写照。温州企业正是充分发挥"新四千精神"，实现了品牌提升、市场突围、管理创新和产业转型升级。

## 二、弘扬"四千精神"，续写新时代温州发展新华章

中国特色社会主义进入新时代，中国经济发展进入新常态，以民营经济为主的温州发展面临新挑战。迎接新挑战需要进一步弘扬"四千精神"，并不断地丰富和发展其新时代内涵，为加快推进温州经济高质量发展注入新的精神力量。2023 年，温州个体工商户已有 94.8 万户；全市在册市场经营主体达到 136.2 万户[②]，175 万游子在全国各地拼搏，还有近 70 万温州人分布在世界 131 个国家和地区[③]，成为新时代推动温州高质量发展的生力军与推进建设共同富裕先行示范区的温州力量。这股新时代温州力量可以说已站在了一条全新

---

① 兰建平：《从"老四千精神"到"新四千精神"》，《今日浙江》2009 年第 13 期。

② 姜巽林、叶凝碧：《再展民营经济雄风看温州》，《温州日报》2023 年 7 月 22 日。

③ 应忠彭、林孙哲：《之江同心·瓯越助乡兴　有股特别的力量叫乡贤》，《浙江日报》2023 年 8 月 21 日。

时空的全球化赛道上，他们深知如何再一次与时俱进地弘扬"四千精神"。他们以全新的精神面貌与时间赛跑、不断蓄积内生变量，突破蝶变之法、无惧涅槃之旅，主动迎接新时代的"千变万化"，争做敢闯敢拼的担当者，自觉置身创新的"千锤万炼"，争做善于突破的创新者；"千姿万态"融入大市场格局、大数据时代、物联网时代，争做勇拔头筹的搏击者，在新征程上继续走向异乡，凝成"千军万马"之势头，争做下好"先手棋"的新时代领跑者。

# 第二节　推动以文润城，涵养城市文明

文化是生产力，是可持续的生产力。文化影响力润物细无声。文化不是经济社会发展的手段，而是经济社会发展的目的。文化反过来会深刻影响甚至规范引导着人们的各种行为，成为经济社会发展的原动力。文化是一个地方的根与魂，文化荒漠之地，难以支撑经济社会发展。温州拥有 5000 多年文明史，孕育了多元开放、富有特色的瓯越文化和人文精神，创造过举世瞩目的"温州模式"，创业创新创富已深深融入温州砥砺奋进的发展史。新时代以来，温州更是立足新起点，在持续增强经济硬实力的同时，做足文化文章，大力推进以文润城，涵养文明城市。

## 一、打造文化品牌，建设文化温州

温州市委、市政府正在着力打造文化品牌，建设文化温州，全面提升温州文化软实力，以文赋能经济社会发展。

### （一）创建新时代文化高地

为贯彻落实习近平同志寄予温州"续写创新史"的殷殷嘱托，就创建新时代文化高地，激扬新时代温州人精神，高水平推进文化温州建设，2021 年 7 月 15 日，中国共产党温州市十二届委员会第十二次全体会议通过了《中共温州市委关于激扬新时代温州人精神 高水平推进文化温州建设的决定》（以下简称《决定》）。《决定》高举习近平新时代中国特色社会主义思想伟大旗帜，全面贯彻落实党的十九大和十九届二中、三中、四中、五中全会精神，坚持发展中国特色社会主义文化，按照举旗帜、聚民心、育新人、兴文化、展形象的工作方针，根据党中央建设文化强国和省委新时代文化浙江建设的决策部署，以"五城五高地"建设为战略牵引，以激扬新时代温州人精神为核心灵魂，以提升城市精神凝聚力、地域文化辐射力、城市品牌影响力、公共文化服务力、文化产业竞争力、数智赋能引领力为主攻方向，全面实施"十大文化工程"，着力构建三大文化生态圈，走出一条具有中国气派、浙江辨识度、温州特质的文化建设之路，加快打造与社会主义现代化先行市、高质量发展建设共同富裕示范区市域样板相适应的新时代文化高地。

全面实施"十大文化工程"是指：深入实施文化铸魂工程，牢牢把握思想文化政治方向；深入实施文化图强工程，不断弘扬和提升新时代温州人精神；深入实施文化传承工程，擦亮瓯越优秀传统文化品牌；深入实施文化塑韵工程，全面提升城市建设文化品位；深入实施文化惠民工程，不断增强群众文化获得感幸福感；深入实施文化精品工程，打造新时代文艺创作高峰；深入实施文化兴业工程，大力提升文化产业综合竞争力；深入实施文化厚德工程，努力塑造新时代文明新风尚；深入实施文化传播工程，加快建设展示城市精神重要窗口；深入实施文化优才工程，强化文化温州建设人才支撑。

着力构建的三大文化生态圈，是指到 2025 年，构筑瓯越文脉薪火相传、千年古城魅力四射、文化地标不断涌现、瓯江山水诗路高标建设的传统文化生态圈；构筑文明素养全面提升、创业创新活力迸发、城市品格不断彰显、东亚文化之都享誉内外的城市文化生态圈；构筑文化经济深度融合、文化供给日臻完善、文化创意引领风尚、数字温州加速崛起的数字文化生态圈。通过着力构建三大文化生态圈，努力打造源远流长瓯越文明与新时代温州人精神交相辉映的文化温州。

### （二）尽心打造文化品牌

这些年来，温州市县根据《决定》要求和精神，围绕着创建新时代文化高地，着力于"十大文化工程"、三大文化生态圈构建，不断深化"文化＋"战略，努力地打造各自的文化品牌，极大提升了温州文化竞争力，以文化大繁荣推动温州经济社会大发展。

1.以活动创品牌。千年来，温州孕育了永嘉学派，打造"南戏故里""歌舞之都""书画名城""百工之乡""中国山水诗发源地"等一批文化名片。这些年来，温州在着力把文化名片打造成文化品牌。例如，承办并放大央视春节戏曲晚会品牌效应，擦亮"戏曲故里""南戏故里"金名片。又如，不断完善文化交流合作和传播机制，高水平举办了全面提升温州文化传播力和影响力的"2022 东亚文化之都·中国温州活动年"，擦亮"东亚文化之都"品牌。再如，高水平举办"2021 温州国际时尚文化产业博览会"、"穿·越千年"2022 温州时装周、全民阅读节，落地全球工艺美术界最高规格论坛——"手工艺 50 人论坛"，打造中国国工艺美术之都。

2.以项目打造标志性文化成果。例如，加强朔门古港遗址保护开发利用，彰显"千年商港"深厚底蕴和人文魅力；挂牌中国社科院习近平新时代中国特色社会主义思想研究中心温州调研基地，提升温州理论研究水平和以习近平新时代中国特色社会主义思想指导实践的能力，切实落实好理论与实际相结合；深化永嘉学派、温州学研究，"瓯江山水诗路研究"等项目列入浙江省文化研究工程重大课题；加强文物安全和文化遗产保育活化工作，非遗综合指数保持全省第一；大力实施"文艺精品高峰计划"，6部文艺精品获浙江省第十五届精神文明建设"五个一工程"奖。

3. 聚力惠民文化。推动公共文化设施均衡布局，加强公共文化设施规划建设，实现"市有五馆一院一厅、县有四馆一院、区有三馆、乡镇（街道）有综合文化站、农村（社区）有文化礼堂"目标；拓展城乡公共文化空间，大幅增加优质公共服务资源供给，推动"文化礼堂""城市书房""文化驿站""农家书屋""百姓健身房"等基层文化阵地提质拓面，优化城市影院和文化阅读空间布局，构建高水平城乡一体"15分钟品质文化生活圈"，健全现代公共文化服务体系。

4. 促进公共文化服务提质增效。整合跨部门、跨行业、跨地域公共文化资源，扩大公共文化设施免费开放范围，促进公共文化服务提质增效；加强数字艺术、沉浸式体验等新型业态应用，推动公共文化资源联网上云，扩大公共文化服务半径和服务品质。积极开展群众性文化活动，深入实施"乡村文艺繁星计划"，支持行业组织、专业院校、文艺院团、专业文艺工作者，通过结对帮扶、互动共创、品牌塑造、驻场演出等形式，丰富群众文化生活。深入实施公民道德建设工程，持续擦亮"大爱城市、诚信社会、道德高地"城市品牌，建设"志愿者之城"。

5. 以文化之力厚植民营经济发展优势。将优化文化产业发展格局，构建"一城两带多点"全域文化产业发展布局；突出以时尚为核心的工业设计，引导时尚创意设计企业集群发展。打造文化产业融合发展新业态，实施"文化＋"发展战略，完善文化产业发展政策体系；依托数字经济优势，发展网络视听、数字出版、动漫游戏、数字创意等新兴文化业态，力争网络视听基地等重点项目落地。培育壮大文化市场主体，着力招引一批世界500强、全国100强的文化企业地区总部及其研发基地；力争到2025年，实施重点文化产业项目100个，培育重点文化企业100家。加强版权保护运用，制定实施"版权助力民营经济计划"。通过提供精神产品和文化服务，文化消费已经成为经济发展的重要引擎。文化产业正在向国民经济支柱产业阔步迈进，成为扩投资、调结构、促消费、稳增长的新动能。

6. 以改革创新和示范创建实现文化领跑。深入开展新时代文明实践活动，全域推行"1161"文明共创机制①，打响"浙江有礼·瓯越先行"品牌，构建更常态化长效化的文明创建体系。全国版权示范城市创建稳步推进，一般作品登记数量连续3年居全省第一；深化全域旅游发展，创成泰顺廊氡国家级旅游度假区、永嘉云岭山地

---

① "1161"文明共创机制是指："1"指以全市为单位绘制一张文明区域版图，版图细化为区级、镇街、社区，形成四级架构；"1"指建立1个目标体系，对照文明城市创建标准，结合网格实际和特点，明确总体目标；"6"指统筹发挥好6支重要力量，属地干部群众、相关职能部门、属地共建单位、市区两级包联下沉力量、志愿者、督查组6支队伍；"1"指完善1套常态机制，按照实际要求，完善"分片包干""条块捆绑管理""定人定岗、定格定责"等机制，将责任细化到点到人。

温泉省级旅游度假区、五马街区国家级旅游休闲街区、五马街区国家级夜间文旅消费集聚区、温州矾矿国家工业旅游示范基地、苍南福德湾全国乡村旅游重点村。"城市书房"入选浙江省首批共同富裕示范区最佳实践，浙江省美育村（社区）数量全省第一。

## 二、弘扬永嘉事功思想与温州人精神

树高千尺有根，水流万里有源。在重农抑商、重义轻利的古代中国，永嘉学派的经世致用、务实开新、布衣著述、合群运作以及诸多方面相互间的融合互动显得与众不同。温州地域性文化的根与源离不开永嘉学派事功思想。永嘉学派事功思想为温州地域性文化打下了厚重的底色，是温州先辈遗留给后人的重要文化遗产，是温州人精神的重要源头，是当代温州经济社会发展背后的文化命脉。

（一）深入解码永嘉文化基因

正如《干在实处 走在前列——推进浙江新发展的思考与实践》中所说："古代浙江许多伟大的思想家也都倡导义利并重、注重工商的思想，不仅在中国文化史上独树一帜，而且深深地影响着浙江人的思想观念和行为方式，成为浙江思想文化的重要源泉。"[①]发源于温州的永嘉学派，就提出"义利并举，以义为先"的义利统一观。永嘉学派中继者陈傅良说得好，"所贵于儒者，谓其能通世物务，以其所学，见之事功"。叶适更是直言，"为文不能关教事，虽工无益也"，"立志不存于忧世，虽仁无益也"。在温州以叶适为代表的永嘉

---

① 习近平：《干在实处 走在前列——推进浙江新发展的思考与实践》，中共中央党校出版社 2006 年版，第 316 页。

学派独推"事功"，可谓振聋发聩。永嘉学派提出工商皆本论，明确否定"重本轻末"。提倡雇佣价值观，强调"以事受食"的雇佣关系，肯定其合理性。提倡新的义利观，指出"利，义之本"，"既无功利，则道义乃无用之虚语"，应"以利和义，不以义抑利"。这种义利观，奠定了温州人敢于"重实利讲实效"的重商文化基础，也为颠覆了貌似固化的传统观念。

温州竞争力强大而不竭的源泉来自它的文化力量，而这种文化力量与永嘉学派的事功思想分不开。温州人有着很强的重商意识，善于四海为家、到处闯荡，培育出了一种创新和开拓精神。温州的商业文化是与市场经济相融合，顺应现代经济发展的且已经和国际接轨的"新文化"。它把企业、社会、市场连接起来，然后，通过这种新文化精神，深刻影响于人们的生产生活。这种新文化在企业、社会中得到充分体现，体现在企业中就是企业文化，体现在企业家身上就是企业家精神。

改革开放以来，温州的发展之所以这么快，从深层次看，是温州文化发挥了支撑作用，是传统文化基因作用的结果。可以说，温州每前进一步，都离不开文化的推动，离不开传统文化与时代精神的有机结合。温州过去的发展得益于文化，现在和将来的发展更有赖于文化。

## （二）永嘉文化助力温州人精神

文化是一种情感，是一种力量。文化与经济之间有着内在的联系。温州经济的发展，促进温州文化的发展。温州文化的发展，又能动地反作用于温州经济，推动温州经济更快发展。源远流长的历史文化，给温州留下了一笔宝贵遗产，特别是永嘉学派"经世致用"思想，以及受这种思想影响所形成的传统重商文化，无疑对温州今天的发展和现代化建设有着积极的参照价值。对优秀传统文化，应该继承它、挖掘它，使其发扬光大。这是历史的传承，文脉的延绵。

在永嘉文化特别是永嘉学派事功思想的长期熏陶下，在改革开放中逐步形成温州经济社会快速发展的温州人精神。一是白手起家、艰苦奋斗的创业精神。正是在这一精神指导下，截至 2024 年 9 月末，温州在册民营企业 40.75 万户，其中，青山控股集团有限公司、多弗国际控股集团有限公司、正泰集团股份有限公司、德力西集团有限公司、人民控股集团有限公司、华峰集团有限公司、万洋集团有限公司、森马集团有限公司 8 家企业进入 2024 年度浙江省企业百强。二是不等不靠、依靠自己的自主精神。正是在自主、自创、自为、自力的精神推动下，温州人不断地释放自己的潜能，展示自己的才能，克服了社会主义市场经济体制建立之初一个又一个未知的挑战和难题，成就我国"民办、民营、民有、民享"的民本经济典范。三是闯荡天下、四海为家的开拓精神。"走天下"的精神使温商成为世界上最活跃的商人群体，温州城、温州街、温州货等"温州"标签随处可见。"哪里有市场，哪里就有温州人；哪里没有市场，哪里就会出现温州人"，正是对温州人开拓精神的生动写照。四是敢于创新、善于创新的创造精神。温州人把党的方针政策同温州实际紧密结合，敢于并善于冲破一切束缚生产力发展的旧思想、旧框架，率先发展家庭工业、私营经济和专业市场，率先探索市场经济改革，创办了中国第一个专业市场、中国第一座农民城，颁布了中国第一部关于股份合作制的地方性规章，组建了中国第一家无区域限制的民营财团等无数个"中国第一"。近年来，温州进一步实施创新驱动发展战略，通过实施民营经济创新发展综合配套改革试点，创建海峡两岸（温州）民营经济创新发展示范区，先后承担了金融综合改革试验区、农村改革试验区、民办教育改革、社会办医改革、民政综合改革等 30 多项国家级改革试点。①

# 第三节　推动中华优秀传统文化的创造性转化、创新性发展

在悠久而丰富的中华传统文化的沃土上，形成了作为温州人精神和浙江精神文化根脉的南宋著名的儒家学派。永嘉学派的"农商并重，义利并举"的思想同温州这座千年商港兴衰共振，为温州人精神打下了厚重的底色，是当代温州经济发展背后的文化命脉。文化乃国家与民族之魂魄，也是一个地区之魂魄。推动温州地区中华优秀传统文化的创造性转化、创新性发展，实为提升温州文化软实力之核心，亦是促进温州经济社会发展之根本动力。

## 一、打造"戏从温州来"品牌，激活中华优秀传统文化

一个城市需要源源不断的精神滋养，一条可感可触的文脉能支撑起一个城市文化发展的轴线。如果说文化是城市的灵魂，戏曲就是城市的腔调。宋朝时期的温州，是全国最有文化的地方之一。这不仅体现在温州文人才子辈出，更体现在这里诞生了一个伟大的艺术——南戏。物质的繁荣，促进精神需求的增长。当时的温州，以

① 周琳子、蒋超：《温州：勇当探路者　续写创新史》，《浙江日报》2018 年 9 月 4 日。

工商业者为代表的市民阶层，形成了庞大的观众群体，而乐工艺人的流入，促使南北技艺在温州交融交锋，出现了"九山书会"这样能"编"会"演"的民间团体。由此，以"歌舞演故事"的南戏，作为中国最早的成熟戏曲样式应运而生。

对于温州而言，南戏是一张极具辨识度的文化金名片，也是讲好温州故事的绝佳载体。近年来，温州市委、市政府高度重视南戏保护传承和发展繁荣工作，持续开展南戏新编工程，让掩于岁月烟尘的南戏焕发新光彩。同时，创新政策和项目，激励温州戏曲出新戏、唱新声、冒新人，打造了一系列标志性成果。例如，在温州"九山书会"录制的央视总台《2023春节戏曲晚会》"破圈"热播，"九山书会"才人集思编撰中国第一部戏本《张协状元》的历史场景，在瓯越山水间的戏曲舞台上重现，中华戏韵在温州唤醒、焕新。这可以说是国家层面对于"百戏之祖是南戏，南戏故里在温州"的权威认证。晚会在全网累计曝光量破36亿人次，"戏从温州来"的理念认知首度成功"出圈"。接下来，温州组织开展了"温州南戏新编剧目系列工程""南戏文化季——宋韵南戏文化会市活动""戏曲寻根——南戏文化季"等一系列积极有效的工作，有力推动了温州南戏文化的发展，有效提升了南戏的知名度、美誉度，让越来越多的人聆听流转在瓯越大地的天籁之音，在全国打响了"南戏故里"的文化品牌，也让南戏成为一张具有温州辨识度的宋韵文化金名片。2023年下半年开始，温州南戏在全国开展声势浩大的巡演，从上海到北京，再到广州，并将要走出国门、走向世界，依靠全世界各地温州侨胞的力量，为家乡文化助力。温州人、温州情、温州戏的完美结合，将来自祖国和来自家乡的乡音、乡情、乡韵，在世界舞台上华丽绽放。

## 二、深播慈善文化，助力共同富裕

温州人历来有着创业成事、事功善德的道德文化基因。古时的温州山间路亭，夏天也总会免费供应伏茶，一年四季还挂着几双草鞋，任人免费穿戴；温州平民知识分子创建"文成会"，资助贫困学子科举考试；赚了钱的温州商人，总会想着为乡里修桥铺路造亭。在温州人的血液中，有义利并举的传统基因。永嘉文化的"义利并举，以义为先"是温州慈善的文化基础，温州人在实践中以实际行动对其赋予了新的时代内涵，把"义"视为慈善公益的理念基础，把"利"当作慈善公益的物质基础。

近年来，温州广泛发展和普及慈善文化、弘扬慈善精神、宣传慈善典型，激发社会各界参与慈善事业的热情，在全社会形成"人人心怀慈善、人人参与慈善"的浓厚氛围，为助力共同富裕作出了应有贡献。

### （一）弘扬"人人心怀慈善、人人参与慈善"公益理念

温润之州，向善向上，温州民间慈善色彩浓郁。慈善，从来不是有钱人的专利，"捐一元钱也光荣"。慈善，捐的不仅仅是钱，捐的主要是爱心。作为一种具有广泛群众性的道德实践的慈善，需要的是"人人向善、人人知善、人人行善"。

近年来，全市各级政府、各级慈善组织都在大力弘扬"人人心怀慈善、人人参与慈善"的慈善理念和"以法促善、依法行善"的法治精神，积极发展现代慈善文化和慈善精神。通过大力熏陶宣传，引导社会成员助力于慈善发展；强调每个普通人参与慈善、集合多方主体的力量共同利用现有的慈善资源展开慈善活动，以集体力量

推动慈善事业的进行，在精神上形成向善之风。通过对向善文化的大力宣传，以"人人心怀慈善、人人参与慈善"理念为核心的慈善文化深入人心。例如，以红日亭、三乐亭、复兴亭、状元亭、爱心亭等为代表的慈善志愿服务点全城开花，孕育了声名远播的温州"慈善亭文化"。志愿者服务、志愿者巡逻和义诊、义卖、义演及公益救助、护河、战"疫"等形式的各类公益活动做到了常态化、规范化。截至 2022 年，全市现有登记义工组织 808 个，志愿者人数达到 7.9 万人，全市建成慈善工作站 557 个，登记认定慈善组织 165 家，6 个慈善基地被评为"浙江省示范性慈善基地"，一批先进单位、项目和个人先后获得"中华慈善奖"和"浙江慈善奖"。又如，截至 2023 年，瓯海区"慈善一日捐"已坚持 21 年，全力营造出了一个"人人心怀慈善、人人参与慈善"的浓厚社会氛围。2022 年，瓯海区慈善事业以品牌创新迈上新台阶，募集各类善款 4989.45 万元，各项救助和公益事业支出共 4687.17 万元。

温州努力开创出慈善工作新局面，慈善在第三次分配中发挥出越来越大的作用，为温州"续写创新史、走好共富路"作出的贡献也越来越大。

### （二）加强慈善基地建设，实现市、县全覆盖

近年来，温州积极顺应新时代慈善工作的新局面、新变化，不断深化慈善领域改革创新，开展全市慈善基地建设，成绩显著。在推动共同富裕的大背景下，温州市采取"党建引领、政府主导、民政主建、品牌组织运营、多方社会力量广泛参与"的运营模式，构建集体验、展示、孵化、传播于一体的慈善共富"新枢纽"——"瓯 e 善"慈善基地，已经启用。截至 2021 年 12 月，全市共建设 12 家慈善基地，慈善基地实现市、县全覆盖，5 个县（市、区）慈善基

地被评为"浙江省示范性慈善基地"，孵化慈善组织 23 家（其中鹿城区、瓯海区慈善组织孵化基地还被评为"浙江省慈善基地"），6 家慈善基地获通报表扬，推选慈善共富品牌项目 13 个，培树慈善共富领军人物 13 名。

另外，平阳县在慈善基地建设上略显特色。平阳县筑就"1＋N"慈善阵地，打造"15 分钟慈善文化圈"。"1"是建成集体验、展示、孵化、传播等多功能于一体的慈善文化园。"N"是基层慈善网络全覆盖，"一村一站（村级慈善工作站）""一站一基金（村级慈善帮扶基金）"。平阳县探索建立"招善引慈"机制，发挥慈善文化园、村级慈善工作站、慈善组织等协同作用，营造"处处慈善"之风。编写《平阳慈善志》，深入挖掘平阳古今慈善文化，擦亮"善美平阳"金名片。引导慈善资源在县内合理流动，开展"慈善一日捐"活动，县级募得资金重点用于乡村振兴，营造"人人慈善"之风。与浙江工商大学英贤慈善学院合作，开展《善行平阳：以体制机制创新打造最优慈善生态体系》课题研究，举办山区海岛县慈善论坛，促进跨界合作交流。

### （三）汇聚向善力量，助力共同富裕

温州在进一步发动社会各界深入学习、贯彻、执行《中华人民共和国慈善法》，凝聚慈善力量、传递慈善薪火、浓厚慈善氛围，逐渐形成的慈善阵地，为温州的共富之路注入了一股源源不断的慈善力量，为"大爱温州"建设贡献更多慈善力量。

据统计，2016—2022 年温州市慈善组织系统共募集善款 32 亿元，支出救助款物 28 亿元，受益群众达 182 万人次。随着全面建成小康社会宏伟目标的如期实现，社会成员的公益慈善和志愿服务意愿及热情不断被激发，越来越多的人投身公益慈善和志愿服务活动。

在汇聚向善力量，助力共同富裕方面，温州的成功经验值得借鉴，具体包括：党建统领凝聚慈善力量、多元主体构建慈善体系、运用数字平台推广慈善信息、因地制宜开辟慈善特色路径、创新民企慈善样本等。

1. 党建统领凝聚慈善力量。构建新型红色慈善体系，党建统领慈善力量。温州把党建工作融入慈善组织运行和发展全过程，实现在慈善组织中党的组织和党的工作"双覆盖"。通过党组织引领、党员带头，把各方公益慈善力量汇聚到党旗下，参与到公益慈善活动中来，引导到群众最需要、最迫切、最有感受的地方去，为促进共同富裕提供坚强的组织保证。在慈善事业的建设中，不仅以党组织作为领头人凝聚慈善力量，还善于利用当地的慈善力量，壮大慈善事业。

2. 多元主体构建慈善体系。采取"党建引领、政府主导、民政主建、品牌组织运营、多方社会力量广泛参与"的方式，鼓励多元主体参与，构建"慈善共享体系"。在此慈善体系中，不同背景、不同身份、不同理念的主体利用"善"这一共同理念元素参与到慈善事业中，通过自身力量凝聚多方社会力量参与慈善，带动慈善事业的蓬勃化、多样化发展。多元主体的慈善工作的开展有效地激励了多元主体参与到共同富裕实践中，同时进一步带动了慈善事业的大发展。

3. 运用数字平台推广慈善信息。通过"互联网＋慈善"，强化数字科技对公益慈善事业的支撑作用和促进共同富裕的作用。设计与优化数字慈善平台，着力发挥数字慈善，推动"传统慈善"转向"现代慈善"，加快慈善事业数字化转型，加快培育"互联网＋慈善"的新业态、新模式。数字慈善是信息化时代的产物，与传统慈善相比，数字慈善的实现随时随地可实现、更为便利，并且具备多种多样的形式。数字慈善有助于慈善向发展型慈善、现代慈善和大众慈善转变，为进一步推进共同富裕提供源源不断的能量。数字慈善智慧平台和慈善信息系统的应用善用在搭建多主体交流平台、促进各主体间资源共享、丰富公众参与慈善渠道、扩大慈善捐赠参与面等方面都起到了不可忽视的作用。例如，鹿城区利用数字化赋能，着力打造人人放心的阳光慈善，使每一名鹿城老百姓都能随时随地放心做慈善。

4. 因地制宜开辟慈善特色路径。不同地方的慈善文化、慈善环境和条件不尽相同，要因地制宜创新慈善工作方法。在借用慈善力量促进共同富裕的过程中，充分考虑当地的实际情况，根据各地基础、诉求，培育适合本地资源环境的慈善路径与模式，以因地制宜的方式实现慈善与经济发展的美好融合。各地显示出各地的特色，例如苍南县 2007 年建立了全国第一家在民政部门登记注册的社会应急机构——壹加壹应急救援中心，这是中国唯一具备水陆空救援队伍的民间团队，10 多年来数千名救援队员参与灾害救援 3000 多次，并孵化不同领域的公益组织 20 多家；平阳县筑就的"1＋N"慈善阵地；等等。

5. 创新民企慈善样本。温州，素有"民营经济之都"之称。温州因民营经济发达而闻名，同样，温州的慈善模式也因民营经济的主力军力量自成特色。民企抱团行善，创新了民企慈善的"温州模式"。在市慈善总会的指导下，诸如青山控股、华峰集团、森马集团、奥康集团、乔治白公司、报喜鸟集团等民营企业发挥慈善公益的生力军作用。这些企业以"爱心温州"为品牌，依托行业特点，积极打造慈善助医、助学、助老、助残、圆梦等多种慈善项目，并把"爱心温州·善行天下"慈善项目不断延伸拓展，关注白内障患者的明眸工程、救助唇腭裂儿童的微笑工程、医治手足畸形患儿的大拇指工程等，以慈善阳光温暖了国家西部欠发达地区乃至非洲等地的贫困家庭。"爱心温州"项目汇集了世界温州人大爱无疆的爱心和善举，一大批在全国享有慈善盛誉的企业家和社会爱心人士随之涌现。例如，森马集团董事长邱光和，各项公益捐赠已超 5 亿元；奥康集团董事长王振滔以个人名义成立的慈善基金会，其"爱心接力计划"已惠及全国 20 多个省市的 13800 名困难学生。

为进一步汇聚向善力量助力共同富裕，今后在完善"向善"方案、加强"向善"宣传、激发数智"向善"活力、建立"向善"闭环等方面还需要持续创新，形成全民"向善"的社会氛围，最终实现物质精神双丰收的共同富裕局面。

## 三、千年朔门古港解密"海上丝绸之路"

温州朔门古港遗址，曾是"海上丝绸之路"的重要港口之一，遗址点目前已经发掘出的古城、古港以及古航道，是我国"海上丝绸之路"申遗的经典样本和支撑性遗产点。展示好瓯越千年文脉传承，见证"千年商港"的丝路历史，打造文旅温州新锐，传承温州不屈的奋进精神，以今日繁华见证千年古港在时代大潮中的巨变，续写温州在新时代新征程上的创新史，这是今日温州市委、市政府正在着力努力做的重要事情。

### （一）温州港的前世今生

港者，水陆相连、江海一体；朔门古港，地处温州古城北大门（朔门）之外，见证着拥有千年开埠通商史的国家历史文化名城昔日的辉煌，诉说着关于"海上丝绸之路"的历史通道、贸易往来、海外交流的故事。作为中国港口遗址最重要的一次考古发现，作为"海上丝绸之路"的重要历史节点，温州市鹿城区朔门古港遗址毫无争议地入选2022年度全国十大考古新发现。历史学家和考古学家认为，朔门古港遗址是迄今为止海内外"海上丝绸之路"港口遗址最重要的一次考古发现。

1984年，我国设立第一批14个沿海开放城市，温州占有一席，可以说，温州是一个因港而生、因港而兴的重要地理单元。南宋绍兴元年（公元1131年），温州设立市舶务，这是中国古代管理对外贸易的机关，为温州港的繁荣提供了坚实的政策条件。有诗人称赞那时的温州是"一片繁华海上头，从来唤作小杭州"。再回溯到战国时期，温州就是全国九大港口之一，在温州改革的音符中，永远内蕴着悠长而激越的海洋之歌。8座码头、2艘沉船和海量的瓷片构建起一幅商贾云集的古时画卷，城市、港口、航道航标三位一体的完整体系，填补了"海丝"申遗港口类遗产的缺环，码头、沉船、海量的商贸类货物凸显出温州朔门古港在世界航海史上的重要价值。

考据的呈现是最真实的历史的言说，海量港口贸易货物遗存的活化石，构建起"海上丝绸之路"重要节点城市的完整证据链，我们记住的不仅是宋元时期温州港"城脚千家具舟楫，江心双塔压涛波"的历史画卷，更是开启温州人搏击大海的时代豪情。海浪拍打的历史遗迹，冲刷去泥沙尘埃，再现喧嚣与海浪相呼应的古港容颜，让港口一段辉煌的历史与面貌呈现于21世纪，让外出闯荡的温州人牢记家乡的江心双塔，指引着归航游子早日安稳回到瓯江畔北。

### （二）历史轴线向未来延展

温州市委、市政府以极大的历史耐心回溯港口历史的轴线，善待"海上丝绸之路"重要节点的历史遗迹，让古港遗址破开尘封得见真容，坚持以专业化水准高起点开发、管理、打造新时代温州的港旅文化。温州坚持在保护中开发，在开发中保护，对照申遗标准和要求推进"海上丝绸之路"遗产的保护研究，高标准谋划国家级考古遗址公园，打造展示世界性的"海上丝绸之路"港口的重要窗口。努力让世人看到"活"的丝路文化，为践行共建"一带一路"倡议、构建人类命运共同体提供港口文化支撑。将温州人向大海要空间的发展视野，熔铸到改革创新的时代精神之中，用创新和勇气书写新时代温州文化交流的新篇章。依托"海上丝绸之路"上的温州朔门古港，记录天下温州人无惧风浪、乘风破浪的昂扬斗志，彰显温州人一以贯之的拼搏闯荡精神，以古港文明激励当代温州人直挂云帆济沧海，从千年古港再出发，踏上漂洋过海的新贸易征程、协作之路、文化之旅。

## 四、激活以文图强的温州文脉

《中共温州市委关于激扬新时代温州人精神　高水平推进文化温州建设的决定》指出："温州拥有 5000 年文明史、2200 多年建城史，孕育了多元开放、富有特色的瓯越文化和人文精神，支撑和引领全市人民搏击改革开放的时代浪潮，锻造了'敢为人先，特别能创业创新'的温州人精神，创造了举世瞩目的'温州模式'，创业创新创富已深深融入温州砥砺奋进的发展史，成为温州极具辨识度的文化特征。"温州拥有深厚的人文底蕴，雁荡山素有"海上名山、寰中绝胜"的美誉，历史文化名人谢灵运、沈括、徐霞客、康有为、张大千、潘天寿、郁达夫、郭沫若、邓拓、舒婷等众多文人墨客在此流连忘返。新时代的温州继往开来，聚焦"今、古、人、文"，赓续温州文化根脉，厚植城市人文底蕴，传承永嘉学派核心理念，以文强市、顺势而为，建立温州学研究中心、永嘉学派馆、永嘉学派文化公园，市委牵头积极编撰《温州大典》记录温州新时代的沧桑巨变，开展温籍数学家年谱研究，不断让典籍中的温州、文物中的温州、遗迹中的温州活态呈现、动态展示、转化创新。

### （一）寻根溯源全面推进温州学研究

以构建中国特色哲学社会科学学科体系的视野，力争将温州学建成有一定影响力的综合性地方学科，定期举办温州学论坛。深挖研讨永嘉学派的思想主张、核心要义、时代价值，开展永嘉学派系列重大课题研究、系列学术研讨，提炼新时代温州精神，梳理温州文脉历史，提升永嘉学派的当代价值及影响力。积极响应国家开发海洋经济号召，深入研究海洋文化、重商文化、港口文化，标识出独具特色的温州文化符号，更好引领和推动温州高质量发展。

### （二）打造城市书屋样板，助力先进文化建设

新时代文化温州建设以"硬建设"提高文化软实力。温州致力于全国文明典范城市创建，持续提升市民素质，强化文明养成教育。依托党报、党刊、党台、党网等主阵地，打造"有理云享"等理论传播平台，培育享誉全网的理论"大V"、理论栏目。发挥市民宣讲团、海外宣讲团等特色宣讲队伍作用，进一步扩大党的创新理论宣讲覆盖面。为提升市民阅读服务的可及性，2014年4月，温州在全国率先建设开放第一家城市书房——县前分馆，实行24小时不打烊免费自助型阅读服务，截至2022年10月，全市已建成136家城市书房，总面积3.49万余平方米，这是大格局城市发展的"空间留白"和"文脉舒张"的高级手法，以独特的闹中取静的文化休憩空间、心灵涵养之地，笑迎八方"读客"，已经成为这个城市的亮丽风景。

从创新项目到全国推广，温州城市书房成为全国公共文化服务领域最具影响力的品牌之一，还颁布全国首个《城市书房服务规范》，以标准化促进公共阅读服务的均等化、普惠化、便捷化。城市书房已经成为温州的文化阵地和文明传承的载体，并于2022年被浙江省委、省政府民生列入2022年浙江省民生实事工程。温州还致力于进一步推动文化礼堂、文化驿站、农家书屋、百姓健身房等基层文化阵地质量双增，优化城市文化空间布局，构建高水平城乡一体"15分钟品质文化生活圈"。

# 第四节　弘扬中国共产党革命文化

在艰苦卓绝、波澜壮阔的革命年代，瓯越大地上留下的深深红色印记、红色文化、红色基因流淌进温州人的精神血脉当中，指引和鼓舞温州人民在中国特色社会主义道路上，战胜了一个又一个困难，夺取了一个又一个胜利。新时代以来，温州市勇担新使命，对标落实全面建设社会主义现代化国家系统部署，继续忠实践行"八八战略"，坚决做到"两个维护"，坚决守好红色根脉，以红色文化赋能经济社会发展，奋力推进共同富裕先行和市域现代化先行的温州样板。

## 一、挖掘红色资源，以红色文化赋能经济社会发展

红色资源是中国共产党艰辛而辉煌奋斗历程的见证，是最宝贵的精神财富。瓯越大地是一片充满红色记忆的土地，这里有着许多

值得铭记的红色故事，红色文化资源十分丰富。我们应当深入挖掘整理这些红色资源，启迪当下、教育后人，让红色文化、红色基因持续不断散发光芒，不仅让更多人了解和铭记过去那段光辉的红色历史，以教育引导广大党员干部始终牢记初心使命，而且要深入挖掘这些红色资源，以红色文化赋能经济社会发展。

这些年来，温州市委、市政府一是深入挖掘革命遗址、遗存、遗迹，整理保护革命文献、实物故事、口述史料，着力形成一批新的研究成果，全面展现浙南革命史的历史地位和内涵价值，擦亮"红动浙南"品牌。二是利用红色资源和红色文化，深入开展党史学习教育，实施红色基因薪火行动，促进浙南红色根脉在传承中持续焕发新时代光芒。三是积极开展红色文化资源调查，健全红色文化保护传承利用体系，推动红色文化资源保护与利用地方立法。四是用好用活"温独支""红十三军""浙南特委""浙南（平阳）抗日革命根据地""中共浙江省一大""浙南游击纵队""海霞女子民兵连"等红色资源，精心打造独具特色的红色文化街区，积极发挥爱国主义教育基地和党史学习教育基地作用，引导更多市民走进红色旧址遗址和设施场馆。五是依托丰富的红色文化资源和绿色生态资源发展乡村旅游，搞活农村经济。六是主动接轨并深度参与长三角红色文化旅游区域联盟，谋划"红色＋生态""红色＋研学"整合开发，打造一批经典红色旅游景区和红色文化主题精品旅游线路。

### （一）平阳县以"红色"赋能助推振兴发展

平阳县是浙南革命老区，形成以省一大旧址群为核心的丰富红色资源。平阳县依托当地红色文化资源，牢固树立"发展红色旅游核心是进行红色教育，传承红色基因"的理念，在中央、省市的支持下，在省市县委的坚强领导下，坚持走红色资源开发之路，不断地培育红色旅游产业，促进红色旅游与乡村旅游、生态旅游等业态融合，进一步夯实乡村振兴和共同富裕的基础，实现了红色旅游的跨越式发展。"中共浙江省一大旧址群"被评为中华民族文化红色基因库建设试点单位，浙南（平阳）抗日根据地旧址被列入全国30条"红色旅游精品线路""建党百年红色旅游百条精品线路"，浙南红都入选省文旅IP。2022年，在红色旅游的带动下，平阳乡村休闲旅游直接营业收入达4.94亿元，同比增长了16.4%，其中红色旅游发展重点村——凤林村接待游客10万人次，村集体收入达100万元，村集体经济总收入增长50%、农村居民人均收入增长9.7%，山区经济效益和社会效益逐年提升。

2018年12月，中共浙江省委党校平阳分校批准设立，2021年4月省一大纪念园投入使用。平阳县依托中共浙江省委党校平阳分校和省一大纪念园，不断创新载体、方式，聚力打造有平阳特色的红色教育体系。2019年至今，省委党校平阳分校举办各类培训班次593个，培训学员46434人次，培训量"井喷式"上升，同比增长300%，其中省级班次49个，市级以上班次181个，受训学员覆盖浙江乃至周边省市各级各领域的党员干部，办学情况获得省市县各级领导和广大学员的普遍好评。仅2022年，先后组织开展"红色旅游文化节""千人重走红军路"等红色文化活动50余场，接待800多个团近6万人次。此外，还有省内多地及对口互助帮扶地区的中青年干部培训班、新青年干部培训班等200多个团体，累计超过6000人来平接受红色教育。

从平阳经验看，确保"红"的底色，把红色文化与其他经济要素融合发展为一种持续性驱动力，坚定不移将红色资源优势转化为绿色发展优势，是推动共同富裕、乡村振兴的根本所在。

### （二）泰顺县走出一条"以红促绿、以绿托红"的共同富裕之路

泰顺县革命历史悠久，具有革命开展早、历史地位高、覆盖范围广、持续时间长、牺牲多贡献大等显著特点，是中国工农红军挺进师的主要战斗地、浙南核心游击革命根据地和闽东苏区的可靠后方。近年来，泰顺县积极探索将革命文物保护利用与美丽乡村建设、乡村振兴战略、红色旅游研学等相结合的有效途径，赋能革命老区振兴发展，探索出一条"以红促绿、以绿托红"的共同富裕之路。

1. 加强红色基础设施建设。通过大项目引领，实施中国工农红军挺进师纪念馆、小南山浙南特委成立纪念碑重扩建、中共浙南特委展示馆、中共浙南特委成立旧址展览馆、中共闽浙边临时省委成立旧址白柯湾红色景观提升等项目。累计投入革命胜迹维护资金295万元，推进林秉权故居修缮、泰南区革命纪念馆、卢梨寨顶纪念碑等10多个项目建设，达到以小项目配合大项目协同发展目标。

2. 创新性抢救保护革命遗址。积极整合政策，推进住房类革命遗址产权置换，促进革命遗址的保护和利用。例如，通过经济补偿方式，包垟乡林岙村的林秉权故居属清代四合院建筑，征得17户农家同意后，将革命旧址房屋产权收归村集休所有，并及时开展抢救性保护；通过调换住房方式，将罗阳镇上庄村岭上湾党支部成立旧址的5户农家安排到城关"阳光家园住宅小区"居住，并给予适当的经济补贴，将革命旧址及附属山园的产权收归村集体所有，并投资100万元建成岭上湾革命纪念公园。

3. 多渠道有效开发革命胜迹。充分发挥革命胜迹"教科书""营养剂"作用，有序推进红色旅游开发。例如，三魁镇卢梨村利用革命胜迹资源，建立工农红军革命历史展陈馆和"老东家"体验馆，开辟"重走红军路"等革命体验旅游线路，启动建设革命实物珍藏

馆，带动乡村经济发展；泗溪白柯湾村利用中共闽浙边临时省委成立旧址和工农红军挺进师纪念馆资源优势，兴办"红军饭店"，延伸红色旅游产业链；罗阳华庄村、司前台边村、龟湖茶坪坑村、西旸白海村利用革命纪念碑和革命旧址，开展红色党建示范点建设，促进农村党建健康发展。

4."以红促绿、以绿托红"相得益彰，成效显著。一是推进了革命老区红色资源保护。积极整合省市县各级专项资金、配套资金，并发动乡镇、行政村、乡贤、旅游开发投资者投入革命纪念设施修建，形成多元投入机制。开展全县革命遗址旧址大走访，按轻重缓急科学制定资金竞争性分配方案，发挥"四两拨千斤"作用。进一步推广革命胜迹产权置换经验，将白柯湾刘英、粟裕、叶飞办公旧址收归村集体所有，为红色资源保护、开发打下坚实基础。二是拓展了革命老区红色旅游内涵。依托革命老区红色旅游遗址旧址和纪念场馆资源，拓展历史研学、户外体验等旅游项目建设。例如，提炼红军山洞医院利用中草药治疗伤病的故事，结合泰顺本地中草药资源和知识，开发"红色文化 + 草药知识"相结合的研学产品；对《断肠草》《林秉权》等相关革命历史故事编排剧目，以木偶戏、越剧等地方剧种进行展演，营造游客愿意来、留得下的氛围。三是实现了革命老区产业融合振兴。加强"红 + 绿"旅游项目规划，以红军路建成为契机，进一步完善中共闽浙边临时省委成立旧址等革命胜迹的维护与建设，依据自然资源、农业观光、红色景点等布局来规划交通、场馆、旧址建设，形成一批红色乡村振兴示范带；因地制宜开发"红色 + 农业"旅游产品，把革命老区红色景点与"稻、果、蔬、林"等种植业深度融合，开发亲子游、学生体验游、单位党团建等户外拓展项目，形成"种、吃、玩"的深度红色文化教育体验，走出一条"以红促绿、以绿托红"的共同富裕之路。

（三）洞头区大力弘扬海霞精神，全面打造新时代民兵建设重要窗口

1958 年，为响应毛泽东向全国发出的"大办民兵师"号召而成立的洞头女子民兵排，1960 年 6 月在原女子民兵排的基础上组建女子民兵连，汪月霞任连长。女子民兵连留下了许许多多的英模事迹，形成了以"爱岛尚武，励志奉献"为内核的海霞精神。海霞精神是红船精神、浙江精神在民兵建设领域的具体体现和生动诠释。在海霞精神传承下，形成了以其为核心的海霞文化。海霞文化，现在已发展成为包括物质文化、制度文化和精神文化在内的复合型文化。海霞文化已从一种特定历史条件下所形成的红色文化现象，深度融进了社会主义核心价值观，而呈现出鲜明的时代内涵，成为温州甚至全国的一道亮丽的红色风景线。海霞精神孕育于激情燃烧的革命岁月，镌刻于我们党砥砺奋进的风雨历程，熔铸于洞头人民接力传承的血脉基因，是洞头人民在长期奋斗发展中积淀下来的宝贵精神财富，是洞头全面建设社会主义现代化的精神动力。

1. 央地同频共振，一以贯之强调海霞精神的时代价值。永不消逝的海霞精神始终受到党中央的高度关注。海霞精神作为红船精神浙江精神的延续，作为新时代浙江精神的重要元素，承载着习近平总书记的殷切嘱托。习近平总书记对洞头先锋女子民兵连一直十分关心，多次对连队建设作出重要指示。2003 年，习近平同志视察女子民兵连时提出"要充分挖掘与弘扬海岛女民兵的普遍意义，指导新时期民兵预备役建设，使海岛女民兵成为一道风景线"的要求。2010 年洞头先锋女子民兵连建连 50 周年时，习近平同志曾发来贺信，勉励女子民兵连在新的历史时期继续大力弘扬海霞精神，"继续

为发展地方经济、维护和谐稳定、服务国防建设等作出新的贡献"。2020 年，建连 60 周年之际，习近平总书记给连队送来了亲切的勉励关怀。浙江省委、省政府强调，要把学习贯彻习近平总书记系列重要指示精神，与贯彻落实习近平新时代中国特色社会主义思想结合起来，与贯彻落实习近平总书记考察浙江重要讲话精神结合起来，强调要以洞头先锋女子民兵连建连 60 周年为契机，大力弘扬海霞精神，为全面打造新时代民兵建设重要窗口提供强大精神力量。在浙江省委、省政府的领导下，温州市委、市政府，洞头区委、区政府对如何把习近平总书记重要讲话、重要批示精神和省委工作指示精神落实到位，进行了系统研究和科学部署。为更好地关心支持洞头先锋女子民兵连的工作，为民兵连建设和发展创造更好条件；为更好地广泛开展群众性爱国主义教育活动和革命传统教育活动，讲好国防故事、民兵故事，激励广大干部群众积极投身到全面打造新时代民兵建设重要窗口的实践中，在上级党委领导和支持下，洞头区委系统研究部署"大力弘扬海霞精神，全面打造新时代民兵建设重要窗口"的思路举措，出台《关于大力弘扬海霞精神 全面打造新时代民兵建设重要窗口的决议》。

2. 大力弘扬海霞精神，增强全面打造新时代民兵建设重要窗口的精神力量。一是把海霞精神与激扬新时代温州人精神结合起来，深化海霞精神的丰富内涵，让海霞精神绽放更加耀眼的时代光芒。新时代海霞精神凝聚了心中有民、心中有爱、保卫海疆、守护家园的爱岛精神；勇于斗争、本领过硬、精益求精、追求卓越的尚武精神；潜心笃志、团结进取、百折不挠、永葆本色的励志精神；先公后私、公而忘私、吃苦耐劳、服务社会的奉献精神。二是努力当好海霞精神的坚定传承者和自觉践行者，大力弘扬海霞精神的时代价值。通过选树海霞先进人物，宣扬感人事迹，举办海霞精神主题报告会，宣传普及海霞文化，讲好海霞故事，传播海霞声音，推动干部群众见贤思齐；通过开展海霞精神巡回宣讲，深入村居社区、渔村船头、车间工地等基层一线，让宣讲更接地气、常讲常新，推动广大干部群众以实际行动践行海霞精神；通过深入实施红色文化保护、传承和弘扬工程，加强爱国主义教育和国防教育，以洞头先锋女子民兵连纪念馆为示范引领，把红色传统发扬好、把红色基因传承好。充分利用电视、广播和新媒体等载体，开展多样式、互动式的宣传活动，大力弘扬海霞精神的时代价值。三是把传承弘扬海霞精神焕发出来的活力转化为共同推进高质量建设海上花园的实际行动，充分彰显海霞精神的实践力量。洞头区把传承弘扬海霞精神与对标"重要窗口"新目标相结合，对照先进、学习典型、寻找差距，把自己摆进去、把职责摆进去、把工作摆进去，带着问题讨论、迎着问题求解，全面检视本职工作、单位业绩和区域发展，激励广大干部群众更加奋发有为投身海上花园建设；把传承弘扬海霞精神融入领导班子建设、基层党组织建设及干部教育培训等，与开展"三强两促""三服务""万名干部进万企"等工作结合起来，坚持做到海霞精神"内化于心、外化于行、固化于制"，将海霞精神注入经济社会发展各领域各方面各环节，构建"人人是海霞、处处有海霞、时时做海霞"的全域海霞红格局。

3. 在"八八战略"指引下，洞头区全力以赴打造全国平安建设海岛样板，赋能地方社会发展。在"八八战略"指引下，多年来，洞头区围绕打造全国平安建设海岛样板的目标，坚持以"爱岛尚武、励志奉献"的海霞精神为引领，创造性发展"海上枫桥"治理模式，在多调联动、诉源治理、调解组织、志愿服务等领域先行先试，全力防范化解各类矛盾风险隐患，实现群众安居乐业、社会和谐稳定、长治久安，形成"处处可见海霞，人人参与治理"的良好社会氛围。

主要做法可归纳为：一是发挥海霞精神引领力，夯实社会和谐稳定根基。坚持以爱岛之心深耕平安理念，持续深化"大平安"理念和"大治理"思想，充分发挥党委总揽全局、协调各方的领导核心作用，全区各街镇、各部门凝心聚力，守牢平安底线。二是发挥海霞精神战斗力，筑牢陆海安全立体防线。坚持以尚武之勇直击重点难点，立足海岛实际，聚焦陆上、海上、网上三大领域，陆海联动综合治理，织好海岛立体防控网。三是深化"海霞红"党建引领。坚持以"海霞红"党建引领民主自治，深入推行民事"民议、民建、民管"等民主制度，动员党员干部、乡贤能人、村民代表共议治理之策。创新"九位一体"新型小区治理共同体，推广"海霞红管家"等管理模式，创设"海霞说事"等基层议事载体，获批省级社区治理和服务创新实验区。四是持续壮大海霞志愿服务。率全国之先，将188支民间服务团队和近万名党员、团员整合组建成"海霞市民服务团"，注册人数超洞头区人口总数的15%。

4. 科学规划，统筹建设"红色海霞"文化基础设施，赋能地方经济发展。洞头区委密集专题研究海霞小镇规划、海霞学院建设、女子民兵连建设规划、省市女干部进修培训、红色产业培育等一系列工作，不断续写红色海霞新篇章。一是融合村庄发展、培育红色旅游。通过近期的红色资源整合，串联海霞故居、海霞女子民兵连纪念馆、军民友谊池、军民联防亭等形成了一套红色旅游线路，吸引大量游客闻名而来，红色旅游效益初步显现。二是建设海霞小镇、办好海霞学院，打造一流红色学府。做好海霞学院常态化运营，整合红色资源开发红色旅游精品线路，主动对接省市委组织部、省市委党校，省市妇联已明确要将省市女干部培训基地落户海霞学院，成功举办全区科级女干部培训班，承接全市女干部培训，让女干部接受军事化、正规化的训练。常态化播放《海霞》电影，创作舞蹈作品《海霞》；倡导"吃连队饭、穿民兵服、住海霞营、走解放路、过军事日"，已形成洞头红色旅游的新风尚。

5.大力弘扬海霞精神，践行新时代新使命，全面打造新时代民兵建设重要窗口的示范标杆。洞头区深深扎根于女子民兵连的光荣传统，充分挖掘海霞精神，立足于践行新时代新使命，围绕新时代民兵建设这一主题，全力打造全国性新时代民兵建设的重要窗口和示范标杆。为此，一是加强党管武装工作，扛起党管武装政治责任，争做党管武装表率。洞头区完善党管武装考评机制，持续开展基层武装部、民兵营连部达标建设活动，落实好招考录用等"干货"政策，下大力气抓好国防动员、国防教育、兵员征集等工作，形成全区上下关心支持国防建设的浓厚氛围。二是推进军民融合发展，探索平战结合、资源共享的发展路子。洞头探索将军民融合纳入党管武装范畴，健全军民融合组织体系，建设军民融合发展专家库，开展"千名民兵进万家"等活动，搭建助推产业发展的服务平台，扶持"民参军"企业，争创军民融合创新示范区。三是建设过硬民兵队伍，打造忠魂忠诚、精干精锐、能战胜战、为民惠民的过硬民兵。按照精干管用原则，编实建强民兵组织，加快女子民兵连向科技密集型、质量效能型转变，打造精干精锐的过硬民兵。四是关心支持连队发展，引导当好急难险重任务的突击队、平安海岛创建的生力军、和谐社会构建的示范者、红色旅游发展的代言人，协调推进国防建设与经济建设相结合。五是探索优秀女民兵就业机制。定期安排国企招录符合条件的优秀女民兵，探索将排级以上女民兵列入村社党组织班子成员优秀后备人才库进行培养，探索体制内优秀女同志到连队工作机制。创新"以企养连"模式，开展摩托艇证、A3驾驶证、摩托车证、保安证及旅游讲解证"五证"培训，加快实现女子民兵连与海霞文旅公司有机融合、互促发展。

## 二、紧扣"红色根脉强基工程"，擦亮"瓯江红"基层党建品牌

建党百年的光辉历史告诉我们，重视基层、重抓党建是我们党发展壮大的"红色密码"，是党和国家事业发展壮大的"红色密码"。2021年，浙江省大力实施"红色根脉强基工程"，推动基层党建工作质量整体跃升，打造新时代党建高地。嘉兴南湖红船是我们党梦想起航的地方，这是我们党的根脉。浙江是习近平新时代中国特色社会主义思想重要萌发地，也是坚守"红色根脉"的集中体现。

"红色根脉"蕴含着中国共产党开天辟地、创立基业的深切历史记忆，珍藏着中国共产党经天纬地、创新思想的丰富理论宝藏，蕴含着丰厚的红色资源、精神内核与时代价值。浙江省以"红色根脉强基工程"为抓手，强化锻造党的基层组织，发挥党的基层组织的战斗力，促进实现党建和事业相融合，加快推进经济社会高质量发展和共同富裕示范区建设。

近年来，温州市聚力"红色根脉强基工程"，交出一份党建引领经济社会发展的高分报表。温州市大力弘扬伟大建党精神、红船精神、浙江精神，紧扣守好"红色根脉"这一主线，以构建党建统领基层整体智治为鲜明要求，以抓深抓实"七张问题清单"提高党的领导力为关键，全面建好组织、队伍、品牌、保障、责任、执行

"六大体系"，为续写温州创新史、走好共富路提供坚强保证。

### （一）扎根"红"底色，打造"瓯江红"温州基层党建品牌

温州人善于创品牌，在大力实施"红色根脉强基工程"进程中，创造出了冠之"瓯江红"为名的温州基层党建品牌标识和温州党群服务的身份标识。

以党建为引领，把"共享社·幸福里"建设作为基层党建的主载体，进行系统规划、顶层设计。各地各部门紧抓落实，加快实现理念、机制、方法、手段等变革重塑。

第一，在"两个维护"中强化政治铸魂。以政治建设为统领，通过强化理论武装、强化专题教育、强化红色引领"三强化"，引导党员干部坚定拥护"两个确立"、坚决做到"两个维护"。

第二，在"扎根固盘"中完善组织体系。通过提升村社战斗力、扩大党建覆盖面、打造双强新示范等，织密建强基层党组织体系，打造"全域建强、红动全城"品牌体系。例如，国企党建突出"创一流业绩、创党建标杆"，全面落实国企党建"三十条"；学校党建突出"高质量德育、高水平办学"，抓实"瓯江红·双高争先"；医院党建突出"医技医术优、医德医风优"，抓实"瓯江红·双优争先"；楼宇、园区等党建拓面提质，打造一批示范点、示范带、示范集群；两新党组织开展"双强·六星"争创活动；同时大力推进以新业态企业、民办学校医院、律师事务所等为重点的行业领域党建工作。

第三，在"塑造变革"中聚焦激发干部的创造性张力、增强塑造干部的变革能力，建强干部队伍。通过选优镇街干部队伍、建强村社干部队伍、管好基层党员队伍、建立健全"红色导师"联系培养和发展党员"村培镇管"制度、注重在各行各业代表性人物中发

展党员，打造一支本领过硬、堪当重任的干部铁军。

第四，在"赋能发展"中强化党建引领。通过持续深化"党建 + 产业发展"，把支部建在项目上、建在产业上，深化产业链（供应链）党建联盟、"车间政委"等系列举措，聚力抓好招大引强、增资扩产、员工关怀等工作，为经济发展注入红色正能量；持续深化"党建 + 共同富裕"，以全省"百县争创、千乡晋位、万村过硬"工程为牵引，加快打造一批示范县、示范镇街、示范村社；持续深化"党建 + 民生服务"，每年开展"六个一"民生事项，健全"双报到双服务"等直接联系服务群众机制，全面建立以"瓯江红"党群服务中心为主阵地的基层服务矩阵，让服务随处可见、随处可享；持续深化"党建 + 基层治理"，打造"两新党建智治""智慧村社"等应用场景，构建"党建 + 数智 + 治理"新模式，推动基层党建全域智治、高效协同，推动组织形态与发展形态、社会形态、治理形态更加耦合融合。

第五，在"整顿转化"中优化基层生态。通过对症下药，建立"一村一专班""一村一方案"，例如，对信访问题较多的村居，市委政法委要牵头，会同市信访局抓好专项整治；对"三资"管理混乱的村，由农业农村局进驻；对有违法违纪线索、长期存在诬告行为的村居，由纪检监察部门进驻，该查处的坚决查处、该澄清的及时澄清、该整治的坚决整治，从乡风文明等角度予以根治。通过闭环销号，健全完善"集中整治—督查通报—销号验收—建章立制"闭环流程滚动整改、挂账销号。通过长效治理，开展"红色细胞·入格联心"行动，实现党建网、治理网"多网"融合，构建疫情防控最底层架构，建立驻村第一书记、第一警长等工作队伍，发挥源头治理防范，防患未然。

第六，在"共建共享"中打造幸福单元。通过聚焦重点，以城市中低档小区和农村居住集聚区为重点，建设一个、成熟一个、满意一个；通过破解难点，围绕群众急难愁盼问题，每年集中梳理办好一批群众身边的"关键小事"；通过强化服务，结合未来社区、未来乡村建设，整合"瓯江红"党群服务中心、村民中心、文化礼堂等，植入老人中心、老人食堂，把为人民服务的宗旨落实到具体工作中。

温州不断拓展"瓯江红"的内涵和外延，大力推动品牌项目系列化体系化，逐步形成"枝繁叶茂"的党群服务品牌体系，不断提升党群服务中心对各类群体的吸附力影响力，使"瓯江红"成为温州基层党建品牌和温州党群服务的身份标识。

### （二）为非公企业打造红色阵地

习近平总书记强调："非公有制经济要健康发展，前提是非公有制经济人士要健康成长。广大非公有制经济人士也要认识到这一点，加强自我学习、自我教育、自我提升。"[1]"许多民营企业家都是创业成功人士，是社会公众人物。用一句土话讲，大家都是有头有脸的人物。你们的举手投足、一言一行，对社会有很强的示范效应，要十分珍视和维护好自身社会形象……要注重对年轻一代非公有制经济人士的教育培养，引导他们继承发扬老一代企业家的创业精神和听党话、跟党走的光荣传统。广大民营企业要积极投身光彩事业和公益慈善事业，致富思源，义利兼顾，自觉履行社会责任。工商联开展的'万企帮万村'精准扶贫行动很好，要抓好落实、抓出成效。"[2]

---

[1]《习近平著作选读》第1卷，人民出版社2023年版，第466—467页。
[2]《习近平著作选读》第1卷，人民出版社2023年版，第467页。

为贯彻落实习近平总书记重要讲话精神，温州在非公企业中全力打造了高标准、高质量的红色阵地，为企业家听党话、跟党走和服务企业发展搭建了牢固的活动平台。

一是坚持"红色领航"，以正确方向引领企业高质量发展。第一，通过党的理论进企业，在企业管理层中建立"党企学习会""学习导读"等制度，在企业党员中常态化过好组织生活、主题党日等，在职工群众中推行"工前学习一刻钟"等做法，及时传递党的声音、落实党的政策、执行党的决策。第二，通过党的建设进章程，积极引导企业召开全体股东大会，把党组织机构设置、人员编制、经费来源、阵地保障、职责任务等写入企业章程，推动"党的全面领导"有章可循、有据可依。第三，通过党的骨干进核心，建立"双向进入、交叉任职"制度，推动党组织领导班子成员进入企业董事会、经理层、监事会，鼓励党员主要出资人担任党组织书记、实现"一肩挑"，不断提升党组织的话语权。第四，通过党建成效进考核，坚持"因企制宜、简便易行"原则，结合党组织"堡垒指数"、党员"先锋指数"评定，按一定权重将党建工作和党员表现纳入职工 KPI 考核，激发党员职工发挥示范引领作用。目前，全市 45 家党委建制的法人单位企业都已全面推进，考核分值与职工年终评先评优、年终奖金挂钩。

二是搭建"红色直通"数字化平台。依托"浙里办"APP，建立温州"红色直通"智治平台，以数字化为手段，以党组织为桥梁纽带，将企业急难愁盼问题"直通"至各级两新工委成员单位，推动发展难题妥善解决；将中央和省市委关于经济发展和党建工作的政策文件"直通"至各企业党组织，推动惠企政策尽快落实落地。

三是企业自身积极搭建红色平台。例如，龙湾区圣邦党史学堂就是一个典型的例子。圣邦党史学堂建于 2017 年，2020 年正式建成开放，占地面积 1200 平方米，由百年党史陈列、红色书屋、圣邦党建和企业文化成果展、遵义会议室、书记谈心室五大部分组成，是集红色教育、企业文化宣贯、对外形象展示、员工素质提升、综合培训于一体的多功能教育平台。目前，圣邦党史学堂在引领圣邦人从党史中汲取奉献和进取精神，全方位提高企业的工作效率方面发挥重要作用，企业上下形成你追我赶的良好竞争势头。

第六章

共同富裕先行
示范区的创新探索

2021年8月17日，习近平总书记在中央财经委员会第十次会议上的讲话中指出，共同富裕是社会主义的本质要求，是中国式现代化的重要特征。我们说的共同富裕是全体人民共同富裕，是人民群众物质生活和精神生活都富裕，不是少数人的富裕，也不是整齐划一的平均主义。习近平总书记指出，推动共同富裕包含了以下几点要求：第一，提高发展的平衡性、协调性、包容性；第二，着力扩大中等收入群体规模；第三，促进基本公共服务均等化；第四，加强对高收入的规范和调节；第五，促进人民精神生活共同富裕；第六，促进农民农村共同富裕。其中，第一点要求可以说是对共同富裕的整体要求和根本指导。推进共同富裕，就是要解决当前发展过程中的不平衡不协调问题，提高发展的包容性，让改革发展的成果普遍地惠及全体人民。

浙江省全面落实《中共中央　国务院关于支持浙江高质量发展建设共同富裕示范区的意见》，忠实践行"八八战略"、奋力打造"重要窗口"，牢牢把握坚持党的全面领导、以人民为中心、共建共享、改革创新、系统观念"五大工作原则"，紧紧围绕高质量发展高品质生活先行区、城乡区域协调发展引领区、收入分配制度改革试验区、文明和谐美丽家园展示区"四大战略定位"，按照到2025年、2035年"两阶段发展目标"来建设共同富裕示范区。即到2025年，浙江省推动高质量发展建设共同富裕示范区取得明显实质性进展。经济发展质量效益明显提高，人均地区生产总值达到中等发达经济体水平，基本公共服务实现均等化；城乡区域发展差距、城乡居民收入和生活水平差距持续缩小，低收入群体增收能力和社会福利水平明显提升，以中等收入群体为主体的橄榄型社会结构基本形成，全省居民生活品质迈上新台阶；国民素质和社会文明程度达到新高度，美丽浙江建设取得新成效，治理能力明显提升，人民生活更加美好；推动共同富裕的体制机制和政策框架基本建立，形成一批可复制可推广的成功经验。到 2035 年，浙江省高质量发展取得更大成就，基本实现共同富裕。人均地区生产总值和城乡居民收入争取达到发达经济体水平，城乡区域协调发展程度更高，收入和财富分配格局更加优化，法治浙江、平安浙江建设达到更高水平，治理体系和治理能力现代化水平明显提高，物质文明、政治文明、精神文明、社会文明、生态文明全面提升，共同富裕的制度体系更加完善。

温州在续写创新史、走好共富路的实践中，着力于解决发展在城乡区域之间的不平衡问题以及发展在不同人口结构之间的不平衡问题。"山海协作"是基于浙江的经济发展状况和自然地理条件，由时任浙江省委书记习近平同志作出的重大决策部署，温州在切实贯彻"山海协作"决策部署的过程中力推"飞地产业""文旅协作"等具体模式，为解决区域发展不平衡问题提供了新的思路和方法；"三位一体"模式是一种农村新型合作体系，有效地改变了农村涉农资源的分散局面，保障了农业产业的资金和市场稳定，提高了农民收入；"三金"模式是在农村"三权分置"和乡村振兴的背景下，提高了土地等各类农业生产要素的市场活力。

# 第一节　切实贯彻"山海协作"决策部署，促进温州区域共同富裕

"共同富裕路上，一个也不能掉队。"习近平同志在浙江工作时作出"山海协作"重大决策部署，浙江一直以来都将其作为新时代深化"八八战略"、促进区域协调发展的重要举措。

浙江地处中国东部，经济发达，但"七山一水二分田"的自然条件，又让其不同地区在发展中一度拉开差距。以山区 26 县为代表的发展问题，一度成为摆在浙江面前的挑战。山区县该如何破解产业发展困境？"山海协作"背景下温州力推的"飞地产业"模式为解决区域发展不平衡问题提供了新的思路和方法，成为实现共同富裕道路上的一次重要的探索实践。

## 一、"飞地产业"促发展

"飞地产业"是一种新型发展模式，它是指在经济发展存在差距的两个地区，突破区域界限，通过跨空间的产业共建、园区共建、要素共建，来实现资源互补、互利共赢、协调发展的新模式。"飞地产业"作为独特的产业发展平台，在当地政府的大力扶持与促进下，形成了一种全新的区域产业协作发展格局，为地区之间的经济协作提供了新的动力。

泰顺县是浙江省正在加速发展的 26 个山区县之一，由于地理环境的制约，其资源、人才和创新等要素资源相对较少，整体环境吸引力较差。但是，泰顺县具有独特的区位优势：泰顺县的土地和人

力等要素成本相对较低，生产基地较为完备，为其他地区的初创企业转化科技成果提供有利条件。瓯江口是温州第一个被批准设立的省级产业集聚区，具有区位、技术、人才、市场等众多方面的优势，是温州城市发展的增长极、产业转型升级的主阵地、湾区经济发展的排头兵。

一边是靠山的泰顺县，一边是靠海的瓯江口（洞头区），在"飞地产业"的推动下，实现了"山"与"海"的深度融合和协调发展。2021年8月，泰顺县与瓯江口产业集聚区签署了共建"产业飞地"实现共同富裕的合作框架协议。按照"生态优先、绿色发展、政府引导、市场运作、优势互补、合作共赢"的原则，双方致力于探索出一条构建现代工业体系、推动山区高质量发展、实现共同富裕的新路径。

2022年4月，泰顺县又与鹿城区签署了"产业飞地"合作备忘录，将合作重点放在飞地合作、平台打造、民生共享、机制创新上，双方将在产业项目、社会民生、飞地平台等方面开展全方位、多层面的合作，旨在为企业编织起精密的服务网络。经过两市的不懈努力，鹿城区的企业已经与泰顺县签订了7个意向投资项目，签约金额达10.6亿元人民币。泰顺县以"飞地产业"发展模式，开启了"山海协作"的新航程，为推动经济社会发展提供了新的动力，为推动温州市高质量发展、建设共同富裕示范先行区贡献温州力量。

温州市"山海协作"的另一个标志性成果就是"苍南—龙湾山海协作生态旅游文化产业园"。苍南县位于浙江省沿海最南端，东与东南濒临东海，西邻泰顺县。针对苍南县山区群众中低收入水平、区域差距大等实际难点和问题，苍南、龙湾两地通过重大平台建设、重点领域合作、增强要素供给等举措，加大协作力度和强度，持续深化协作内涵。近年来，两地以打造"省级山海协作工程升级版示范园区"为目标，形成了一批"山海协作"的生态文旅、海洋经济、清洁能源等产业。

"苍南—龙湾山海协作生态旅游文化产业园"按照"一园多点"的建设模式，构建"一核引领，两带拓展，多点支撑"的总体格局，产业园核心区规划面积 2.6 平方公里，按照"一心一带四区"的产业发展布局。园区通过优惠的招商引资政策，吸引在外苍商回乡投资。

苍南县全力打造"山海协作飞地经济平台"，形成了"一县三飞地"格局。"消薄飞地"项目以打造儿童教育商业综合体为目标大力吸引相关企业集聚。同时，在浙南科技城建"龙湾—苍南山海协作科创飞地"，和国科大温州研究院共建"高能级科创平台飞地"，共同签订"产业飞地"协议。

## 二、"飞地科技"谋攻坚

随着长三角区域经济的快速发展，浙江已有多地积极参与到上海的"飞地科技"建设中，努力实现科技创新和人才资源的协同共享。温州率先与上海开展"飞地"合作，形成"飞地科技"发展新格局，促进两地技术创新和产业转化形成良好的互补性，共谋技术突破，共享一体化成果，进而为长三角地区"飞地"协作积累宝贵经验。"飞地科技"模式是经济欠发达地区在经济发达地区借地以开展研发创新和成果转化的新型模式。飞出地多为欠发达地区，通过向发达区域输入资金等生产要素，来整合飞入地的人才和研发机构等资源，利用飞入地的创新成果以寻求技术突破。

在长三角地区，区域中心城市汇集了 80% 的高等院校、科研院所、大型科学仪器与装置、重点实验室、两院院士。温州作为一座创新资源不占优势的城市，该如何破解技术攻坚的痛点呢？国家发展改革委在 2017 年发布了《关于支持"飞地经济"发展的指导意见》，支持"飞地经济"的建设与发展，使得"走出温州，建设温州"有了现实可能性。温州（嘉定）科技创新园区于 2019 年 12 月正式开园，标志着温州与上海共同打造的最大"飞地科技"项目的启航。作为温州在上海设立的第一家"飞地科技"，该科技创新园和中国科学院上海微系统与信息技术研究所、同济大学、上海应用技术大学等科研机构进行深层次对接，是温州承接上海创新资源和产业溢出的重要平台，帮助温州共享上海高水平技术人员和先进研究结果，进而为温州工业的发展提供有力支持。

"到上海去"这个词，很快在温州的创业者中成为一个热门话题。热议背后，反映的是温州各大制造公司对于高端科创人才的普遍渴望，这也是为什么温州要大力发展"飞地科技"的原因。

如今，建筑面积 9610 平方米的温州（嘉定）科技创新园区内，聚集了温州行业龙头企业、科技创新企业的实验室、研发中心、技术中心等 21 个孵化团队，涵盖了新材料、智能装备、汽车零部件、数字经济、生命健康等产业。随着入驻企业的逐渐增多，产业的集聚效应也日益显现。飞入地上海"化零为整"，将共性的技术需求汇集到一起，与各大高校和研究机构对接，协助温州企业进行技术攻坚。温州与上海以"飞地科技"为牵引，形成了一种互惠互利、水乳交融的区域经济一体化发展模式。

### 三、"共富工坊"推共荣

温州市在迈向共同富裕的过程中，立足城市特色，依托"跨区域、跨领域、跨行业"的党建联建机制，在全域积极建设瓯江红"共富工坊"，以鼓励广大农村地区依托本地主导产业、积极引进优势产业、壮大乡村特色产业，搭建起"政府 + 企业 + 村集体 + 农户"的"共荣桥"。温州瓯江红"共富工坊"，是指引导企业把适合的生产加工环节布局到农村，或结合发展乡村旅游、康养医疗、农村电商等新产业新业态，或利用农村党群服务阵地、闲置房屋土地等既有资源创办的工坊，是一条探索农村共同富裕的新路径。如今，瓯江红"共富工坊"像是一颗颗璀璨的星辰在各地兴起，它们的形式各有不同，但都对促进农民增收、企业增效、集体增富起到了重要作用。截至 2022 年 11 月，全市已建成 568 家瓯江红"共富工坊"，累计带动 3 万余名群众增收致富，帮助他们实现人均月收入 2400 多元。

#### （一）建立供需匹配新机制，实现企业与村民"双向奔赴"

温州市推出的瓯江红"共富工坊"是一种新型帮扶模式，采取"企业送单—工坊派单—农民接单"的方式，有效破解了当地一些劳动密集型企业存在的"用工难"、农村富余劳动力人数多以及闲置资源利用率低等问题。一方面，农村的闲散劳动力需要更多的工作来提供收入；另一方面，一些用工企业需要更多的劳动力来扩大生产。温州市有关单位整合各方力量，通过梳理健全本地资源、供给需求、政策支持、农村富余劳动力（低收入农户）"四张清单"，打破农村劳动力和企业之间的供需信息壁垒，形成了一种新型的供求匹配机制，从而促使农民在家门口脱贫致富，同时为企业解决用工难题，实现温州特色的共同富裕最佳方案。

随着瓯江红"共富工坊"的兴起，文成县巨屿镇开始实施送料派单、推荐工厂就业、提供种蜂养殖技术等一系列帮扶措施，推出"宣传＋学习＋试工＋上岗＋帮带"的一站式服务，全县23个"共富工坊"在前8个月的营业收入达到了2.49亿元。鹿城区的"藤桥熏鸡共富工坊"通过推行"企业＋基地＋农户"合作模式，建成了超过500个养殖基地，吸引本地的农民参与到养鸡产业中来，使200户农户增收超1600万元。泰顺县则做强村企结对共建模式，充分利用包垟乡和大安乡两个乡镇"农品聚合、农户聚集"的特点，新建成的包垟"薯芋共富产业园"项目预计为村集体和农户增收340万元以上……

从"供需信息的不对称"到"供需双方的精准对接"，温州通过"共富工坊"建立了一种新型的供需匹配机制，充分利用了"党建联建"的协同联动作用，重点围绕"整合资源强增收"，提升场地、订单、人力等要素的调配效能，进而实现区域内企业与村民的"双向奔赴"。

### （二）建立数字赋能新机制，助力农副产品搭上云端快车

为切实解决农户在农产品市场中面临的产销对接、物流运输等难题，温州加速构建数字赋能新机制，借助瓯江红"共富工坊"将分散的农业产能和农产品需求进行云端重塑，助力当地农副产品搭上云端快车。

以被誉为"浙江美丽南大门"的苍南为代表，当地的山海"盛宴"颇有名气，例如，桥墩月饼、马站四季柚、矾山肉燕等，但是总体销售却不太理想。为了拓展农副产品的市场，苍南推出了"共

富合伙人"计划，线下依托县农贸市场和大型超市搭建了实体展销区，线上利用海西电商科技园、宜山网红基地等搭建"数智工坊"，延伸农副产品的销售链，通过一场场农副产品的直播，实现村集体和农户的增收。

通过"共富工坊"的数字赋能，当地特色农副产品打破了过去销售渠道的限制，销量大规模增加，逐渐成为农户收入增加的一个主要途径。

## 四、"文旅协作"迎共富

新发展阶段的"共同富裕"，是指物质生活富裕和精神生活富裕的有机统一。在进入新发展阶段后，人民群众的生活水平大大提高，社会主要矛盾发生转变，人民群众对精神生活富裕的要求不断提高。其中，文化获得感、文化满足感和文化自信心是精神生活富裕的重要内涵。积极发展文化产业，推动文旅协作，可以在有力地带动相关产业提质增效的同时，有效提高人民群众的文化获得感和满足感。温州平阳素有"六山一水三分田"之称，是一块具有光荣革命传统的红色热土，其生态旅游资源十分丰富，因此平阳依托"文旅协作"和"乡村振兴"双重政策支持，积极建设浙南红都乡村振兴示范带，旨在通过培育红色旅游产业，促进乡村振兴，实现共同富裕。

### （一）文旅协作发展增进人民群众物质生活品质

人民群众物质生活富裕是实现共同富裕的前提和基础，居民人均可支配收入水平、人均消费性支出水平等都是衡量人民群众物质生活品质是否改善的重要指标。部分农村地区拥有城市所不具备的人文、生态优势，特别是具有红色文化资源的农村地区，充分利用这些资源，打造具有红色旅游特色的新农村，吸引城市游客前来观光旅游，带动当地的经济发展，对提高当地居民的物质生活质量具有重要意义。

温州平阳的浙南红都乡村振兴示范带依托当地丰富的红色文化资源，以红色教育为切入点，以浙江省一大会址为核心，推动红色文化与旅游产业的全方面协作，通过"串点项目、连线村镇、全县成片"的方式大力建设红色旅游景区，有效促进西部革命老区乡村振兴，带动当地人民群众增收。2017年，平阳县的151个集体经济薄弱村全面成功"摘帽"，提前两年完成"消薄"任务，低收入农户量减少75%以上。2018年，平阳实现地区生产总值约460.2亿元，增速位列温州市第一；城乡居民人均可支配收入分别达47021元和22730元，分别较上年增长8.6%和9.7%，增速分别位居温州市第二、第一。

### （二）文旅协作发展提高人民群众精神生活质量

除了能够增进人民群众的物质生活品质，文旅协作发展还能够通过优化当地人文环境、保护和传承地方优秀文化资源以及提供优质的文化旅游体验来提高人民群众精神生活质量。农村文化建设是农村发展的短板，由于农村公共文化服务不足、基础设施不完善，当地居民的精神文化需要难以得到充分满足。

温州平阳浙南红都乡村振兴示范带充分挖掘当地最具特色、积淀最深厚的文化财富——红色文化，以省委党校平阳分校为重点，着力打造红色文化在老区的教育高地与体验基地。2021年，平阳县完成了一批重要的纪念馆和革命遗址的修复，包括省一大会址、郑海啸故居等，绘制出20多处红色文化地标，举办了130余次"红色旅游文化节""千人重走红军路"等红色文化旅游活动。通过打造集爱国教育、国防教育、廉政教育于一体的红色文化旅游基地，让周围的群众都能感受到红色文化，并从中学习到革命先辈们留下的宝贵精神财富，这极大地丰富了人民群众的精神生活。

# 第二节　以"三位一体"推进温州农村改革实践

## 一、温州"三位一体"模式的探索背景

长期以来，我国各种涉农资源一直处于一种分散状态，供销社、农村信用社和农民专业合作社等各自封闭发展，农资、农技、农机等机构也分属不同部门，难以在新农村建设中发挥合力。农业要取得长远发展，农民要增收致富，农村要建成新农村，就必须有一种新型的运作机制来有效地整合资源。改革开放以来，温州秉承"敢为天下先、敢吃天下苦、敢闯天下难"的创业精神，在实践中形成了独具特色的"温州模式"，"三位一体"的农村新型合作体系就是其中之一。"三位一体"就是由农村合作银行解决农业生产中的资金问题，由供销合作社解决农业生产中的市场问题，由农民专业合作社解决农业产业的发展问题，从而更好地实现农业增效、农民增收。

2006 年 1 月 8 日，时任浙江省委书记的习近平同志在全省农村工作会议上提出，要积极探索建立农民专业合作、供销合作、信用合作"三位一体"的农村新型合作体系，努力服务于社会主义新农村建设。在习近平同志关于探索建立"三位一体"农村新型合作体系精神的指导下，瑞安市勇于探索、因地制宜、结合实际、率

先破题，于 2006 年 3 月 25 日成立"三位一体"瑞安农村合作协会。作为农村体制改革的创新实践，该协会成为全国首家县级综合性、平台性、联盟性的农村综合性合作经济组织。2006 年 10 月 24 日，习近平同志在浙江省供销社调研时，听取了瑞安农村合租协会试点工作汇报，当即决定在全省推广这一经验。2006 年 12 月 19 日，习近平同志在瑞安主持召开全省发展农村新型合作经济工作现场会时将"三位一体"农村新型合作体系表述为：三重合作功能的一体化、三类合作组织的一体化、三级合作体系的一体化。瑞安市在建立"三位一体"的农村协会，发展农村新型合作经济方面认真探索、大胆实践，创造了有益的经验。浙江把建立和发展农民专业合作、供销合作、信用合作"三位一体"的农村新型合作体系，作为推动现代农业发展的重要举措，切实加强组织领导和政策扶持，使这项工作真正成为民生工程和德政工程，成为解决"三农"问题的一个重要途径，使浙江省农村新型合作经济发展继续走在全国前列。随后在省内进行了积极的探索和实践，并取得显著成果。

2017 年 2 月，中央一号文件《中共中央　国务院关于深入推进农业供给侧结构性改革加快培育农业农村发展新动能的若干意见》指出："加强农民合作社规范化建设，积极发展生产、供销、信用'三位一体'综合合作。"[1]2017 年 8 月，根据农业部、中国人民银行、中国银监会等 14 个部委联合发出的文件《关于农村改革试验区拓展试验任务的批复》中，将温州"三位一体"农民合作体系建设作为全国农村改革试验区试验任务。2021 年 2 月 21 日，中央一号文件《中

---

[1]《中共中央　国务院关于深入推进农业供给侧结构性改革　加快培育农业农村发展新动能的若干意见》，《人民日报》2017 年 2 月 6 日。

共中央　国务院关于全面推进乡村振兴加快农业农村现代化的意见》指出，要"深化供销合作社综合改革，开展生产、供销、信用'三位一体'综合合作试点，健全服务农民生产生活综合平台"[1]。中央文件的两次提出，将推进"三位一体"改革上升到国家政策层面。

## 二、温州"三位一体"模式的主要做法与成效

"三位一体"的农村新型合作体系，旨在坚持以农民为中心的基础上，深化农民专业合作、供销合作、信用合作的三重功能，充分发挥政府、市场和社会三大主体的协同作用，推动市、县、乡三级体系的综合合作，积极探索乡村振兴新模式。

### （一）主要做法

1.聚力专业合作组织推动生产合作"全周期"整合。一是通过合作，改变农业生产经营主体"小、散、弱"格局。针对传统农业粗放型生产，机械化、智能化程度较低、效率不高，应对多变市场的灵活性差，资金投入受限制等问题，农业专业合作组织以农民自愿加入为原则，由合作社统一安排、统一调度、统一价格、统一质量标准，通过资源整合和社员合作，进行标准化生产。农民加入后，能够享受到生产、技术、政策、销售、金融等服务，把农民从单户生产的局限性中解放出来，解决了单个农户所解决不了的问题，打破了传统农业生产经营主体"小、散、弱"的格局，提升了生产效率，对促进农业机械化、产业化、智能化，推动区域特色农业发展，

---

①《中共中央　国务院关于全面推进乡村振兴加快农业农村现代化的意见》，《人民日报》2021年2月22日。

增加农民收入起到十分重要的作用。二是推行一站式服务，为农户提供生产资料、运输、销售等一条龙服务。在生产资料购买上，合作社集体采购种子、化肥、农药等，既能够保证质量，也能够节约成本。在生产技术使用上，合作社集中推广农业生产新设施、新技术，进行统一的专业培训，提高了质量和产量，也提升了市场竞争力。在农产品销售上，由合作社统一负责、统一联系，能够避免不正当竞争、适应市场需求、保障农民权益。同时深化与农业院校、科研机构、农业龙头企业等的合作，配套建设数字农业服务中心。三是打通合作组织，增强集聚效应，提升整体实力。引导同区域、同行业或相关产业的合作社联合起来，综合在种植、加工、运储、销售等环节上各社的优势，通过组建联合社，形成规模优势，实现资源上的共享，提升农业的组织化程度。

2. 提升服务功能推动供销合作"全链条"联动。一是完善营销体系，充分发挥综合服务功能。利用供销社的网点资源，进一步完善农资、农村日用消费品的连锁经营，例如，瑞安市马屿镇农资超市和庄稼医院，供销社以低于市场批发价格给农民会员供应农膜、化肥、农药、种子等，还提供农具维修、农资售后、种苗代育等服务。积极发挥供销社在产品流通领域的优势，将生产链、流通链、服务链各个环节融合联动。同时打造线上产品销售市场，联通电商平台，推动产品"云销售"。二是打造统一品牌，增强品牌效应。农民加入合作社后可使用统一的集体商标，以拓宽销路、增加收入。同时加强品控管理，维护品牌名誉，不断提升品牌影响力和核心竞争力。如有损害品牌行为，入社农民将不再获得融资、销售、生产、科技等方面的服务。三是探索"三权分置"路径，打造农村产权交易平台，盘活农村闲置资源。持续推进农村土地制度改革，探索多路径完善"三权分置"，引导土地整组整村流转，引导农户以土地经营权入股，或组建土地股份合作社，或与农业企业开展股份合作，以租金保底和利润分红结合的收益分配方式，发展多种形式规模经营。同时，探索土地经营权抵押贷款，助推经营权有序流转。

3. 完善普惠金融推动信用合作"全方位"发展。一是评信用等级，增加授信额度。为解决扩大再生产所需资金问题，瑞安农村合作银行通过瑞安农村合作协会，评定入会地区农户、村社、乡镇的信用等级，评出信用镇、信用村和信用专业社，分为 A、AA、AAA 3 个级别，然后根据等级和农民对资金的实际需求，通过农村合作协会授信给贷。而以合作社为贷款主体，由合作社直接从瑞安农村合作银行获得授信贷款，再按需分配。贷款风险由合作社和农民共同承担，加之农信担保公司的参与，增加了合作银行和贷方的互信度，进而提升了合作银行向涉农企业和农户放贷的额度。二是探索资金互助、保险互助模式，解决融资困境。通过农村资金互助社、农村保险互助，缓解农民社员贷款难的压力，努力破解融资难、融资贵的问题。例如瑞安市先后出台农村资金互助会监管细则、农信担保工作实施意见等 21 个文件，为信用合作保驾护航。2011 年，瑞安市成立的汇民农村资金互助社，是银监会批准的温州市唯一试点的农村资金互助社，为社员提供存贷款、结算等业务。瑞安市上绿蔬果专业合作社，与瑞安农商银行合作，设立合作社金融服务站，为农户和客商提供资金结算、存取、汇转等基础金融服务；开展农机具、农产品、土地承包经营权质押贷款，简化贷款手续，真正让合作社社员在社内享受到了"无风险、高效率"的现代金融服务。同时积极推进信用合作新探索，积极推进农村保险互助，农户无须抵押就能申贷，保障生产资金。例如，瑞安创办兴民农村保险互助社，与金融机构直接对接，依托农信担保公司，解决融资困境；实行二次返利分配机制，社员参与投保交易量分红和股金分红，让利社员，有效激发社员投保热情。三是以"贷"促发展，保障资金周转。为提供惠民新举措，解决社员资金周转难题，促进生产规模的扩大和产品质量提升，带动创新特色农业的发展，由中国农业银行瑞安支行、中国人民财产保险股份有限公司瑞安支公司和瑞安市农信融资担保有限公司共同合作成立的"农业先锋贷"应运而生。"农业先锋贷"由银行、保险公司和农信担保公司三方形成风险共同分担和闭环管理机制，按照2:6:2的比例分摊贷款本息损失风险。由供销社申请财政支持，通过补贴农信担保公司和保险公司的保费，补助合作银行贷款利率，做到按基准利率发放贷款，对特定的农业支持对象提供50万元以内，无抵押、无担保基准利率贷款。现扶持对象原则上为瑞安市及镇街农合联的理、监事，瑞安市"十大农创客"，温州市级以上农业龙头企业、示范性农民专业合作社、示范性家庭农场的法人代表，瑞安市域内农业创业大学生等，以后将扩大受惠对象范围。

### （二）主要成效

1.打造示范性合作社以多形式带动小农户共同发展。一是示范性合作组织逐渐形成规模，2018—2020年累计规范提升专业合作社320家。到2020年年底，全市建成国家级示范性农民专业合作社37家、省级示范性农民专业合作社92家、市级示范性农民专业合作社320家，省级示范性家庭农场104家和市级示范性家庭农场277家。全市供销社系统已建成现代农业综合服务中心46家，其中34家达到省级标准。全市各类农民合作组织社创造产值110亿元，共带动9.5万户小农户发展，社员普遍增收20%以上。二是积极培育适应小农户需求的农业生产性服务组织。全市 1417 家农业社会化组织为 6.28 万户小农户提供一站式托管服务，托管面积 73.82 万亩。引导新型农业经营主体与小农户建立紧密利益联结机制，探索财政扶持资金折股量化提高小农户收益的新路径，全市折股量化项目 306 个、财政资金 7.5 亿元，直接分红受益小农户 3 万多户，年人均增收超 2000 元。三是开展以规范产权结构为核心的合作社改造提升，培育一批产加销一体化且带动农户增收明显的示范合作社，引导同区域、同行业或相关产业的合作社组建联合社，形成规模优势，提高产业竞争力。全市共创建市级以上示范合作社 302 家，社员 2.98 万人，经营性服务年收入近 20 亿元，组建联合社 55 个。四是深化农村产权制度改革，瑞安、平阳农村宅基地"三权分置"试点改革持续深化，推进闲置农房盘活利用。完成农房盘活 3103 幢，带动农户就业 6033 人，吸引资本投入 6.88 亿元，增加村集体收入 3272 万元，增加农户收入 1.17 亿元。

2. 加大服务供给打造出"三链"式合作功能。一是完善全过程覆盖的生产联结链。围绕种苗选育、"肥药两制"、生产环境、产品管理等环节，引导各类农业经营主体在机械化、设施化、规模化、产业化等内容开展联合合作。二是打造品牌引领的产品供需链。成立"瓯越鲜风"农产品区域公用品牌运营公司，首批 70 家合作社（企业）的 60 多类农特产品纳入产品目录，实现多渠道多形式的产销对接。吸纳 42 家农业龙头企业和合作社，创建县级公共品牌"云江丰味"，推出"综合电商"促销、"网上菜场"直销、"网红直播带货"等新营销模式，借力京东、菜鸟等企业本地农村物流网来提高流通效率。三是构建互助合作的金融服务链。探索在农民合作社内部开展资金互助，全市成立农村资金互助会 53 家，会员 4.62 万户，累计发放互助金近 50 亿元。成立全国首家以财产险为主的瑞安市兴民农村保险互助社，4 年来累计承保 322 笔，金额 8295.6 万元，受益农户 6600 人次。探索面向农民合作社社员的授信、用信用担保相结合，全市 9 家农信担保公司年担保总额突破 15 亿元。引导深化农村信用体系建设，指导涉农金融机构利用"三信"评定结果，将整村授信和应收账款融资服务平台相结合，打造"农民专业合作社 + 农户"的全链融资模式。3 年累计涉农贷款新增 2176 亿元，农户贷款新增 1290.04 亿元。温州小额贷款保证保险试点工作深入推进，已发放补贴 6724 笔，金额 871.5 万元；"小额贷"业务促进银行贷款约 89 亿元，贷款余额 41 亿元，贷款规模在全省各地市名列首位。全面推广农民资产授托代管融资业务，成为"农民资产授托代管融资"国家试点，实现农村资产从"确权"向"确值"转变，农民资产授托贷款余额达到 188 亿元。特色信贷产品亮点频现，永嘉农商银行"民宿贷"助建百里楠溪特色"民宿带"、温州市农信担保公司推广"供销农业贷"解决农民融资难题、温州银行新推"惠农贷"系列信贷产品。瑞安市探索小农户和现代金融有机衔接机制改革新入选全国农村改革试点。创新推出番茄价格指数保险、茶叶气象指数保险、栀子花目标价格保险等 19 个特色农险，温州保险业共承保农业保险 1047 万余件，保费规模首次突破亿元。

3. 完善"三位一体"多重运作机制。一是健全"三位一体"农合联组织体系。全市构建了由市农合联、11 个县级农合联、124 个乡镇农合联、52 个特色产业农合联组成的农合联组织体系，成立了农民合作基金和资产经营有限公司推动实体化运作。提升基层为农服务中心，集成各类农事服务资源，为农民提供从种植到销售的一站式、便捷性、全程化服务，全市建成为农服务中心 46 家、农村各类服务站点近 1000 家，形成"46＋1000"服务格局，基本覆盖农业主产区。二是打造"三位一体"数字化服务平台。谋划设置"无忧种植""无忧销售""无忧贷款""无忧补贴"特色应用场景，建成"三位一体"智农共富平台，依托一体化智能化公共数据平台，贯通国家自然灾害预警中心、利民补助"一键达"系统、市场价格监测平台等 15 个业务系统、56 项接口、286 类数据，搭建数字驾驶舱，精准监测农业风险，构建种田、销售、贷款、补贴全流程服务闭环，社员在线获取提前授信、优种选择、标准种植、药肥使用、农事用信、供需对接、种粮补贴等一揽子服务，实现主体全上线、地块全上图、信息全贯通、服务全集成，并配套手机端应用开发，集成智慧生产、供销、信用等 28 项服务功能，目前已在瑞安市开展试点，首批 5300 多家（户）农业主体已上线使用。三是深化了"三位一体"农民合作经济组织体系建设。以争创全国"三位一体"改革示范市为目标，以"规模化＋智慧农业""品牌化＋现代流通""普惠化＋金融创新""组织化＋资源整合"为抓手，创新"三位一体"模式，推动生产合作"全周期"提升、供销合作"全链条"联动、信用合作"多元化"创新，全市建成"三位一体"综合性合作经济组织 300 个。瑞安市与中化农业合作打造"三位一体＋MAP"（现代农业技术服务平台）模式，推动大宗农产品良种化、标准化、数字化，为全国农民专业合作社质量提升、整县推进试点建设提供示范样板，获得农业农村部肯定。积极构建现代化新型城乡供销体系，基层服务示范窗口完成建设 38 家，基层供销社和乡镇农合联基本完成全覆盖，并基本实现深度融合；建设乡镇商贸服务中心 72 家，村服务网点改造为村级便民服务平台，实现服务覆盖 50% 以上农户。

4.形成"三位一体"多元化主导新模式。一是农民主导型"三位一体"合作模式。农民自发联合组建合作社及联合社，并在内部开展"三位一体"综合业务合作，通过资源整合推动规模发展实现农民增收。例如，瑞安市梅屿蔬菜合作社从销售端入手，成立万科农业公司"跑市场"，倒逼生产端新品种推广、标准化育苗、生产技术规程、农资采购、产品检测"五统一"，同时在信用端依托合作社发起组建的资金互助社、保险互助社开展信贷保险合作。二是政府主导型"三位一体"服务模式。各级政府依托农合联组织，利用为农服务中心这一平台，为农民合作经济组织和农民提供"三位一体"公共服务。瑞安市投资1800万元建设马屿为农服务中心，设立金融服务、青创服务、公共服务、农资服务、电商服务、培训服务六大平台和种苗繁育、博士试验两个科创基地，提供给农民合作社、涉农企业、农业服务机构和新农人入驻，实现为农服务"一地跑"。三是市场主导型"三位一体"联结模式。发挥要素资源市场化配置机制，推动社会力量发挥资金、技术、人才等方面的优势便利，与农民合作经济组织、村集体经济组织、农民开展"三位一体"综合合作。例如苍南县引入番茄育苗龙头企业，与番茄主产区59家农民合作社、131家家庭农场和1513家种植农户结成产业联合体，通过标准化种植、定制式生产、品牌化销售，并抱团争取"番茄贷"、价格指数保险等优惠便利，亩均产量增加2000多斤，农户年人均增收6300元。

5.农村改革迈上新台阶。出台《关于全面深化农村"三位一体"综合合作改革的实施意见》，聚焦组织化、现代化、一体化、数字化"四化"建设，形成瑞安马屿农合联、苍南意达番茄产业联合体、乐清金穗粮食联合社、文成二源股份合作农场、龙港信实庄稼医院等一批具有温州辨识度的"三位一体"实践样板。成功举办浙江省"三位一体"改革研讨会，在北京举办"三位一体"改革理论成果论证会。建成"三位一体"标杆县1个、示范县3个、示范乡镇21个、示范基地33个，"三位一体"智农共富改革项目被市委改革办作为经济体制改革首选项目推荐申报浙江省改革突破奖。瑞安"三位一体"试点项目入选全省共同富裕示范区建设第二批试点。

6. 产业兴旺开创新局面。2022年全市农林牧渔业增加值175.8亿元，同比增长4.9%，增速全省第二；依托西部生态休闲产业带建设，高质量谋划建设乡村振兴产业类项目320个，累计投入238.85亿元。全年粮食播种面积169.88万亩，完成率101%；粮食总产量68.99万吨，完成率103%；生猪存栏62.7万头，其中能繁母猪存栏8.01万头，完成率110%。

7. 生活富裕取得新突破。农村居民人均可支配收入38482元，同比增长7.4%，城乡收入比缩小至1.91:1。低收入农户人均可支配收入16930元，同比增长15.6%，增速全省第二。实施"百亿强村"富民行动，全市全年村集体经济总收入107.9亿元，总量跃居全省第二，总收入30万元且经营性收入12万元以下的村社和农村家庭人均年收入9000元以下现象全面消除。

## 三、温州"三位一体"模式的创新经验与启示

18年来，温州深入贯彻落实习近平总书记重要讲话精神，扎实推进"三位一体"改革的基层实践，整合农民合作的生产优势、供销合作的流通优势和信用合作的金融优势，打造集生产资料优化配置、产品流通、金融支持、科技创新等功能于一体的综合性惠农平

台。该模式扎根于中国大地，是符合当前我国农业农村发展的创新模式，是推进农业现代化发展的可行方案，是探索实现共同富裕的有效路径。

### （一）注重组织设计推动"三位一体"改革体系化

以农民合作社提升改革为牵引，培育一批制度健全、运行规范、服务能力强、带动效果好的示范性农民合作社，支持农民合作社围绕行业、区域组建联合社。以集体股份合作制改革为切入点，鼓励村集体领办村域型综合合作社，开展未来乡村建设、土地流转、乡村旅游、金融保险互助以及生产、购销、消费服务等经营活动。以农业社会化综合服务改革为核心，为小农户提供一站式托管服务，并在农产品初加工、仓储物流、市场营销等关键环节，合理设置利益分配关系，使小农户共享合作收益。同时，完善市、县农合联组织架构和"一员三会"制度，做实做强农合联资产经营公司，完善农民合作基金运行机制。推进乡镇农合联与乡镇农业服务中心的深度融合，推动村级经济合作社和农村各类生产主体、经营主体、服务主体加入农合联。探索农合联经理人制度，吸引有公信力的社会能人负责乡镇农合联市场化实体运作。支持基层农合联创办经营实体，为会员开展生产资料集中采购，农产品展示展销、加工、仓储、物流以及资金保险互助、信用担保、资产托管等服务。

### （二）多方联动推动"三位一体"合作协同化

整合农办、农经、农贸、农业农村局、科技局等涉农部门和组织，在充分发挥其各自管理和服务职能的基础上，通过资源整合，促进各部门和组织之间的联动合作，形成资源共享、分工明确的协同化联合体，从而打破涉农部门和组织间的条块分割，进一步拓宽了服务功能，扩大了服务范围，提高了服务质量，形成现代农业发展新合力和为农服务协同发展新格局。生产合作上，整合、盘活农村资源，统筹生产资料和劳动力等生产要素分配，充分发挥各涉农主体的联动效应，服务于现代化农业建设，实现多层次横纵合作；供销合作上，理顺与其他农业生产经营服务主体的关系，充分发挥供销合作社的组织资源和经营优势，打通流通服务渠道；信用合作上，在对农信融资担保、农村资金互助会、农村保险互助社等探索的基础上，继续争取更多资源丰富信贷等普惠金融方式、创新金融服务模式，来破解融资难、融资贵的问题，为生产合作和供销合作提供金融服务，为农民增信贷款争取更多资源。

### （三）多重赋能推动"三位一体"模式创新化

第一，金融赋能。通过农村资金互助社、农村保险互助社模式，缓解融资问题，特别是解决小农户融资难、融资贵问题。通过评定信用等级来获得授信贷款额度，解决扩大生产和提高质量所需资金问题。同时探索以"农业先锋贷"方式，来解决供销社社员资金周转难问题。

第二，品牌赋能。打造区域公共品牌，充分发挥集聚效应，汇聚优势，打造生产、供销全领域标准化有效机制，提高农产品附加值，从而扩大产品销路，增加农民收入。通过不断提升的品牌影响力，来增加产销产品的核心竞争力，实现共建共享；科技赋能。采用先进技术指导农业生产，提高生产科技化水平，进而提高生产质量和效益，最大程度降低生产和市场风险。邀请科技特派员等在高校和科研院所的专家传授专业知识，增强"三位一体"模式主体的科技性。

第三，数字赋能。建设"三位一体"数字化服务平台，推动生产管理线上化、流通营销网络化、信用服务数字化，打造"一码展示、一屏掌控、一键通办、一网交易、一图统管"的为农服务网络体系。加快农产品销售物流体系数字化改造，实施电子商务进农村综合示范工程和"互联网＋"农产品出村进城工程，完善主体信用数字化评价机制，为农户提供更为便利的金融保险服务。优化各部门、各层级的涉农服务项目和管理系统，实现政策发布、资金补助、农村产权交易等数字化运营。

## 第三节　以"三金"模式深化温州农村改革实践

　　浙江省率先进行"三权"（宅基地所有权、资格权和使用权）到人（户）农村产权制度改革，激发了农业农村各类要素的市场活力。

　　资源匮乏、产业不兴是制约乡村共同富裕的重要瓶颈。乐清市下山头村地处风景秀丽的雁荡山北部，虽背靠雁荡山，却"靠山吃不到山"，是个"没有资源、没有产业、没有发展环境"的"三无"村。随着村中多数青壮年外出务工经商，土地四处抛荒、村貌越发破败。2003 年前，村集体经济唯一的收入，是山上那五六十株老梨树的租金，一年仅 2700 元。在土地制度改革的大背景下，下山头村创新"三金"模式，成功破解了村里无资源、无产业、无发展环境的"三无"困境，实现了村集体经济、村民收入和企业利润"三丰收"，是乐清乡村积极探索共同富裕的生动实践。"三金"模式实现了群众收入从零碎到稳定的转变，村集体经济从空白到富有的转变，农业产业从零星到规模的转变，从而带动"一二三产业深度融合"发展，为乡村振兴注入力量，构建了先富带动后富、实现共同富裕的乡村范例。

## 一、"股金、租金、薪金"模式创新

2016 年，乐清市政府开展"大拆大整"行动，对全镇 80 余家铸造企业进行拆除搬迁，拆出近 1200 亩土地空间，为铁皮石斛等绿色产业赢得了发展空间。加快土地流转工作。在下山头等村试点土地流转，将承包到户的土地统一流转到村股份经济合作社，由合作社与投资方合股成立公司，合作社占股始终不低于 33%，投资方负责具体运营，合作社只负责土地流转入股，不用承担经营风险，项目盈利后分红直接划入合作社，村集体每年可获 33% 的股权分红。同时，农田租金另外计算支付给农户，园区的招工也优先聘用本村村民，解决村民就业问题。目前，该田园综合体土地流转涉及 14 个村，土地面积 2 万多亩，已经流转到位 8000 余亩。股金、租金、薪金的流转模式为农户实现了利益最大化，也解决了土地流转的老难题。2021 年，下山头村村集体经济收入达 299 万元，比 3 年前增长 29 倍；村人均年收入达 4.2 万元，比 3 年前增长 1 倍。

解决了土地问题后，"三金"（股金、租金、薪金）模式的准备条件就成熟了。这样，全体村民在确保土地集体所有性质不变的情况下，农户可以把家庭土地承包经营权作为股份入股到村股份经济合作社，股份经济合作社再入股到公司，盘活土地资源，以公司化的方式对土地经营实行规模化运作，发展现代科技农业，推进农民从单一收入到"三金"收入模式的转变，大力推进"一二三产深度融合"发展。

"三金"模式与"一二三产深度融合"带动了下山头村产业共富：铁皮石斛近野生种植、白果园种植面积达 1100 亩，一产产值可达

2000多万元；开发铁皮石斛深加工，在石斛二产中研发出化妆品、保健品、石斛酒等多个品种，尤其2021年11月，药食同源试点获批，也让铁皮石斛二产迎来全新发展机遇。以村里的铁定溜溜园区的项目为例，该项目实现营收超亿元，为下山头村村民提供了300余个就业岗位。

随着改革深入推进，下山头村的村貌也焕然一新：村子曾经道路狭窄、杂草丛生，违建比比皆是，如今联排农房井然有序，人住风景、家在花园，漫山遍野嫁接在树上的铁皮石斛长势喜人。

## 二、农业立体化、数字化转型和多产业联动

全面推进乡村振兴，绝不仅是农村振兴，而是城乡统筹发展的协调问题：乡村振兴既要着眼乡村的内生驱动力，又需要依托城市力量的带动；既要打通城市要素进入乡村的瓶颈，也要打通农民进入城镇的通道。城乡融合带动的是生产方式和生活方式的双重转化：农民成为充满活力的市场主体，拥有了农民工、个体工商户、农场主、工业大户、农业经理人、民宿主、企业家等多种身份；种养殖、农副产品加工、休闲旅游、商贸流通、信息服务等现代乡村产业体系拓宽农民的增收空间。

发展乡村产业是实现乡村振兴的关键钥匙，是通往富裕的必经之路。实施乡村振兴，归根结底还是要发展当地产业，只有这样才可以让更多的人留下来，只有人气的聚集才能为农村带来更多的活力。如何利用好产业发展巩固脱贫攻坚成果、有效衔接乡村振兴，是个艰巨的任务。温州的实践主要围绕"一二三产深度融合"以及"产业数字化转型"展开。

### （一）一二三产深度融合

2019 年，温州市委、市政府出台《关于坚持农业农村优先发展深化乡村振兴"六千六万"行动的意见》，把主引擎放在土地制度改革上，促进房地一体的农村宅基地使用权确权登记颁证在所辖区域范围内全面推行，通过土地经营权入股的形式推动农业的快速发展，为暂时处于闲置状态的宅基地注入新的活力，促进三次产业的融合发展，这也是未来的发展趋势，应结合农村的发展现状，与"旅游 +""互联网 +""文化 +"等先进模式形成有效的融合，使产业链得到不断延伸，促进价值链的建立和提升，提供一条更加完备的供应链，逐渐形成一套较为完善的三次产业发展体系。

1. 田园综合体。我国的田园综合体建设与新农村、美丽乡村、特色小镇等有着内在的同质性。与国外相比，我国参与主体更多，合作模式更为丰富。目前，温州地区共有 3 个省级田园综合体，分别是永嘉县的楠溪源头田园综合体、乐清市大荆石斛田园综合体和瑞安市曹村田园综合体。

乐清市大荆镇铁皮石斛小镇内既有铁皮石斛仿野生栽种的第一产业，也有枫斗加工的第二产业，还有包含铁皮石斛博览园、铁皮石斛文创园、亲子酒店、农垦乐园、铁定溜溜亲子游乐园等项目的第三产业。其中铁定溜溜是小镇主打项目。这是一个主要以铁皮石斛为核心的田园综合体项目，它以铁皮石斛种养为基础产业，集主题游乐、田园休闲、旅居度假、科普教育等于一体，是一个以铁皮石斛产业为主导，集高效农业、乡村休闲旅游、生态宜居于一体的"一二三产深度融合"发展的田园综合体。

铁皮石斛是乐清市特色农业产业，发展铁皮石斛产业可以提高土地利用效率和经济效益，容易实现有限的土地价值最大化。铁定溜溜项目首创"铁皮石斛 + 文创旅游"模式，园区分别以石斛文化园、农耕乐园、溜溜乐园三大文创乐园为载体，将"石斛 +"产业链无限延长。铁皮石斛田园综合体中的铁定溜溜主题乐园是整个园区投资最大、规模最大的项目。主题乐园中包含了餐饮、汉服馆、研学教育、亲子旅游等多个产业链条。

2. 现代化渔业。乐清市东临乐清湾，海域面积辽阔，沿海渔业和水产养殖业发达，是全国著名的贝类苗种基地。同时，乐清市经济发达，是中国市场经济发育最早、经济发展最具活力的地区之一，产业机械化水平较高，具备"一二三产深度融合"的先决条件，有利于渔业链延伸。面对产业振兴的良好机遇，以实现渔业高质高效、渔村美丽宜居、渔民富裕幸福为目标，奋力打造现代化渔业"安全、绿色、生态、智慧、法治、融合"发展的"重要窗口"的县域标杆，成为乐清市现代渔业发展工作的重中之重。渔业是乐清市农业的重要组成部分，对增加渔民收入，繁荣渔村经济，助推渔民实现共同富裕发挥了不可替代的作用。

精心谋划"三道路"，锚定渔民共同富裕方向。走"科技兴渔"之路。大力实施科技强渔，促进渔业增效和渔民增收。走"规模发展"之路。坚持科学统筹，立足本地实际，以规模化养殖为抓手，以提质增效养殖为重点，全面提升水产养殖核心竞争力。走"绿色生态"之路。建立健全养殖绿色政策，制定实施《乐清市海水养殖尾水治理方案》，进一步加强围塘养殖尾水处理设施建设。创新增收"三模式"，丰富渔民共同富裕载体。以"多元养殖模式""集中加工模式""渔旅融合"三大模式实现增收。

苍南县作为浙江省海洋渔业大县、温州市第一大海洋渔业县，积极探索大渔湾养殖用海"三权分置"制度改革和创新，助力沿海渔村走向共同富裕。所谓的"三权分置"是政府行使所有权，赋予村集体用海经营权，保障渔民享有承包权，即县政府以海域使用权证和水域滩涂养殖证对养殖用海行使所有权的同时，赋予大渔湾沿岸渔村集体养殖用海经营权，再通过村集体与渔民签订租赁协议的形式，赋予渔民承包权。养殖用海"三权分置"通过制度创新和改革，不仅使得海域矛盾纠纷大幅下降，还使当地海域生态环境得到明显改善，最重要的是重构了渔民养殖共富新体系，明确了政府、集体与养殖户的责权关系，在价值层面恢复和重建了民众在治理中的根本主体地位。沿海渔民收入大幅提高，沿海村集体经济迅速发展壮大，基础设施建设投入明显增加，村容村貌焕然一新，滨海旅游产业快速崛起，谱写了沿海渔村共富乐章。

3. 休闲农业。休闲农业主要是结合农业和农村等有形资源及其背后隐含的休闲观光、教育体验与经营管理等无形资源而形成的一种新兴休闲服务产业。在开启共同富裕新征程的时代背景下，发展集休闲观光、度假康养和农俗体验于一体的休闲农业和乡村旅游，满足人民群众对美好生活的新需求，对于推进乡村振兴、实现传统农业向现代农业转变有着十分重要的意义。乐清地处经济发达的东南沿海地区，地貌兼及平原和山区，有山清水秀的自然禀赋、深厚的文化与民俗底蕴、丰饶的农林水特色产品，发展休闲农业有着天然的优势。加快推进休闲农业转型升级、提质增量就是乐清产业转型升级题中应有之义。

### （二）数字化转型

数字技术具备极强的渗透性，能使信息迅速在一二三产中传递和交换，有效打破三大产业的边界。数字经济与生俱来的边际效益递增性、外部经济性和可持续发展性对于推进农村"一二三产深度融合"具有深刻意义,是推进农民增收、农业增效、农村发展及推动乡村振兴的绝佳路径。近年来,乐清市从农作物育苗、生产,农产品加工、转型以及农业企业管理等方面入手,利用互联网、大数据融合农村一二三产,积极推进数字农业农村建设。目前,乐清市已建成农业物联网基地 20 个,数字农业工厂 4 家,共计面积6000 亩。

民营制造企业能否实现数字化转型,将成为影响经济高质量发展的关键因素之一。中小民营制造企业数字化转型在促进企业做大做强的同时,可以更好地基于配置社会资源的功能,实现市场主导的初次分配、政府主导的再分配和企业主导的第三次分配相互衔接的分配制度体系及结构的完善,最大限度地优化资源配置,提高效率,最终达到社会资源重组、优化及共享,实现共同富裕。

## 三、弘扬企业家精神和乡贤回村

在城乡融合这条主线下振兴乡村,除了让村里人像城里人一样全面享受公共服务和生活便利,更重要的是要打通城乡要素自由流动、平等交换的堵点,让改革红利流向"三农"(农业、农村、农民)。为此,浙江正在推进"两进两回"(科技进乡村、资金进乡村,青年回农村、乡贤回农村)的行动。

世界温州人,是带着"共同富裕"基因出生的。为了脱贫致富,他们走南闯北商海搏击,站稳脚跟后,又通过宗族乡亲间的"传帮带",拉着亲戚朋友共同创业致富。同时,他们不忘桑梓,富而思源,带回了大量资金、项目、技术和人才,带动了家乡的群体脱贫效应。

### （一）民营企业参与建设共同富裕

改革开放以来，我国民营企业从无到有、从小到大、从弱到强，蓬勃发展，成为推动经济社会发展的重要力量。在新的征程上，民营企业可以继续发挥稳增长、促创新、增就业、惠民生等方面的重要作用，作出新的更大贡献，为实现共同富裕目标提供不可或缺的重要力量：

1. 民营企业的高质量发展，为共同富裕夯实物质基础；

2. 通过制作和引进更多的优秀文艺作品，满足人民群众的精神文化需求；

3. 以开拓创新、实干奉献的优秀民营企业家精神以及民营企业劳动者中的工匠精神、劳模精神，丰富勤劳致富、共同富裕的精神内涵；

4. 创造就业岗位，扩大就业容量，让更多人群实现稳定收入；

5. 构建新型劳资关系，让企业员工共享发展红利；

6. 龙头民营企业帮扶带领，带动上下游产业链中的小企业、小农户共同发展；

7. 民营企业"上山下乡"，以产业扶持的形式参与扶贫工作，吸纳富余劳动力，使农民增收；

8. 民营企业以募集、捐赠、资助等慈善公益行为回报社会，广泛开展救助灾害、救孤济困、扶老助残等慈善活动；

9. 积极践行绿色发展理念，将绿色发展理念贯彻到每一个生产经营环节，积极承担环境保护的社会责任；

10. 民营企业在改善民生方面可以发挥重要作用，是民生领域投资建设的重要补充。

改革开放40多年来，乐清牢牢锚定电气产业发展，从发展乡镇工业到发展块状经济，再到发展标志性产业链、产业集群，乐清电气产业集群规模不断扩大，质量效益不断提升，逐步成长为我国最大的低压电器产业集群。共同富裕物质基础不断夯实，城乡居民收入水平不断提高，收入分配格局上取得积极进展。产业集群的高质量发展让民营企业担纲主力，在稳定增长、增加就业、改善民生等方面发挥了重要作用，助推乐清实现共同富裕。

### （二）慈善事业

慈善事业是惠及社会大众的事业，是社会文明的重要标志。温州是有着深厚慈善传统的地方，地域慈善、宗族慈善等一直在温州社会发挥着特有的作用。改革开放以来，温州传统慈善随着经济社会发展在复兴的同时不断变革，现代公益慈善亦得到了诸多探索性的发展，形成了颇具温州特色的慈善公益事业发展之路。

通过慈善公益事业，在外温州人助力家乡发展，帮扶困难群体，实现共同发展。在本地，呈现出借助慈善公益事业，先富带后富、城市反哺农村、发达地区带动欠发达地区的良好局面。尤其是在乡村振兴中，公益慈善与政府推动的乡贤回归相结合，成为乡村发展十分重要甚至关键的力量。同时，温州慈善走出了熟人社区、地域慈善的范围，走向了全国，诸如"微笑工程""肤生工程"等项目在全国都具有较大影响力，也带动了其他欠发达地区共同致富，并改变了外界对温州的刻板印象。温州慈善公益事业的创新发展，在先富群体和后富群体之间建立了可靠的联系，有力扶持了共同富裕道路上的弱势群体。

第七章

绿色温州的
创新探索

习近平总书记在党的二十大报告中强调了绿色发展的重要性，要"推动绿色发展，促进人与自然和谐共生"，"大自然是人类赖以生存发展的基本条件。尊重自然、顺应自然、保护自然，是全面建设社会主义现代化国家的内在要求。必须牢固树立和践行绿水青山就是金山银山的理念，站在人与自然和谐共生的高度谋划发展"。[1]党的二十届三中全会通过的《中共中央关于进一步全面深化改革　推进中国式现代化的决定》中强调："聚焦建设美丽中国，加快经济社会发展全面绿色转型，健全生态环境治理体系，推进生态优先、节约集约、绿色低碳发展，促进人与自然和谐共生。"[2]党和国家聚焦建设美丽中国，通过绿色发展和绿色转型，贯彻落实绿水青山就是金山银山的理念，不断促进人与自然和谐共生。温州市在进行绿色温州的创新探索中，坚持绿色发展，建设绿色温州，聚焦美丽温州建设，不断激发绿色温州的创新实践。

在这一总体时代背景中，如何在坚持和发展中国特色社会主义的场域内，在历史与现实、理论与实践、当下与未来的多维统一中，

---

① 习近平：《高举中国特色社会主义伟大旗帜　为全面建设社会主义现代化国家而团结奋斗——在中国共产党第二十次全国代表大会上的报告》，《人民日报》2022 年 10 月 26 日。

②《中共中央关于进一步全面深化改革　推进中国式现代化的决定》，《人民日报》2024 年 7 月 22 日。

持续打造有利于人民生产生活的宜居环境，加快绿色温州建设，始终是温州市发展过程中需要面对的重大课题、重点问题、重要论题。温州市委、市政府始终坚持以习近平新时代中国特色社会主义思想为指导，深入学习宣传贯彻党的二十大、二十届三中全会精神，坚决贯彻习近平总书记殷殷嘱托和重要指示批示精神，在浙江省委、省政府的坚强领导下，按照明确的目标任务持续推进，奋力做强做大"全省第三极"，大力推动包括建设社会主义生态文明、打造宜居环境、加快绿色温州建设、建成美丽温州等在内的各项事业发展迈上新台阶。因此，提炼、凝聚、宣传、弘扬温州在打造有利于人民生产生活的宜居环境、加快绿色温州建设、建成美丽温州等方面的实践经验与发展举措至关重要，具有深远的理论意义、现实意义。

## 第一节　立足生态优势打造绿色温州

习近平总书记指出："我们要推进美丽中国建设，坚持山水林田湖草沙一体化保护和系统治理，统筹产业结构调整、污染治理、生态保护、应对气候变化，协同推进降碳、减污、扩绿、增长，推进生态优先、节约集约、绿色低碳发展。"[1]温州着力营造有利于人民生产生活的宜居环境，努力促进温州生态文明建设创新实践，坚持人与自然和谐共生，不断加快绿色温州建设。

---

[1] 习近平：《高举中国特色社会主义伟大旗帜　为全面建设社会主义现代化国家而团结奋斗——在中国共产党第二十次全国代表大会上的报告》，《人民日报》2022 年 10 月 26 日。

## 一、温州生态文明建设创新举措

温州在立足生态优势打造绿色温州进程中，不断加强生态文明建设。具体来讲，有以下创新举措。

### （一）坚持市域一体、以城市能级提升推进建设社会主义生态文明

温州完成亚运场馆建设任务并惠民开放，建成"精建精美"项目 312 个，着力推动瓯江引水工程等重大水利项目建设。新扩建城镇污水处理厂 5 座，完成全国首部生态环境服务机构管理条例立法，荣获治水"大禹鼎"，入选国家"无废城市"建设试点。平阳县获批全国水系连通及水美乡村建设县，南北麂列岛入围国家公园候选区名单，南麂列岛列入国际重要湿地名录。温州深入实施生态文明示范创建行动，加快绿色转型、建设美丽温州，全域推进美丽城镇、美丽乡村、美丽河湖建设，生态环境公众满意度持续提升，公众获得感、幸福感、安全感显著提升。

### （二）坚持协调共进、以城乡融合发展推进建设社会主义生态文明

实施山区县高质量发展"510"工程，山区 5 县实现省级开发区、央企合作全覆盖，招引亿元以上产业项目 110 个，地区生产总值增速均高于全市平均值。大力推进科技强农、机械强农，启动预制菜"一城十链百企千亿"行动计划，省级奶牛种业重点实验室成功繁育浙产首例遗传改良"胚胎牛"，粮食播种面积和产量均创近十年新高，农林牧渔业增加值增长 4.7%。实施村貌整治三年行动，推进美丽城镇、美丽田园、美丽河湖、美丽庭院联创联建，创成省级美丽

乡村示范乡镇 16 个、未来乡村 38 个、历史文化（传统）村落保护利用示范村 6 个，数量均居全省第一。建设提升"四好农村路"1190公里。文成、泰顺入选全省大花园示范县。联动推进低收入家庭综合帮扶、强村富民乡村集成改革，新增"共富工坊"701 家，低收入农户人均可支配收入增长 15.6%，村集体经济总收入、经营性收入分别增长 16.3%、21.6%。

**（三）坚持先行先试、以全面深化改革推进建设社会主义生态文明**

前进路上，温州坚持先行先试，着眼于以全面深化改革推进建设社会主义生态文明。为了进一步推进绿色创新发展，温州打造三大科创高地、实施数字经济"一号工程"、加快建设全球先进制造业基地，让绿色创新成为温州发展的第一推动力；协同推进长三角一体化发展，高质量参与长江经济带绿色发展，优化"山海协作"平台和机制，健全城乡绿色融合发展机制，让绿色成为温州发展新的增长点；拓宽"绿水青山"向"金山银山"转化通道，大力发展生态经济、低碳经济，让绿色成为温州发展最动人的色彩；高质量参与"一带一路"建设，高标准建设自贸试验区，让绿色发展成为温州发展的强劲动能。深化"千万工程"造就万千美丽乡村，实施农业"双强行动"，突出绿色数字赋能乡村治理和乡村经济，打造未来乡村、城乡风貌样板区建设。

**（四）坚持惠民安民、以社会民生发展推进建设社会主义生态文明**

温州举办"2022 东亚文化之都·中国温州活动年"，温州美术馆等文化项目开工，朔门古港遗址考古重大发现成为"海上丝绸之路"重要实证，加入"海丝申遗城市联盟"，央视 2023 年春节戏曲晚会在温州举办，南戏文化和温州元素精彩闪耀。迭代升级"141"社会治理体系，实现城市运行中心、社会治理中心一体融合全覆盖。落实防汛防台"三本账"，有效应对严重旱情，打赢森林防火灭火硬仗，防灾减灾救灾能力持续提升。

## 二、坚持生产生活生态的统一，推进人与自然和谐共生

党的二十大报告明确指出："中国式现代化是人与自然和谐共生的现代化。"[①]温州在坚持人与自然和谐共生理念、加强绿色温州建设方面，有以下创新举措。

### （一）加快推动绿色低碳转型

温州扎实开展"6＋1"领域碳达峰行动，深化低（零）碳试点建设，提升中国（温州）"双碳"科创港功能。统筹推进能源绿色低碳发展和保供稳价工作三年行动，加快 38 个重大能源基础设施项目建设。实施重点企业能效倍增行动，新增绿色低碳工厂 100 家，淘汰整治高耗低效企业 800 家。大力发展绿色金融，落实全面节约战略，开展建筑节能提标行动，带动全社会形成简约适度、绿色低碳新风尚。

### （二）温州持续深化环境污染防治

温州着力打好蓝天、碧水、净土、清废保卫战，健全生态环境问题动态清零机制，坚决完成中央、省委生态环保督察反馈问题整

---

① 习近平：《高举中国特色社会主义伟大旗帜　为全面建设社会主义现代化国家而团结奋斗——在中国共产党第二十次全国代表大会上的报告》，《人民日报》2022 年 10 月 26 日。

改任务。深入开展新一轮生态环境基础设施提升行动，加快 109 个重点项目建设，新建改造污水管网 100 公里。推进治气降碳行动，确保 $PM_{2.5}$ 平均浓度低于 25 微克每立方米，空气质量优良天数比例达到 96% 以上。深化 32 个重点工业园区综合整治。扎实推进国家"无废城市"试点建设。深入实施"达Ⅲ消Ⅴ"三年行动，省控及以上断面Ⅰ—Ⅲ类水质比例达到 93.8%。

### （三）温州全面加强生态保护修复

温州健全"河湖林田长制"，深化三大水系、四大平原河网综合治理，统筹推进蓝色海湾整治、美丽海湾保护建设和"红树林蓝碳示范区"试点，加强南北麂列岛、乌岩岭生态系统保护，新增 2 个省级生态文明建设示范区，力争创成省级生态文明建设示范市。完善生态保护补偿制度，推行生态产品价值实现机制，争取更多 EOD 项目落地。实施生物多样性保护试点示范工程，加强自然保护地和湿地资源管理，争创国家生态园林城市、国际湿地城市，让温州人民生活创业在诗画风光、醉美山水之中。


# 第二节　坚持绿色低碳推进产业结构转型

习近平总书记指出："推动经济社会发展绿色化、低碳化是实现高质量发展的关键环节。"[①]温州着力营造有利于人民生产生活的宜

---

① 习近平：《高举中国特色社会主义伟大旗帜　为全面建设社会主义现代化国家而团结奋斗——在中国共产党第二十次全国代表大会上的报告》，《人民日报》2022 年 10 月 26 日。

居环境，加速推进绿色低碳转型、持续深化绿色温州建设，努力推动生态文明建设。

## 一、持续深化绿色低碳转型的创新举措

习近平总书记指出，要"应对气候变化挑战、向绿色低碳发展转型"①。持续深化绿色低碳转型是温州扎实推进高质量发展的重要环节。

### （一）扎实开展"6＋1"领域碳达峰行动提升温州"双碳"科创港功能

温州深入实施"亩均论英雄"改革，通过"全域化 ＋""数字化 ＋""差别化 ＋"等措施，实施用地、用电、税收、碳排放等资源要素差别化政策，建立正向激励与反向倒逼相结合的产业调整机制，龙湾区坚持奋力打造高质量发展新引擎，重点对合成革、印染、化工、金属表面处理、铸造等行业开展整治，关停淘汰重污染企业597家、规范提升356家，解决粗放型生产模式带来的生态环境压力。例如，对占领国内市场份额70%以上的合成革支柱行业进行整治，停产合成革生产线196条，全面完成整治合成革企业84家。

### （二）统筹推进能源绿色低碳发展和保供稳价行动，加快重大能源基础设施建设

温州加快现代能源基础设施建设，落实电力和天然气保供稳价，深化央地合作，破除"邻避效应"，推进生态核电与地方融合发展，

---

① 习近平：《共迎时代挑战　共建美好未来——在二十国集团领导人第十七次峰会第一阶段会议上的讲话》，《人民日报》2022 年 11 月 16 日。

苍南县依托山海资源优势，以浙江三澳核电项目为支撑，以深化央地合作为路径，以破除"邻避效应"为突破口，创新生态核电与地方融合发展模式，携手打造绿色低碳的投资高地，闯出山区县跨越式高质量发展新路子。乐清市聚焦电气产业整链提升打造世界级先进制造业集群，乐清电气产业集群入选国家先进制造业集群创建榜单，是全国唯一以县域为主导的制造业集群。

**（三）实施企业改造实现重点企业能效倍增**

近年来，温州新增绿色低碳工厂 100 家，淘汰整治高耗低效企业 800 家。按照"绿色、清洁、高效、低碳"的要求，改造提升高碳低效行业，推广运用节能减碳技术，聚力发展绿色低碳产业，促进制造业绿色发展水平显著提升。实施 1000 项以上节能改造项目，腾出用能空间 25 万吨标煤以上，单位规上工业增加值能耗下降 9%，新建工业厂房安装分布式光伏比例达到 100%，新增光伏并网 40 万千瓦以上装机容量，实现工业领域能源结构和产业结构双优化。

**（四）大力发展绿色金融保障经济发展安全**

温州探索开展绿色企业（项目）、绿色信贷等评级业务，建立适用于绿色主体的信用评级指标体系，增加绿色指标在评级模型中的权重，在重点区域、重点绿色企业试点推出企业 ESG 评估，促使企业重视绿色发展理念，实现企业的可持续发展。指导评级机构加强与金融机构的对接沟通，紧扣金融机构需求，推动评级结果在金融机构授信审核等环节的应用，有效保障绿色企业融资需求。搭建温州金融综合服务平台绿色企业培育池。推动设立绿色金融专营机构，有序推进金融机构环境信息披露。统筹用好碳减排专项支持政策，大力推动符合条件的企业发行绿色债券融资工具、碳中和债、可持续发展挂钩债券等创新产品。支持乐清市、瑞安市开展"亩均碳均贷""气候贷"等绿色金融产品创新。推动辖区内保险机构围绕环境污染治理、绿色生产安全、气候灾害补偿等领域，构建多场景绿色保险产品体系。

### （五）实全面节约战略带动全社会形成简约低碳新风尚

温州全市分布的"城市书房"建设以"实用、安全、科学、美观、环保、节约"为原则，突破了传统图书馆辐射范围和开馆时间的限制，节约了读者借阅图书的交通成本和时间成本，在解决了公共文化服务"最后一公里"问题的同时产生了节能效益。鹿港区在推动移风易俗的过程中谋划思路问计于民、查找问题倾听于民、改进措施请教于民、衡量成效评判于民，令民众从丧事简办中感受到便捷规范，从喜事新办中感受到实惠讲究，赢得了群众广泛认可。泰顺实施共富大搬迁项目切实改善以往山上配套项目小散多、成本高、效益低等情况。初步统计累计节约财政资金约 9.1 亿元。

## 二、坚持绿色发展，不断推动产业结构深度转型

绿色是永续发展的必要条件和人民对美好生活追求的重要体现，绿色发展注重的是解决人与自然和谐共生问题，必须实现经济社会发展和生态环境保护协同共进，加快发展方式绿色转型，推动形成绿色低碳的生产方式和生活方式。[1]对此，习近平总书记曾指出："要坚持绿色发展，一代接着一代干，久久为功，建设美丽中国，为

---

①《习近平新时代中国特色社会主义思想学习纲要（2023 年版）》，学习出版社、人民出版社 2023 年版，第 140 页。

保护好地球村作出中国贡献。"①在绿色发展理念指引下，产业结构调整、供给侧结构性改革，就是要让经济发展模式从生产驱动型转向环境友好型和服务驱动型。温州并未简单地推动欠发达地区去复制发达地区走过的传统工业化道路，而是把合作重点放在优化产业结构和促进经济增长方式转变上，放在推动体制创新、技术创新和管理创新上，放在提高劳动力素质上，放在资源集约利用和改善生态环境质量上。温州打造"山海协作"工程、不断推动产业结构深度转型的核心要义就体现在绿色发展理念上，要自觉把新发展理念贯穿始终，以理念的提升带动工作的提升。近年来，温州产业结构深度优化提升、产业链科技化得到强化、创新驱动发展成效明显，主要有以下几方面经验。

### （一）坚持推进绿色经济助力低碳发展推动产业转型

温州由市发展改革委、市生态环境局、市金融办、人民银行温州市中心支行、市气象局、温州银保监分局等单位牵头，探索开展绿色金融标准认定，建立绿色企业培育池，推进绿色项目库建设，建立完善绿色金融体系，引导金融机构精准有效对接企业融资需求，推动产业园区绿色低碳循环发展。推进绿色项目经营权、排污权、碳排放权、合同能源管理等质押融资模式创新，稳步提高绿色贷款比重。龙湾区相继出台了传统制造业、战略性新兴产业三年行动计划及阀门产业提升计划，形成了"5＋3"产业协同培育机制，扎实推进阀门、不锈钢、制笔、制鞋、服装五大传统产业及数字经济、智能装备、生命健康三大战略性新兴产业快速健康发展。瓯海区以

---

① 《习近平在广东考察时强调　坚定不移全面深化改革扩大高水平对外开放在推进中国式现代化建设中走在前列》，《人民日报》2023 年 4 月 14 日。

培育都市垂直工业为导向，推动八大传统产业转型升级，加快打造时尚智造、数字安防、生命健康三大主导产业集群。持续深化"腾笼换鸟、凤凰涅槃"攻坚，加大"亩均论英雄"改革力度，力争3年实现"厂房租售不炒"。持续推进智能制造，打造以"未来工厂"为引领、"智能工厂"为主体的智造群体。

### （二）坚持深化山区海岛金融服务助力推动产业转型

温州由市农业农村局、市自然资源和规划局、市文广旅局、市市场监管局、市金融办、人民银行温州市中心支行、温州银保监分局、浙江农商联合银行温州管理部等牵头，实行"一县一策"等政策，着力推动金融支持山区5县跨越式高质量发展。出台《关于金融支持温州市山区5县跨越式高质量发展的指导意见》，指导山区县围绕"一县一业"区域亮点，打造各具特色的工作品牌和金融支持项目亮点。深化"红绿添金"行动，加强与山区5县联动，统筹实施"红绿添金"工作项目。加大央行资金对山区5县支持力度，鼓励金融机构加大对农业农村基础设施投融资的中长期信贷支持，稳步增加保险风险保障金额。引导山区县政府性融资担保机构积极支持小微企业和"三农"发展，鼓励市级政府性融资担保机构在分支机构设立、担保增信等方面加强对山区海岛县的支持。探索打造"蓝色金融"，深化海岛特色金融服务机制，探索建立海洋产业相关资源权益收储、评估、投资等机制，拓展海岛动产抵押融资模式，迭代升级"全民授信"，创新启动"全企授信"，推进海岛普惠金融扩面提质。

### （三）坚持加大乡村振兴资源投入助力推动产业转型

温州由市农业农村局、市自然资源和规划局、市文广旅局、市市场监管局、市金融办、人民银行温州市中心支行、温州银保监分局、浙江农商联合银行温州管理部等单位牵头，积极争取农业发展银行等政策性金融机构更多资源、政策支持，鼓励金融机构设立服务乡村振兴专营机构，发展农业产业链供应链融资。开展"金融强村"行动。深化农村宅基地制度改革试点，稳妥开展农民住房财产权（含宅基地使用权）抵押贷款。加快推广"农户家庭资产负债表融资模式"，积极探索"生态资产权益抵押＋项目贷"、旅游景区经营权质押和门票收入质押贷款、集体经营性建设用地使用权抵押贷款等业务模式创新。探索构建新型农业经营主体建档和信用评价，建立新型农业经营主体"主办行"机制，开展"新型经营农业主体"首贷户拓展行动，提升"三位一体"金融服务水平。同时提升农业全产业链保险保障，深化"保险＋期货""保险＋活抵""保险＋无害化处理"等模式，以金融工具的综合运用、创新联动高水平服务"三农"发展。

### （四）坚持推动释放创新动能推动产业结构深度转型

近年来，温州市"一区一廊"落地创新型重大项目 75 个，瓯江实验室五大研究集群加快建设，中国眼谷、中国基因药谷入驻华为健康光显、京东方艺云健康显示、华润医药生命健康等项目 65 个，获批全国首个细胞生长因子领域国家工程研究中心、国家药监局眼科医疗器械重点实验室，世界青年科学家峰会落地一批高水平创新成果。中国（温州）"双碳"科创港、人力资源服务产业园开园，浙南海创城揭牌成立，入选首批全国青年发展型城市建设试点、国家知识产权强市建设示范城市。推出"人才新政 40 条"3.0 版，新增全职院士和"鲲鹏行动"专家 7 名，入选省级以上重大人才工程 120 名，引育大学生、技能人才 23.7 万人。苍南县按照国家和省市系列决策部署，坚定"1＋5"发展目标定位不动摇，深入推进"两个健康"先行发展区、"最多跑一次"改革为核心的营商环境建设，着力实施创新驱动发展、全域旅游、乡村振兴战略，着力建设苍南工业园区、浙闽省际专业市场群、高等级景区、现代农业园区等产业平台，着力落实三澳核电、海上风电、渔寮景区提升等重大产业项目，推动县域经济持续快速发展。

## 三、发挥山海资源优势，发展海洋经济

习近平同志在浙江工作时强调："进一步发挥浙江的山海资源优势，大力发展海洋经济，推动欠发达地区跨越式发展，努力使海洋经济和欠发达地区的发展成为我省经济新的增长点。"[1]蓝色大海，承载未来。纵观温州，海洋是温州发展的基础所在、优势所在，更是潜力所在。温州的海洋家底丰厚：全市区划海域总面积8649平方公里，海岸线总长1171公里，海岸线长度约占全省17.7%，可利用深水岸线资源65.3公里；素有"浙南鱼仓"之誉，拥有洞头、南麂、北麂、乐清湾四大渔场，其中南麂列岛被列入联合国海洋类世界生物保护圈。

### （一）注重从战略规划上发展海洋经济

2012年，温州在全国首创海域"直通车"试点，2016年温州作为全国首批"海洋减灾综合示范区"城市通过国家验收，2017年温州被确定为国内首个海域综合管理创新试点城市，吃改革饭长大的温州用先行的脚步，为全省乃至全国示范引领、探路求索。几年来，

---

[1] 张燕、应建勇、裘一佼等：《全面小康一个也不能少——习近平总书记在浙江的探索与实践·协调篇》，《浙江日报》2017年10月7日。

温州海洋经济发展示范区获批创建国家安全应急产业示范基地，温州湾新区体制调整落地见效，新增省级开发区、省级高新区各2家。启动老旧工业区改造提升三年行动，整治低效工业用地1.23万亩。苍南跨乡镇土地综合整治试点扎实推进。获批浅滩二期海域使用权，消化批而未供土地4.2万亩，完成城镇低效用地再开发2.55万亩、工业用地（用海）供应1.06万亩。鹿城区、泰顺县通过积极协作，增强互通互信，共同开展了包括企业招引、平台搭建、领域合作等方面的合作，取得了一定成效。2018年，在迭代升级版的"山海协作"中，派遣挂职干部直接参与两地"山海协作"工程，两地拓展合作领域，拓宽合作渠道，探索创新形成"山海协作＋"合作模式，积累了许多可复制可推广的宝贵经验。

### （二）注重从政策扶持上发展海洋经济

根据《浙江温州海洋经济发展示范区建设总体方案》，温州示范区包括瓯江口产业集聚区、洞头海洋生态经济区、状元岙港区、大小门临港产业区、国家海洋特色产业园区，面积约148.3平方公里，其中启动区面积约24平方公里。具体而言，一是打造全国民营经济参与海洋经济发展示范区。以建设世界（温州）华商综合试验区、创建新时代"两个健康"发展先行区为主抓手，加快体制机制创新和政策先行先试，优化海洋经济发展营商环境，全力支持民营资本进入海洋经济领域，积极探索民营经济参与海洋经济发展新模式，走出一条具有全国示范意义的民营经济助推海洋经济发展的新路子。二是打造全国生态海岛美丽湾区建设示范区。以生态文明建设为导向，深化国家海洋生态文明示范区和国家海洋公园建设，提高用海生态门槛，加强海岛、海湾生态保护和修复，提升资源环境承载能力，推动区域经济发展方式转变，实现区域环境生态融入区域经济社会发展，建设生产、生活、生态"三生融合"的海岛生态示范样板和美丽大湾区。三是打造全国陆海统筹发展示范区。立足示范区海洋资源优势，推进海域、海岛、海岸线等科学规划、合理利用和严格管控，促进海陆产业协同发展、基础设施互联互通、生态环境共建共保，结合国家海域综合管理创新试点，推进陆海统筹开发试点，加强海岸带综合保护与利用。四是打造全国海洋新兴产业发展示范区。把培育壮大海洋新兴产业和转型升级海洋传统产业，争取构建涵盖三次产业的生态型现代海洋产业体系，作为示范区持续推进的重点任务。大力发展港航物流、海洋生物医药、海洋新能源、海洋旅游和海洋现代服务业，突出科技创新和低碳绿色。

### （三）注重以工业区资源发展海洋经济

细数温州蓝色经济，可以看到：近年来，尤其是党的十八大以来，温州海洋经济发展取得显著进步，海洋经济总量位居全省第二；全市实现海洋生产总值已超千亿元，较往年实现了大幅增长，占温州市地区生产总值的 20% 左右。近年来全力提升产业平台能级。推动温州海洋经济发展示范区跨越式发展，高水平建设温州湾新区，加速重大项目集聚、主导产业做强、综合实力跃升。推进开发区与高新区"双区联创"，推动温州高新区、经开区排名继续前移，支持乐清、瑞安开发区争创国家级开发区。积极创建海峡两岸大健康产业园。规划建设一批专业化园区、小微企业园和基础配套产业园，打造特色小镇升级版。主动对接甬舟温台临港产业带建设，编制实施行动方案，加快培育临港先进制造、绿色化工等海洋经济新增长点。坚决打好新一轮"腾笼换鸟、凤凰涅槃"攻坚战，大力推进老旧工业区、旧村"双改融合"，改造提升低效工业用地 1 万亩以上。

### （四）积极引导民间资本投身海洋经济、参与海洋保护

温州市积极引导民间资本深层次进入海洋经济开发领域，进一步鼓励支持民间资本以独资、合资、合作、联营、项目融资等方式，发展港口物流、战略物资储运、石化、海洋装备、海洋新能源、海洋生物医药、滨海旅游、现代渔业等海洋产业，参与对海洋空间资源的集中连片开发；鼓励民间资本进入海洋教育、海洋科研等领域，给予和国有资本同等的优惠待遇；规范民间资本进行无居民海岛等领域的开发。与此同时，为尽快解决阻碍民间资本进入海洋经济开发领域的体制性问题，政府主要发挥规划、监管和杠杆功能，为民间资本进入海洋经济开发领域建立公平有序的竞争环境和良好的通道，强化相关具体的制度安排和运行细则等制定，保持政策的持续性和联动性。加大对民间资本投入海洋生态保护的支持，提升民资对蓝色海湾整治、岸线整治、沙滩修复、生态廊道建设等生态项目投资的热情。按照示范区基础设施建设和公共服务需要，兼顾资源有效配置及项目合理布局，优先选择收费定价机制透明、有稳定现金流的项目建立示范区 PPP 项目储备库。创新 PPP 模式，深化与 BOT、BOO 等模式贯通研究，积极探索在 PPP 项目中发展混合所有制。温州市全力支持涉海民营企业做大做强，积极引进国内外行业领军型企业，吸引产业链高端环节的创新型企业落户，加快形成涉海领军企业、高成长型企业和"专精特新"企业梯队，培育一批具有较强竞争力的民营企业集团。加大涉海民营企业投融资服务支持力度。鼓励涉海产业领域的军民融合，发展壮大相关企业。

## 四、洞头区开展蓝碳试点的战略举措及治理经验

习近平总书记指出："要着力推动发展方式绿色低碳转型，提升生态文明建设水平。"[①]"蓝碳"概念源自2009年联合国环境规划署等联合发布的《蓝碳：健康海洋固碳作用的评估报告》，特指利用海洋活动及海洋生物吸收大气中的二氧化碳，将其固定及储存在海洋中的过程、活动和机制。红树林生态系统服务功能强，具有固碳、防风消浪、净化水体、维持生物多样性等作用，是国际公认的三大滨海蓝碳生态系统之一，在减缓全球气候变化和碳循环过程中起到至关重要的作用。基于此，2022年下半年，温州市陆续印发《温州市科技兴海暨蓝碳创新行动方案》《温州市低（零）碳试点建设实施方案》，其中提到支持开展各类海洋蓝碳方法学研究，建立标准统一的调查评估规范化流程和信息共享机制，推进红树林碳汇试点建设。对此，洞头区坚持以"八八战略"为总纲，锚定"海上花园"建设目标，推动"两山"理念在海岛实践创新，开展以蓝色海湾整治为代表的海洋生态修复，让碧海蓝天也成为金山银山，走出一条海岛生态共富的可持续发展之路。投资超过9.27亿元打造"沙滩修复、渔港疏浚、廊道建设、破堤通海、十里湿地、生态海堤、退养还海"等标志性工程，形成了具有温州特色、洞头特色的战略举措及具有可推广性的治理经验。

---

① 《习近平在听取陕西省委和省政府工作汇报时强调　着眼全国大局发挥自身优势明确主攻方向　奋力谱写中国式现代化建设的陕西篇章》，《人民日报》2023年5月18日。

就战略举措而言，主要有以下 4 个方面。

### （一）通过自然修复恢复海洋生态系统

洞头区坚持尊重自然，坚持保护优先、自然恢复为主，修复海洋生态。在海上，开展"退养还海"，全面清退传统网箱 6000 口，渔民通过转产转业成为捕鱼海钓体验游的从业者。在近岸，打造"十里湿地"，种植千亩红树林、百亩柽柳林，形成全国唯一的"南红北柳"生态交错区，构筑了潮间带，增加了生物多样性。筑巢引鸟，吸引了黄嘴白鹭等 79 种鸟类栖息繁衍。在港湾，实施"渔港疏浚"，洞头、东沙两大渔港清淤 157 万立方米，水深平均提升 2.7 米，激发了渔港经济活力。在堤坝，实施"破堤通海"，建设"生态海堤"，重构后的灵霓大堤，让两片海重新连通，为瓯江流域的鲈鱼、凤尾鱼"让路"。将 15 公里硬化海堤进行立体式修复，形成滨海绿色生态走廊。通过蓝湾整治，海域一类、二类海水水质高峰时达到了 94.8%。

### （二）强化旅游融合塑造人海和谐新风尚

洞头区通过海洋生态廊道建设，建成 23 公里的滨海旅游走廊，把仙叠岩、半屏山等分散的景区串点成线。修复 10 个沙滩，面积达 15 万平方米，累计修复岸线 22.76 公里，有力推动从"岛上游"向"海上游"拓展。积极发展沙滩经济、海上运动，引进国家海上国民休闲运动中心，推进国际邮轮与国内游轮"双轮"驱动，建成帆板帆船、沙滩排球等滨海运动基地。依托海洋文化、闽瓯文化特色，每年举办妈祖节、七夕成人礼、放生节等活动，打造"中国摄影岛""中国诗歌之岛"，让洞头成为养心之旅目的地。近 5 年，全区接待游客、旅游总收入年均分别增长 20% 左右，先后创成首批省级全域旅游示范区、省海岛公园。

### （三）突出创新实践强化海湾修复技术支撑

洞头区开展海岛海湾修复关键技术研究与应用，研发"南红北柳"湿地构建、"生态岸线"提升修复、"美丽渔村"综合整治3项典型生境整治修复技术，并付诸实践。在全国率先出台了蓝色海湾指数，构建8个方面16个指标体系，被专家认定为评价海湾整治成效的标准。同时，在洞头成立中国太平洋学会蓝色海湾研究分会，落户蓝湾国际论坛永久性会址，洞头区成为全国蓝色海湾整治修复建设工作的典型示范区、行业引领者。

### （四）法治护航构建多方参与体制机制

洞头区联动乐清、龙湾等五地法检两院，发布浙江首个海湾生态司法保护协作机制，扩大了海湾保护圈。落实湾滩长制度，"以湾统滩、以滩联湾"，68个湾滩全面覆盖，"海霞妈妈"等志愿者队伍参与生态治理，保护美丽蓝湾成为全民自觉行动。

就治理经验而言，主要有以下3个方面。

一是打通了"两山"转化新通道。洞头区通过实施蓝湾整治，利用生态"杠杆"来撬动产业振兴、海岛振兴。蓝湾一期惠及17个村2.5万人。例如，东乔渔村民宿从整治前的16家猛增至102家，床位957张，户均年收入达20万元，80%村民围绕沙滩做起乡村旅游业，直接带动700多人就业，农房年租金涨了25倍，2020年入选中国美丽休闲乡村、2021年入选国家级充分就业社区。2021年，洞头城乡居民人均可支配收入分别达56775元和36009元，近5年平均增长8.1%和9.7%，城乡收入比缩小至1.58∶1，均衡度排名全省前列。

二是激发了海洋经济新动能。洞头区通过实施蓝湾整治，带动了后方陆域开发，激活古渔村，形成15个精品民宿村落，全区共有民宿539家、床位5653张。近5年，洞头区吸引30个重大招商项目落地建设，社会投资占比从 31% 攀升到了 77%。

三是树立了海湾修复新样板。洞头区在滨海湿地、沙滩、生态岸线等修复方面集成一批原创性成果，已经在浙江、福建、广东等多地海岸线修复项目中得到应用，2021 年成为浙江唯一入选生态环境部"美丽海湾"提名案例。2022 年，洞头继续把蓝湾经验向全国推广，入选浙江省高质量发展建设共同富裕示范区第一批最佳实践。

## 第三节　在美丽乡村建设中把绿水青山变成金山银山

习近平总书记指出："我们既要绿水青山，也要金山银山。宁要绿水青山，不要金山银山，而且绿水青山就是金山银山。我们绝不能以牺牲生态环境为代价换取经济的一时发展。我们提出了建设生态文明、建设美丽中国的战略任务，给子孙留下天蓝、地绿、水净的美好家园。"[1]温州着力在持续打造共同富裕示范标杆的同时，着力营造有利于人民生产生活的宜居环境，始终坚持"两山"理念，并以此加速推进美丽乡村建设。

### 一、依托乡村优美生态建设高效生态农业强市

习近平总书记强调："坚持绿色是农业的底色、生态是农业的

---

① 习近平：《论坚持人与自然和谐共生》，中央文献出版社 2022 年版，第 40 页。

底盘。必须摒弃竭泽而渔、焚薮而田、大水大肥、大拆大建的老路子，实现农业生产、农村建设、乡村生活生态良性循环，生态农业、低碳乡村成为现实，做到资源节约、环境友好，守住绿水青山。"①在依托乡村优美生态建设高效生态农业强市建设方面，温州具有亮眼表现。温州以乡村振兴示范带建设为主抓手，高标准、高质量推进乡村振兴。围绕"产业兴旺、生态宜居、乡风文明、治理有效、生活富裕"总要求，依托乡村优美生态建设深入推进高效生态农业强市建设。其举措主要包括以下 3 个方面。

### （一）龙港、洞头、瑞安立足渔港资源多样性优势不断丰富既有"鱼仓"

温州发挥种业优势、浅海优势、民营资本优势、龙头企业优势，多渠道、快速度、全方位实现水产养殖产量翻番的目标，鼓励捕捞业转型升级，鼓励龙头企业拓展一产领域，支持集海产收购、海上加工、冷藏销售于一体的现代化海上移动加工中心建设，复制推广船上超低温速冻设备，推进海产品精深加工产业技术革命。瑞安北麂岛海域海洋牧场获批国家级海洋牧场示范区称号，人工鱼礁建设即将获中央补助 2000 万元，三大国家级海洋牧场示范区建设完成，温州市洞头—瑞安—平阳海洋牧场示范区连片发展初步形成。2023年以来，海洋牧场示范区放流大黄鱼、黑鲷、厚壳贻贝、黄姑鱼等苗种 1.15 亿单位。深入推进河口渔业资源养护综合改革试点工作，实施高质量增殖放流、资源调查与管护效果评估、河口增殖站建设、护渔队建设等，打造好温州样板；深度谋划现代化海洋牧场建设，

---

① 习近平：《加快建设农业强国　推进农业农村现代化》，《求是》2023 年第 6 期。

因地制宜做好规划，推动实现生态健康、资源丰富、产品安全的现代海洋渔业生产。积极推动国家级渔港经济区建设项目申报，深入推进水面、陆域、岸线的联合滚动开发，延伸渔业产业链，带动休闲渔业、滨海旅游、渔区民宿、海鲜餐饮、加工贸易、冷链物流等多元化产业发展。

### （二）苍南县打造海改样板实现养殖用海"三权分置"改善乡村生态

苍南县大渔湾紫菜养殖每年需要重新更换竹竿 33 万根左右，部分养殖户为了减少成本，对插在海涂上的竹竿采取只截取海平面上面的竹竿，海平面下面的竹竿则留在养殖海域，废弃竹竿留在养殖海域给海洋生态环境带来了极大的破坏，不仅改变了海流的自然状态，也给海面上渔船航行埋下严重的安全隐患。为鼓励养殖户主动拔掉养殖海域里的废弃竹竿，苍南县每年财政支出 230 万元左右，拔掉每根废弃竹竿给予财政补助 7 元，明确养殖海域废弃竹竿"谁拥有，谁清理"的责任，大大保护了养殖海域的生态环境。2020 年开始，苍南探索用玻璃钢插杆代替原有的竹竿养殖紫菜，实行玻璃钢企业先行投入玻璃钢插杆，再以租赁的方式给养殖户使用，租金不超过养殖户每年竹竿的成本投入，从根本上解决了废弃竹竿对养殖海域生态带来的破坏。养殖用海"三权分置"改革后，沿海村集体经济迅速发展壮大，基础设施投入明显增加，村容村貌焕然一新，滨海旅游产业快速崛起。

### （三）永嘉县坚持推进科技惠农相关政策全面完善生态产品价值实现机制

近年来，永嘉县完成"浙农经管"系统资产资源模块数据归集工作，全面收录全县所有村社资产资源，建立名录清晰、权属明确的农村资产资源"活台账"。完成"一宗一码"溯源机制建设，以二维码记录产权交易项目的权属情况、交易过程、溢价率等重要信息，完成"农村产权信息超市"迭代升级，分类集成土地林地资源、村集体经营性资产、三产安置项目、其他产权四大交易板块，为打造生态农业奠定资源基础；同时积极发挥科技创新作用，立项农业科技项目10项，推荐申报市级"山区五县"科技项目2项；组织开展2021年度GEP核算工作，成立永嘉县生态资源开发运营有限公司（"两山合作社"），编制完善永嘉县"两山合作社"试点实施方案，并积极谋划"两山"项目；充分发挥电商优势，全年组织开展农村电商专题实操培训和高级孵化培训21期，累计培训各类电商实操人才超2000人次，举办2022永嘉县"年货节"活动、"永嘉农特优品"助农直播促销等系列活动，打造了4个特色产业村的"一村一品"线上专题品牌馆，同时开展了源头村"同游源山渡，共庆丰收节"主题活动、行禅村乌牛早开采节等系列产业村推广活动。

## 二、大力发展绿色大项目，构建城乡生态宜居美好环境

习近平总书记指出，要"推进乡风文明，加强乡村环境整治和生态环境保护"[①]。在通过大力发展绿色大项目支撑起城乡生态宜居美好环境方面，温州市有着丰富的经验。近年来，温州加快构建新能源产业"核风光水蓄氢储"全链条，签约落地金风科技海上风电、瑞浦新能源制造、比亚迪动力电池、伟明盛青锂电池新材料、运达

---

①《习近平在广东考察时强调　坚定不移全面深化改革扩大高水平对外开放　在推进中国式现代化建设中走在前列》，《人民日报》2023年4月14日。

风电、远景风电等重大产业项目，泰顺、永嘉抽水蓄能电站项目开工建设，三澳核电一期加快推进。具体而言，在县域层面也形成了以下3个方面的经验。

**（一）平阳县以"大抓项目、抓大项目"有力推进山区县经济转型升级**

平阳县始终坚持"一切围着项目转、一切盯着项目干"，着力打造项目集聚、项目攻坚、项目保障"三大高地"，持续为扩投资、优结构注入源头活水，有力推进山区县经济转型升级。具体举措包括：在"飞地"招商，获取先发优势方面，在北上广等19个重点区域组建"飞地"招商分中心，选派百名优秀干部驻点招商，实时捕捉一手招商信息并上报，由县委、县政府"一把手"及时跟进，亲自带队上门招商，把"信息优势"转为"战场胜势"；在"链式"招商，用足集群效应方面，聚焦智能装备、新材料、时尚轻工三大主导产业，重点谋划补链延链强链项目56个、总投资超600亿元，建立"一链一链长一链办"，由县领导担任链长，大力实施产业链精准招商；在以空间"换"能源，为项目落地蓄足动能方面，深入推进国家级整县屋顶分布式光伏开发试点建设，出台"自发自用、余量上网"分布式光伏项目0.1元/千瓦时的补助激励政策，逐步推进工业厂房、园区房屋顶光伏全覆盖，实现厂区"绿色供能"。

**（二）文成县以珊溪水库项目以渔保水，谱写库区生态建设新篇章**

温州珊溪水库是浙江省供水受益人数最多、规模最大的大型集中式饮用水水库。文成县与温州市公用事业发展集团有限公司合作，坚持习近平生态文明思想的科学指引，以"八八战略"为统领，贯彻绿水青山就是金山银山理念，紧紧围绕温州市委、市政府的部署，立足区域生态优势，制定珊溪水库生态保水渔业"十四五"发展规划，以提质增效、稳量增收、绿色发展、富裕渔民为目标，深入推进保水渔业产业化、可持续化发展，提升饮用水源保护和扶持库周村集体经济建设能力，打造以渔保水、以渔净水、以渔富民的发展新模式，实现水域生态保护和渔业生产相协调。在发展策略上坚持建立机制，固化成效，端好生态金饭碗：实行科学增殖放流，委托第三方机构调查评估珊溪水库水质状况、渔业资源库存量和水生物总量等，根据评估结果，制定年度渔业资源增殖放流方案，组织鱼苗采购、送检、验收和分批投放，维持水体内渔业资源总量稳定，提升水生生物自我净化能力；以渔养水，创新生态治理模式：通过实施保水渔业，定期向库区投放滤食性鱼类，以鱼净水、以鱼控藻，科学轮捕轮放，不断改善库区鱼资源结构，有效提高水体净化能力，形成以生态治理为主、人工管护为辅的水源保护新模式。

**（三）泰顺县发挥茶资源优势构建多产融合茶园"网红村"**

泰顺县招引总投资 12 亿元的万排中国美丽茶园项目，以企业投入、政府配套模式，改造提升茶厂房 6800 平方米，停车场、茶园驿站 2000 平方米，完成 3 公里彩色沥青骑行道、亲子娱乐区、醉心茶堂、露营平台 4 处基地配套设施建设，以及茶园道路基础建设。同时，以产业发展为核心，通过动员乡贤主动回乡创业、聘请专家到场指导，发展茶园种植 30 多亩，带动低收入农户 30 余户。与茶企探索实践"村企共建"路径，科学制定入股分红标准和低收入农户就业机制，形成"村集体 + 合作社 + 农户"及"企业 + 农户"的新合作模式，每年能为村集体经济增收 8 万元，茶叶收入约占当地村民人均总收入的 60%。打造从茶叶种植到产品生产销售全产业链的"智慧茶园"数字化场景，并全力推进茶文化展示馆、茶博馆等系列场馆建设，着力打造集"农业、加工、旅游"于一体的文旅产业融合共富示范基地。

## 三、以文成县为主阵地加强绿水工程助推水美城乡建设

在加强绿水工程助推水美城乡建设方面，文成县是温州市的突出代表。文成水资源丰富，是温州人民的"大水缸"。近年来，文成县深入践行绿水青山就是金山银山理念，始终坚持水环境保护和水资源开发"齐头并进"，努力走出一条以水为美、因水而兴、向水而为的跨越式高质量发展之路，并发挥自身丰富的生态旅游资源和侨乡文化资源优势，紧紧抓住省市大力扶持山区县跨越发展的机遇，努力推动绿色发展实现新的跃升，其举措主要包括以下3个方面。

### （一）守好"一缸净水"打造治水典型示范

为了守好"一缸净水"，文成以壮士断腕的决心、超常规的力度集中攻坚，用一年半的时间完成了五年的整治任务，全县生猪规模养殖当量从近20万头削减到0.85万头，以规模养殖彻底退出历史舞台的代价，换来了库区受污染支流水质从十几年来的劣Ⅴ类到Ⅱ类的大提质，守住了飞云江水质位居全省八大水系之首的底线；从2012年开始，以整村、整乡搬迁或跨区域搬迁的方式推动库区人口迁移，逐步减少库区集雨区内人口数量。同时，统筹推进养殖户转产转业和移民就业，并在近5年投入8亿元实施城镇管网改造工程，完成污水管网改造约390公里，建成全域污水零直排区，大幅提高了城镇污水接户率。与此同时，投资5900万元全面加强城镇污水处

理厂改造维护，出水稳定达到省定标准。着眼农业面源污染治理，有序组织开展茭白种植整治，引导发展"稻菇轮作""稻渔共生"等生态农业。

### （二）着力优化"水环境"交出护水高分答卷

文成坚持综合治理，率全省之先建立"县、乡、村"三级河长制和公安河道警长制，实行一河一策，推行飞云江五级、泗溪河四级、74条河道三级河长的分级管理模式，深入实施河道保洁、水域保护、堤防养护、村卫管理、绿化维护、封岸育水"六位一体"的河道长效管理，向社会招募民间河长572名，累计发放49.9万个"绿水币"，发动群众持续参与全县790公里通镇过村主要河道网格化常态化管理，确保河道整洁畅通；聚焦重点区块、重点线路，集中抓好滨水绿道改造、滩地治理提升、滨水公园改造，滨水景观节点等重点建设内容，着力打造亮点工程；按照"点上精致、线上出彩、面上美丽"要求，把治水工作与国家生态文明示范县、全域景区化、美丽城镇、美丽乡村建设等工作进行有机结合，统筹推进，铺绘全域秀美山水画卷。

### （三）大力培育"水经济"迈出兴水坚实步伐

文成以生态为基底，活化生态资源价值，实现了从因水受困到借水行舟，实施"全域景区化"战略，推进全县旅游发展总体规划与"全域治水"行动计划无缝对接，着力打造水美旅游；依托优质水源，以构建百亿级食品饮料产业集群为目标，建设打造浙江首个水经济产业园——文成白鹭洲水经济产业园；积极响应国家"双碳"行动号召，进一步挖掘水能源，把文成抽水蓄能电站作为文成绿色跨越的战略性、支撑性、标志性重大项目予以推进，项目总装机容量120万千瓦，年平均发电量12亿千瓦时，总投资约82亿元，成功列入国家抽水蓄能"十四五"重点实施类项目。

## 四、不断推进和美乡村建设

中国要美，农村必须美。党的二十大报告提出，要"全面推进乡村振兴"，"统筹乡村基础设施和公共服务布局，建设宜居宜业和美乡村"。[①]全面建设社会主义现代化国家，最艰巨、最繁重的任务依然在农村，建设宜居宜业和美乡村是全面推进乡村振兴的一项重大任务。习近平总书记强调："农村现代化是建设农业强国的内在要求和必要条件，建设宜居宜业和美乡村是农业强国的应有之义。"[②]在不断推进和美乡村建设方面，温州市也取得了多方面成效。

### （一）龙港市以农村社区化改革为牵引推动"农村"到"城市"的蝶变

龙港市坚持以新型城乡社区建设撬动城市发展，以百年大计理念抓城市建设管理，力求探索全域农村社区化改革、探索国土空间规划改革、加快公共服务优质共享、加快基础设施整体共建、加快全域环境城乡共治，实现从"农村"向"城市"跨越。具体举措包括：高质量完成全域 73 个行政村改社区，统筹推进城乡一体化，有序引导城乡人口，优化产业布局和资源配置；编制"1+1+N"城

① 习近平：《高举中国特色社会主义伟大旗帜　为全面建设社会主义现代化国家而团结奋斗——在中国共产党第二十次全国代表大会上的报告》，《人民日报》2022 年 10 月 26 日。
② 习近平：《加快建设农业强国　推进农业农村现代化》，《求是》2023 年第6 期。

市规划体系，构建"一轴一带一新城"发展格局，实施"老城复兴""新城崛起"三年行动，引入华润置地连片开发滨江核心区，加快打造舥艚渔港风情小镇等十大亮点工程，加快建设市人民医院、龙湖北湖湿地公园等百项千亿重点工程，打造高品质生活空间和现代化滨海特色新区；深化全域市民化改革，每年投入80%以上财政收入用于民生事业，全面推进教共体、医共体、养共体、文共体、公交一体化建设，开发"共富加油站"特色应用，探索走出"全域城市化、就地市民化、服务均等化"的龙港共富路径；坚持全域整治、全域统筹、全域推进，联动开展文明城市、卫生城市和生态文明示范城市创建，实施"金边银角"开发利用工程，打造省级特色精品村3个、省级未来乡村3个、乡村振兴示范带3条，城乡面貌加速蝶变。

### （二）瑞安市坚持深化"三位一体"综合合作改革助力农业农村现代化

瑞安市以"生产、供销、信用"三类合作组织一体化为改革原点，深入探索"金融、流通、技术"改革外延，推动生产合作提质增效、供销合作做强做大、信用合作绿色健康发展。具体措施包括：在建构金字塔型农合组织方面，出台星级农民合作社评定与监测等办法，培育壮大农民合作社1084家，其中12家获评国家级、省级示范合作社。推动农民合作社再联合，组建10个乡镇农合联以及水稻、花椰菜等4个产业农合联。以合作社为主体，动态吸纳家庭农场、农业龙头企业、大型央企、金融机构等涉农组织，构建立体开放、多元复合的县级农合联组织，实现农合联实体化、规范化运行；在打造集成式为农服务中心方面，将为农服务中心作为社会化服务的重要载体和有效抓手，依托乡镇农合联搭建功能集成、区域全覆盖的特色为农服务中心 10 个，满足小农发展一般共性需求；在降本增效帮农促富方面，统一向合作社提供低成本的在线服务，降低农事支出和资金使用成本，提升农产品品质和议价能力。

### （三）乐清市以"一棵仙草"带动乡村振兴生动实践

乐清市坚守绿水青山就是金山银山理念，充分发挥区域内山区生态优势，全面挖掘铁皮石斛这棵"仙草"的宝贵资源，大力发展铁皮石斛产业，实现种植面积从 2003 年不足 10 亩扩大到 1.2 万亩，形成产销旅一体化的全产业链，石斛鲜品、加工品分别占全国总产量的 30%、80%，总产值达 31 亿元，成为"全国农村一二三产业融合发展先导区"，获得"国家铁皮石斛生物产业基地""中国铁皮石斛之乡""中国铁皮石斛枫斗加工之乡"和"国家地理标志产品"4 张"国字号"金名片。具体措施包括：在做实政策扶持方面，出台《乐清市人民政府关于加快铁皮石斛产业发展的若干意见》，成为国内首个县级扶持铁皮石斛产业发展的政策文件，从种苗培育、种植加工等环节进行大力扶持，有力推动石斛种植业、加工业快速发展；在强化科技赋能方面，通过与科研院校合作方式，建立"国家中医药管理铁皮石斛品种选育与生态栽培重点研究室""铁皮石斛院士工作站"等科研平台，推进品种选育、种苗繁育、种植环节等方面的创新发展，有力提升石斛产品品质；在多途径推进农民增收方面，通过"企业＋基地＋农户"经营模式，创新村企共建、"三金"共富模式，由村集体统一流转土地入股企业，村民固定收取土地租金、分享入股分红股金和参加劳动领取酬金，实现村民多途径增收。

# 第四节 推进环境污染治理卓有成效

《中共中央关于党的百年奋斗重大成就和历史经验的决议》强调："生态文明建设仍然是一个明显短板，资源环境约束趋紧、生态系统退化等问题越来越突出，特别是各类环境污染、生态破坏呈高发态势，成为国土之伤、民生之痛。如果不抓紧扭转生态环境恶化趋势，必将付出极其沉重的代价。"[1]习近平总书记指出，要"坚持精准治污、科学治污、依法治污，持续深入打好蓝天、碧水、净土保卫战"[2]。温州着力营造有利于人民生产生活的宜居环境，始终坚持多措并举治理污染，努力持续推进生态文明建设，不断加快绿色温州建设。具体而言，温州市坚持多措并举治理环境污染，在新时代新征程上，创造了绿色温州建设的优异成绩。

## 一、生态环境保护修复持续进行

生态环境是关系党的使命宗旨的重大政治问题，也是关系民生

---

① 《中共中央关于党的百年奋斗重大成就和历史经验的决议》，人民出版社2021年版，第51页。

② 习近平：《高举中国特色社会主义伟大旗帜 为全面建设社会主义现代化国家而团结奋斗——在中国共产党第二十次全国代表大会上的报告》，《人民日报》2022年10月26日。

的重大社会问题。①习近平总书记指出："生态环境修复和改善，是一个需要付出长期艰苦努力的过程，不可能一蹴而就，必须坚持不懈、奋发有为。"②温州生态环境保护修复工作持续进行，主要表现为不断提升全域法治化水平，稳步加强乡村振兴示范带建设，持续推进农业绿色转型发展，扎实推进美丽河湖建设，等等。温州通过一系列生态环境保护修复战略举措的实施落地，环境污染治理成效显著，生态环境保护修复工作得到大力加强。温州生态环境保护修复工作持续进行并产生了实实在在的效果，夯实了温州人民美好生活的绿色底蕴，渲染了温州人民生活、工作、创业的"绿水青山、温润如玉"的优美绿色环境，成就了高质量发展的绿色大美温州。

### （一）提升全域法治化水平

温州全面深化基层综合行政执法体制改革，强化基层执法队伍建设，推行综合执法。统筹配置执法资源，推动解决执法队伍混编混岗问题，健全常态化培训机制。加强综合行政执法信息化建设，全面落实行政执法公示、执法全过程记录和重大执法决定法制审核"三项制度"，构建全闭环执法监管体系。打响"绿剑"执法品牌，加强日常执法监管，联动推进农产品质量安全、农资、动植物卫生、渔业（长江禁捕）等领域违法行为查处。高质量打造"基层治理四平台"，深化"全科网格"建设，加快构建乡村社会治理共同体。深入推进清廉村居建设，强化对农村"三资"管理、征地拆迁、土地审批、工程招投标等重点领域小微权力运行的全过程监督。加强农

---

① 《习近平新时代中国特色社会主义思想学习纲要（2023年版）》，学习出版社、人民出版社2023年版，第223页。

② 习近平：《努力建设人与自然和谐共生的现代化》，《求是》2022年第11期。

村公共法律服务供给，落实一村一法律顾问制度。到 2025 年实现全科网格全部达标，省级善治村占比达到 50%。

### （二）加强乡村振兴示范带建设

永嘉县政府投入 4000 多万元，建设楠溪源头美丽河湖项目，对源头村至前溪村河道两岸约 11 公里的景观进行全面提升，打造了源头村和前溪村的滩林、亲水绿道、防洪坝、游步道等。2020 年，又投入 450 万元，对溪口村至岩坦村约 2 公里的道路两侧进行景观提升。"楠溪古韵乡村振兴示范带"列入"山水雁楠乡村振兴跨区域精品带"，受到市、县两级政府的高度重视，岩坦镇干部和群众凝心聚力，立足当地自然资源禀赋和产业特点，因地制宜创造性地开展工作，使"楠溪古韵乡村振兴示范带"呈现出不少令人瞩目的创新亮点。

### （三）推进农业绿色转型发展

温州实施农业领域碳达峰专项行动，把农业领域率先实现碳达峰作为绿色发展的核心目标任务。鼓励和引导耗能高、污染重、安全性能低的农机加快淘汰升级，开展海洋捕捞渔船清洁生产改造，大力推广农光互补、"光伏 + 设施农业"、"海上风电 + 海洋牧场"等低碳农业模式，合理利用生物质能、地热能，逐步减少设施农业对化石燃料需求，推进大棚、冷库等设施农业能源自发自用。推进"肥药两制"改革，推行肥药实名购买制度和肥药定额施用制度，建立投入品增减挂钩制度，完善废弃包装回收处理体系，加强农业资源循环高效利用，严格农业生态环境保护修复。完善畜禽养殖污染防治配套措施，深化推进病死动物无害化处理场和集中收集点建设，实现保险联动机制覆盖率 100%、无害化处理率 100%。建设渔业标准化、健康化示范基地，引导生产者按照渔业行业标准和管理规范组织生产。大力发展深水抗风浪网箱养殖，推广发展稻渔综合种养。到 2025 年，"肥药两制"改革实现县域全覆盖，确保规模农业生产经营主体"肥药两制"改革覆盖率 90% 以上，高质量培育"肥药两制"改革试点主体 1000 家以上，实现"一主体一生产一评估报告"，建成 4 个省级"肥药两制"改革试点县。

### （四）推进美丽河湖建设

温州全域推进"百江千河万溪水美"工程，全面改善河湖生态环境，重点要打好水污染防治攻坚战，加快推进河湖生态修复提升，实现水清景美。全面提升河湖休闲惠民品质，大力推进河湖文化景观提升，积极创建河湖型水利风景区。探索推行河湖标准化管理，落实美丽河湖建设与管护的专门机构、人员及管护经费等，进一步强化市、县、乡、村四级河（湖）长在美丽河湖建设与管护中的协调、监督责任与履职考核，推进河湖管理向数字化转型，实现高效管护。到 2025 年，建成 10 条县域美丽母亲河、100 条（片）以上特色美丽河湖、1000 条（片）以上乡村美丽河湖，以美丽河湖串联起美丽城镇、美丽乡村、美丽田园，基本形成"一村一溪一风景、一镇一河一风情、一城一江一风光"的全域大美河湖新格局。

## 二、坚持统筹山水林田湖草沙系统治理

生态是统一的自然系统，是相互依存、紧密联系的有机链条。[①]习近平总书记指出："要坚持系统观念，从生态系统整体性出发，推

---

[①]《习近平新时代中国特色社会主义思想学习纲要（2023 年版）》，学习出版社、人民出版社 2023 年版，第 228 页。

进山水林田湖草沙一体化保护和修复，更加注重综合治理、系统治理、源头治理。"①温州深化农村人居环境整治，聚焦智治善治，打造农村基层治理的先行示范样板。

牢固树立大抓基层的鲜明导向，持续盯牢突出问题，全面推进乡村治理体系和治理能力建设。统筹山水林田湖草和海洋系统治理，高质量抓好农村人居环境全域提升。深化农村生活垃圾、污水、厕所"三大革命"，实现农村无害化卫生户厕全面普及，农村生活污水运维信息化监管平台全覆盖，农村生活垃圾分类处理建制村实现全覆盖。深入开展农村人居环境"两最三比"活动，完善农村人居环境整治常态长效治理体系。

全面推行河长制、湖长制、滩长制、湾长制和田长制，提升农村生活污水、生活垃圾和农膜回收处理水平。推行农村公厕专人负责制，加强农村生活污水设施运维管护。以保护和发展森林资源为目标，全面建立林长制，市县乡村设立四级林长，形成党政同责、属地负责、部门协同、全域覆盖、源头治理的长效责任体系。开展"一村万树"行动，加强房前屋后、村庄四周、道路两旁等的绿化彩化，建设具有乡村特色的美丽景观。

---

① 习近平：《努力建设人与自然和谐共生的现代化》，《求是》2022年第11期。

# 第八章

# 温州特色党建推动全面从严治党取得显著成效

党的十八大以来，温州市深入贯彻落实习近平总书记关于党的建设的重要思想特别是对温州党建工作的重要指示批示精神，不断开拓创新特色党建，充分发挥党建在各地区、各领域、各部门的引领作用，推动全面从严治党战略部署在温州取得显著成效，主要体现在五个方面：一是坚定捍卫"两个确立"，坚决落实党中央重大决策部署；二是以"发挥实质作用"批示为向导引领打造非公党建温州样板；三是以"两个分量"等主题党建促进农村现代化；四是以"瓯江红"党建品牌引领温州城乡协调发展；五是形成移风易俗与全面从严治党相结合的温州党建经验。在新的历史起点上，温州坚定不移推进全面从严治党，有力引领推动温州各项工作取得了新进展、新成效，奋力谱写了新时代温州党建的新篇章。

## 第一节　坚定捍卫"两个确立"，坚决落实党中央重大决策部署

党的十八大以来，温州历届市委充分贯彻中央精神，坚决落实党中央重大决策部署，同时秉承习近平同志在浙江工作期间关于党的建设重大部署，一张蓝图绘到底、一任接着一任干，不断把温州党的建设推向前进。多年来，温州市委高举习近平新时代中国特色社会主义思想伟大旗帜，坚持把践行习近平总书记关于党的建设重

要思想、习近平总书记关于全面从严治党的重要论述与习近平同志在浙江工作期间关于党的建设重要论述有机贯通起来，坚定不移推动全面从严治党，在增强"四个意识"、坚定"四个自信"、做到"两个维护"等方面做了大量的工作，为推动新时代中国特色社会主义在浙江的生动实践提供了坚强保证。

## 一、增强"四个意识"、坚定"四个自信"、做到"两个维护"

始终坚持旗帜鲜明讲政治。坚持以政治建设为统领，教育引导广大党员干部增强"四个意识"、坚定"四个自信"、坚决维护党中央权威和集中统一领导。凡是中央有新部署新精神，都迅速传达学习，不折不扣贯彻落实。突出加强思想理论武装，大力推进学习型党组织建设，第一时间开展习近平新时代中国特色社会主义思想集中轮训。党的十八大以来，温州在党的群众路线教育实践活动、"三严三实"专题教育、"两学一做"学习教育、党史学习教育、习近平新时代中国特色社会主义思想主题教育中，始终把增强"四个意识"、坚定"四个自信"、做到"两个维护"摆在学习教育的首位。全市党员干部普遍受到了深刻的马克思主义教育和党性洗礼，不断强化增强"四个意识"、坚定"四个自信"、做到"两个维护"的政治自觉、思想自觉和行动自觉。

增强"四个意识"、坚定"四个自信"、做到"两个维护"，关键是要把增强"四个意识"、坚定拥护"两个确立"、坚决做到"两个维护"转化为温州全面深化改革的战略定力和行动自觉。长期以来，温州深刻把握党和国家政治路线、全省全市战略目标，围绕全面深化改革的主题内涵、重大原则、目标牵引、重大举措和根本保证，坚定不移沿着习近平总书记指引的方向奋勇前进。在此方面，温州持续推动"八八战略"走深走实，加快实施"强城行动"，奋战奋进"三化四强五争"行动，以全面深化改革为根本动力，奋力谱写好中国式现代化温州新篇章，努力把增强"四个意识"、坚定"四个自信"、做到"两个维护"转化为具体实践。

党的十八大以来，党和国家事业取得历史性成就、发生历史性变革，特别是全面从严治党取得举世瞩目的成就，根本原因就在于习近平新时代中国特色社会主义思想的指引。温州全市党员干部都一以贯之学习贯彻习近平新时代中国特色社会主义思想，始终将其作为首要政治任务，坚持读原著、学原文、悟原理，结合职能职责、结合正在做的事情反复学习，确保入脑入心、学深悟透、融会贯通。同时，紧紧围绕"十个明确""十四个坚持"，全面系统学习习近平新时代中国特色社会主义思想，注重把握党中央各项决策部署的整体性、关联性和协同性，为温州市改革发展筑牢思想根基，确保在思想上政治上行动上始终同以习近平同志为核心的党中央保持高度一致。在各级各类主题教育、活动、培训中，温州紧扣"不忘初心、牢记使命"的核心，强化全市党员干部坚守党的初心使命。通过学以致用结合工作实际和面临的任务，在学懂弄通做实上下功夫、在结合实际创造性贯彻落实上下功夫。通过深入学习，深刻认识习近平新时代中国特色社会主义思想的历史地位和丰富内涵，深刻把握贯穿其中的基本立场、观点和方法，深刻感悟蕴含其中的政治品格、价值追求和精神风范，增强"四个意识"、坚定"四个自信"，做到真信笃行，不断强化拥护核心、跟随核心、捍卫核心的思想自觉政治自觉行动自觉，不断增强做到"两个维护"的自觉性和坚定性。

## 二、温州践行"两个确立"的生动图景

中国特色社会主义进入新时代，温州始终坚持以习近平新时代中国特色社会主义思想为指导，深入学习贯彻习近平总书记考察浙江重要讲话精神，进一步动员温州市上下牢记嘱托、感恩奋进、实干争先，持续推动"八八战略"走深走实，全面推进"四大振兴"，做强做大"浙江省第三极"，真正把践行"两个确立"和温州市建设结合起来，把党的建设和温州市发展结合起来，奋力谱写中国式现代化温州新篇章。

习近平总书记始终情系浙江、关爱浙江，每到重要节点关键时刻都为浙江把脉定向、指路引航。2023年9月，习近平总书记亲临浙江考察时发表重要讲话、作出重要指示，赋予浙江"奋力谱写中国式现代化浙江新篇章"的新使命，具有重大政治意义、战略意义、时代意义。温州市深刻领悟习近平总书记考察浙江时的重要讲话的丰富内涵、精髓要义和实践要求，锚定省委提出的"六大坐标"，扛起使命担当，把总书记殷殷嘱托转化为干事创业的强大动力，形成了许多好的做法，在践行"两个确立"过程中呈现出生动图景。学习贯彻习近平总书记考察浙江时重要讲话精神，温州深刻把握把脉定向的思想引领力，进一步增强坚定拥护"两个确立"、坚决做到"两个维护"的政治自觉，紧跟总书记、奋进新征程、建功新时代；深刻把握全局擘画的战略牵引力，进一步增强持续推动"八八战略"走深走实的战略自觉，做好创造性贯彻落实、创新性转化发展；深

刻把握引领未来的实践穿透力，进一步增强在中国式现代化中续写创新史的使命自觉，当好"重要窗口"的建设者维护者展示者；深刻把握先行示范的时代感召力，进一步增强干在实处、走在前列、勇立潮头的精神自觉，再燃激情、再展雄风，再创民营经济新辉煌、再谱改革开放新篇章。

在践行"两个确立"的生动实践中，温州也探索出许多好的做法：一是始终坚持忠诚忠实，在做到"两个维护"上见行动显担当，始终在政治立场、政治方向、政治原则、政治道路上同以习近平同志为核心的党中央保持高度一致，推动党中央大政方针和决策部署在温州落地生根、开花结果。二是始终坚持对标对表，在加强党的全面领导上见行动显担当，充分发挥市委总揽全局、协调各方的领导核心作用，统筹兼顾谋大局，科学民主作决策，依法依规干工作。三是始终坚持政治立场，在贯彻落实群众路线上见行动显担当，全心全意为人民服务，一切依靠群众、一切为了群众，在富民、惠民、安民上下功夫，让群众共享改革发展成果。四是始终坚持履职尽责，在践行"两个确立"、坚持党的领导、深化全面从严治党上见行动显担当，以"四责协同"强化管党治党，以"两个担当"强化干部选任，以"四风"整治强化清廉建设，呵护风清气正的良好政治生态。五是始终坚持善作善成，在推动重点工作落实上见行动显担当，放眼"两个大局"，保持奋勇争先的气魄、改革创新的精神、担当实干的作风，加快构建新发展格局的"四梁八柱"，打造一批"重要窗口"重大标志性成果，努力交好十张高分报表，为全国全省大局作出温州贡献。

　　新时代以来，温州市坚持和加强党的全面领导、加强和改进党的建设，发挥自我革命精神，坚持以严的基调纵深推进全面从严治党。以全面从严治党增强践行正确政绩观的战略定力，点燃干部担当作为的奋斗激情，筑牢基层组织体系的稳固根基，巩固清廉温州建设的良好态势，加快打造勤廉并重的新时代党建高地和清廉建设高地市域样板，为谱写中国式现代化温州新篇章提供了坚强的政治、组织、制度保障。在推进全面从严治党的过程中，温州全市上下努力提高政治站位，切实把思想和行动统一到习近平总书记重要讲话精神上来，系统谋划、重点施治，不断取得党的建设的新成果和新胜利。

　　为深入推进新时代党的建设新的伟大工程，温州以调动全市党员干部积极性、主动性、创造性为着力点，进一步推动全面从严治党向纵深发展。党的领导是中国特色社会主义最本质的特征，是做好各项工作的根本保证。温州市委常委会每年听取 5 个党组工作情况汇报，是市委加强党的领导，发挥总揽全局、协调各方作用的一项重要制度安排，也是新时代条件下坚持党的集中统一领导的重要形式，旨在进一步加强和改善党的领导，充分发挥市委总揽全局、协调各方的领导核心作用。在政治建设方面，坚持党对一切工作的领导，不断增强"四个意识"、坚定"四个自信"、做到"两个维护"，认真履行把方向、管大局、作决策、保落实的职能，形成同心同向、聚焦发力的工作格局，推动温州改革发展务求更大成效，始终挺立在温州改革发展的第一线，不折不扣把中央和省、市委的各项决策部署落到实处；在思想建设方面，温州各级党组织坚持以习近平新时代中国特色社会主义思想武装头脑、指导实践、推动工作，携手推动新时代温州新发展，特别是把学习好、贯彻好中央纪委全会精神作为一项重要政治任务，不断将全面从严治党引向深入；在组织建设方面，持续加强高素质干部队伍建设，深入推进基层党建"强基固本、争先攀高"，大力实施"瓯越英才计划"，抓好经常性基础性工作，加快形成具有温州辨识度的组织工作成果；在作风建设方面，继续巩固"四风"整治成果，把解决"为官不为"问题作为重中之重，把推进改革攻坚作为重要抓手，把优化营商环境作为检验标尺，以干部作风变化带动各方面工作的大变化；在纪律建设方面，坚持把纪律和规矩挺在前面，深化标本兼治，保持反腐高压态势，以坚如磐石的信心巩固反腐败斗争压倒性态势；在制度建设方面，强化党建制度改革引领作用，持续擦亮"深化改革看温州"的党建品牌。要聚焦改革全局找准切口，强化对标对表，紧扣突出问题，聚焦民呼我为，优化重点改革方案生成机制，研究推出"牵一发动全身"举措，让改革成效可感可及。最后，温州各级党组织把管党治党作为最重要的政治责任来抓，推动全面从严治党主体责任落到实处，各级纪委协助党委履行好主体责任，责无旁贷地肩负起监督责任，推动党中央决策部署落地生根。

总体来看，温州各级党员干部认真学习贯彻习近平总书记关于党的建设的重要思想，以严的基调把全面从严治党推向纵深，坚定不移强政治、锻队伍、夯基础、聚人才，有力推动党的建设高质量发展。在新的历史起点上，温州牢牢把握新时代新要求，全面贯彻落实省委常委会专题研究温州工作会议和全市续写创新史、再创新辉煌、提速打造"全省第三极"动员大会部署要求，坚决扛起"奋进新征程"的使命,以全面从严治党工作的质效提升为全市中心工作保驾护航。

# 第二节 以"发挥实质作用"批示引领打造非公党建温州样板

温州作为中国民营经济重要发祥地,是非公企业发展的沃土。习近平同志在浙江工作调研温州民营企业时,曾寄语温州要"续写创新史"。2011 年习近平同志批示肯定温州非公企业党建工作,特别批示要求非公企业党组织发挥实质作用。2018 年 8 月,温州又获中央统战部、全国工商联批准创建新时代"两个健康"先行区。近年来,温州在"两个健康"先行突破改革实践中,聚焦习近平总书记重要批示精神,以非公党建为抓手,深入实施"红色动力"工程,充分发挥非公企业党组织实质作用,助力企业高质量发展,连续四年扎实推进、深化改革,取得一系列实践成果、制度成果和发展成果,以党建引领重塑民营经济新标杆。

## 一、温州非公党建取得丰硕成果

温州非公企业党组织在"发挥实质作用"上为全国非公企业树立了温州样板。截至 2022 年 10 月,温州共建立非公企业党组织 1 万多个、党员 5 万多名,规上工业企业组织覆盖率达 95% 以上。在非公企业党组织引领带动下,温州非公经济从小到大、从弱到强,非公企业已贡献了全市 90% 的税收、92% 的工业增加值、95% 的外贸出口、93% 的就业人员、99% 的企业数量，已成为促进全市经济社会发展的强劲动力。

2016 年，中组部《组工信息》专文刊发《温州非公企业党建发挥作用的"20 条"经验》；2021 年，全国非公企业党组织"发挥实质作用"研讨会在温州召开，2022 年，首部非公企业党建题材电影《红色动力》在院线上映。与此同时，温州认真贯彻习近平总书记在企业家座谈会上的重要讲话精神，以"发挥实质作用"为精神指引，大力引导民营企业家争当"四个典范"。一是首创非公企业党建"双强"指数，建立民营经济学院，让企业家传承红色基因，争做"爱国敬业"的典范；二是成立民营企业家健康成长促进中心，实施清廉示范五大工程，引导企业家争做"守法经营"的典范；三是推出温商名家培育行动，开展新生代"青蓝接力"工程，着力培育"创业创新"的典范；四是积极引导民营企业家助力共同富裕，探索"万企兴万村""创富共同体"等先富带后富、帮后富的新模式新路径，近 4 年每年引导百亿资本进乡村、促共富，打造了正泰"一米阳光"、森马"星星之火"等一批典型样板，树起了民营经济"回报社会"的典范。

## 二、温州非公党建的"四个坚持"

近年来，在发展非公有制经济方面走在前列的温州市，围绕非公党建作了大量十分积极有益的探索，不仅较好地解决了党组织的活动和非公有制企业发展的关系问题，形成了一系列较为深刻的思想和观点，而且为从微观上和宏观上思考党的建设，探索执政党建设规律，都提供了非常有价值的思路和启示。温州非公党建主要经验可以概括为"四个坚持"。

第一，坚持"红色领航"，以正确方向引领企业高质量发展。一是党的理论进企业。在企业管理层中建立"党企学习会""学习导读"等制度，在企业党员中常态化过好组织生活、主题党日等，在职工群众中推行"工前学习一刻钟"等做法，及时传递党的声音、落实党的政策、执行党的决策。二是党的建设进章程。积极引导企业召开全体股东大会，把党组织机构设置、人员编制、经费来源、阵地保障、职责任务等写入企业章程，推动"党的全面领导"有章可循、有据可依。全市境内上市、经营良好的上市企业全部完成"党建入章"。三是党的骨干进核心。建立"双向进入、交叉任职"制度，推动党组织领导班子成员进入企业董事会、经理层、监事会，鼓励党员主要出资人担任党组织书记、实现"一肩挑"，不断提升党组织的话语权。截至 2023 年 5 月，全市进入非公企业中高层的党组织书记占 84%；上市企业决策层中党员平均比例高达 51%。四是党建成效进考核。坚持"因企制宜、简便易行"原则，结合党组织"堡垒指数"、党员"先锋指数"评定，按照一定权重将党建工作和党员表现纳入职工 KPI 考核，激发党员职工发挥示范引领作用。全市 45 家党委建制的法人单位企业都已全面推进考核分值与职工年终评先评优、年终奖金挂钩。

第二，坚持"强基护航"，以坚强堡垒保障企业高质量发展。一是"组建十法"强拓面。连续 10 年开展"双覆盖"集中攻坚，每年集中 3 个月左右的时间，系统实施单独组建、区域联建、行业统建等"组建十法"，年均新建非公企业党组织数量居全省前列。截至 2023 年 5 月，全市非公企业党组织总量是 20 年前的近 10 倍，规上工业企业组织覆盖率达 95% 以上。二是"六星争创"促规范。

出台《两新党组织工作规范》，实现党建政策、管理制度、工作流程"一文集成"。在此基础上，按照"抓两头、带中间"的思路，每年开展两新党组织"双强·六星"创建活动，选树 5% 标杆党组织宣传表彰，倒排 5% 后进党组织整固提升，压茬推动两新党组织规范化建设螺旋式上升。全市已有 70% 的党组织获评四星级以上，累计完成 1486 个"软弱涣散"党组织整顿转化。三是"一企一品"树标杆。从 2013 年开始，着力开展"一企一品"党建工作品牌创建，先后创建市级"双强"示范点 200 多个、示范带 19 条、示范集群 13 个，编印《品牌的力量》（年度温州市两新党组织示范创建案例选编）10 本，并及时发放给各非公企业党组织，使其学有标杆、干有方向。

第三，坚持"赋能助航"，以创先争优助力企业高质量发展。一是"党员人才"工程帮企引才育才。建立"两培养两推荐"机制，有计划、有重点地吸收"高知""高管""高技能""高贡献"等"四高"群体入党，使生产技术骨干、中层以上管理人员中的党员比例稳步上升。仅 2021 年，就有 1500 多名企业出资人、管理层人员、专业技术骨干等入党，占当年非公企业发展党员总数的 70.3%。二是"双强先锋"计划助企转型升级。建立两新党组织"民生实事清单"制度，全面推行建立党员先锋岗、党员创新攻关队等做法，广泛开展金点子征集、"党员 + 项目"等活动，做到关键任务有党员引领、关键工序有党员盯守、关键时刻有党员冲锋。例如，截至 2023 年 5 月，全市累计设立 7723 个党员先锋岗、任命 2079 名"车间政委"、开通 2270 条"书记热线"，有力助推企业育新机、开新局。三是"支部建在车间、党员在您身边"活动促企和谐稳定。以企业车间为单位单独或联合建立党支部，开展以党员"亮身份、亮承诺和联系职工、联系困难户"为主要内容的"双亮双联"工作，推动党员直接结对联系职工群众、做深做细思想政治工作。截至2023年5月，温州已建立车间党支部5545个，11490名党员联系职工30660名、困难户4896户，年均帮助调处纠纷3280件。

第四，坚持"头雁引航"，以关键群体推动企业高质量发展。一是以"双强红领"加强书记队伍建设。创新开展"双强红领"认证体系，全面推行"五级评定、四项保障、十条金举措"，引导非公企业党组织书记走上专业化培育、职业化发展道路，引领带动广大党员职工开拓进取、助企发展。例如，在经济上，给予"双强红领"2.4万元/年、1.2万元/年、0.6万元/年不等的岗位津贴，让他们安心、专心从事党务工作；在教育上，每年对企业党组织书记进行一次不少于3天的县级以上专题培训，不断提升其政治意识和能力素质。二是以"双传承"计划教育引导新生代企业家。着眼温州非公企业进入新老交替的高峰期和转型升级的关键期，系统实施政治传承、事业传承"双传承"计划，截至2023年5月，已连续10年开展新生代企业家"红色接力"系列活动，先后组织100多批5770多名新生代企业家到革命圣地、改革开放前沿地区接受政治教育和思想洗礼，引导他们坚定不移听党话跟党走，重视和支持企业党组织"发挥实质作用"。三是以"两万行动"选优派强党建指导员。扎实开展"万名干部进万企"活动，市县乡三级联动选派党建工作指导员10284名、结对企业9992个，落实涉企工作指导、党建工作指导"双重责任"，指导、协助企业党组织"发挥实质作用"，助力企业解难纾困、健康发展。

"四个坚持"在实践层面扎实有力地推动非公企业党组织"发挥实质作用"。从发展成效看，截至2023年5月，温州GDP从改革前

35 位跃升进入全国 30 强，市场主体逆势突破 126 万户、企业占比突破 30%，呈高质量态势。营商环境连年进步，万家民营企业评营商环境从改革前的 27 名，跃升至 2022 年的全国第 2 名。民营企业守法诚信经营持续加强，全市破坏市场经济秩序类犯罪案件数量较改革前下降 20%；从示范性看，累计 58 项"两个健康"改革举措被全国全省推广。2021 年国家发展改革委推广地方支持民营企业改革发展典型做法 72 条中，温州入选 30 条，全国最多；2022 年 11 月全国工商联召开推广会向全国推广，温州"两个健康"从一域改革创新成为全国品牌；从评价上看，全国各地赴温州专题考察"两个健康"达 350 批次，累计获 22 位省部级以上领导 65 条肯定批示，温州"两个健康"改革被给予"卓有成效、稳中求进"的高度肯定，给了温州"两个健康"先行突破改革很大的鼓励和鞭策。

## 三、温州非公党建的"三个亮点"

温州民营经济发达。近年来，温州在扩大党组织覆盖面的基础上，积极探索非公企业党组织发挥作用的目标定位和任务途径，非公企业党建工作取得了突破性进展，呈现出"三个亮点"：

第一，搭建"红色直通"数字化平台。依托"浙里办"APP 建立温州"红色直通"智治平台，以数字化为手段，以党组织为桥梁纽带，将企业急难愁盼问题"直通"至各级两新工委成员单位，推动发展难题妥善解决；将中央和省、市委关于经济发展和党建工作的政策文件"直通"至各企业党组织，推动惠企政策尽快落实落地。2022 年 5 月以来，通过"红色直通"平台累计收集汇总各类涉企问题 3531 个、解决 2852 个，化解率达 80.77%。

第二，建立"产业链党建联建"机制。于 2013 年起，依托"1＋X＋N"组织架构，发挥链主企业党组织龙头带动作用，集聚链条上下游企业开展党建联建，推行订单共享、职工共享、防控共抓等"九共"服务，助力链上企业全链联动、产销协同。截至 2023 年 5 月，温州在 124 条产业链建立党建联建机制，覆盖企业 1.6 万家，累计解决链上企业各类个性或共性问题 7300 多个。

第三，探索"企业社区党建"模式。针对部分区域无户籍居民、只有企业和职工的特点，率浙江省之先在民政注册成立企业社区，实行党的建设"一体化"推进、政务服务"一站式"办理、涉企问题"一揽子"解难、矛盾纠纷"一条龙"化解等，努力推动小微企业园"整园建强"。截至 2023 年 5 月，温州共有企业社区 31 个，覆盖企业近 5000 家、职工 27.2 万多人（党员 3042 人），2021 年规上工业总产值超过 1037 亿元。

# 第三节　主题党建促进农村现代化

近年来，温州高度重视主题党建对于农村现代化的促进作用，先后涌现出一批特色乡村主题党建典型，引领乡村在产业创新、基层治理、共同富裕等方面实现质变和飞跃，为推进农村现代化奠定了坚实基础：一是后九降村以"两个分量"主题党建引领"红旅融合"发展；二是稠泛村以"数字智治"主题党建引领基层治理新格局；三是源头村以"娘子军"主题党建引领实现共同富裕。这些优秀案例对于全国各地乡村通过因地制宜开展特色主题党建来促进农村现代化具有重要借鉴意义。

## 一、以"两个分量"主题党建引领"红旅融合"发展

2005年10月5日凌晨，永嘉县原山坑乡后九降村党支部书记郑九万同志因为村里的事业操劳过度，突发脑血管破裂形成动脉瘤而生命垂危，当晚村民肩扛手抬将他送下山，并在一天之内凑齐6万元手术费。郑九万同志的先进事迹和病情在新华社、《人民日报》以及省市各大媒体上相继报道后，引起了中央和省市县各级领导的高度关注。时任浙江省委书记习近平同志批示："老百姓在干部心中的分量有多重、干部在老百姓心中的分量就有多重。"

近年来，后九降村始终遵循"两个分量"批示精神，以"两个分量"为精神指引，充分发挥以"两个分量"为主题的党建引领作用，积极探索基层共同治理，产业共同发展，生活共同富裕的乡村发展新模式，争创红色美丽村庄、共富乡村样板，走出一条后九降村特色"红旅融合"发展道路。2005—2021年，村集体总收入增长642%，其中经营性收入增长1630%，实现了从"最穷村"到"争创共富示范村"的惊人蝶变，先后获得省绿化示范村、省美丽乡村特色精品村、省AA级景区村、市文明村、市美丽乡村示范村等荣誉。

第一，加强基层组织建设，突出红色阵地作用。坚持"一切工作到支部"的理念，全力推动支部作用核心化，充分发挥党支部的战斗堡垒作用和党员先锋模范作用。一是以培育郑九万式干部为目标，大力开展党员干部队伍提质培优工程，在思想政治、业务能力、廉洁自律等方面提升后九降村党员干部综合能力水平，做好后备干部储备，选用年轻优秀村民参与到村"两委"事务管理工作中，确

保"两个分量"批示精神在后九降村落地生根。二是全面加强党员管理，通过设岗定责充分发挥入党积极分子、党员发展对象、党员先锋模范作用，帮助其快速成长。三是修缮党群服务中心，在便民服务大厅设置党建科普岗、综合事务服务岗、党群志愿服务岗，整合低保申请、印章使用等10余项高频服务事项代办，全面提高党群服务质量。

第二，推动"红旅融合"发展，迭代增收致富模式。整合基层党组织和特色产业优势，构建"村社合一"发展模式。一是串联"一环五点"红色风景线。"一环"即循着习近平总书记在后九降村足迹为环线，"五点"即主题雕塑、主题馆、思源亭、郑九万故居、党群服务中心，将感人事迹、生态资源、村庄文化等进行深度融合打造红色风景，积极培育党校现场教学点，力争形成后九降红十三军基地红色旅游环线，打造红色旅游目的地。二是率先开办共富食堂、共富商店。以村股份经济合作社为经营单位，由村干部和志愿者免薪运营，推出"简朴一餐"、产品包装销售等服务，构建"商品来自村民，收益回归村民"的闭环共富产业链。截至2023年5月，累计接待学员、游客3600余人，为村集体创收7万元。三是发展特色产业，主打的土蜂蜜、野生覆盆子、高山笋干、猕猴桃、金针菜等土特产品2022年总销售额已经达到了120余万元，大大提高了在家村民群众收入。四是争取县、镇两级政策倾斜，整合茶园补助、扶贫补助、农村道路补助等多项补助，计划投资200万元左右开发高山茶园（一期），用3—5年的时间实现村集体经济跨越发展，实现产销游一体化旅游村打造，带动村民共同富裕。截至2023年5月，该项目已进入立项环节。

第三，加快基础设施建设，改善提升百姓生活。始终坚持项目在前、民生先行，完成农村饮用水提升等基建工程，排除 3 处交车易碰点以及 2 处地面开裂下陷等安全隐患。其中，2020 年年初，仅用 20 余天完成饮用水工程政策处理，4 个月完成整体提升，高效破解全村雨季少水喝、旱季没水喝的尴尬局面。

第四，开展人居环境整治，着力改善村容村貌。以全域环境大整治为契机，引导党员干部深入践行"两个分量"，带头、扎实推进人居环境整治。一是全方位开展环境整治。全面清理房前屋后和村道杂草杂物、沟渠水塘淤泥垃圾；全面拆除废弃猪牛圈、露天厕所、乱搭乱建违法建筑、违规广告牌和清理"牛皮癣"；全面整治农村生活垃圾、生活污水、水体污染。二是全村域组织绿化美化，鼓励引导村民以村周围、道路两旁、房前屋后、庭院内外、水体周边见缝插针进行绿化美化，实行清旧补绿、拆旧建绿。2021 年，累计开展环境整治活动 18 次，参加人数达 120 余人次，拆除小屋 18 座。三是全过程强化监督管理。严格落实"门前三包"制度，建立人居环境"红黑榜"，定期表彰通报最美庭院、最差庭院等，实现村庄清洁常态化。

## 二、以"数字智治"主题党建引领基层治理新格局

"秀水云江后花园，十里画廊乡愁地，水韵巨屿，活力稠泛。"稠泛村常住人口 3200 余人，村党委下设 4 个党支部，党员 152 人、村民代表 80 人。稠泛村作为巨屿镇建镇村，有"三多"特点，即村内项目多、下山搬迁及外来人口多、留守老人儿童多。为解决基层治理、村集体经济发展、留守人员服务三大难题，稠泛村党委坚持党建引领，以"数字智治"特色主题党建为引领，积极推动数字化

改革，构建党建引领基层治理新格局。近年来，先后荣获市平安创建示范社区（村居）、县文明村、县先进基层党组织等荣誉。

第一，数字赋能打造家门口的"治理圈"。为解决稠泛村村域面积广、人员构成复杂造成的治理难问题，稠泛村积极推动数字化改革，加强网格化管理和数字化支撑，实现相互融合，让基层治理变得更加科学高效。一是打造稠泛数字乡村智能平台，推行基层智治，在村党群服务中心大厅建设数字化村级综治工作站，设立智能化基层治理工作室，配合开发"数智乡村"应用场景，并为20位老人安装健康手环，运用数据分析的智能管理，实时关注健康情况，自动生成任务清单推送给结对志愿者。二是打造稠泛数字乡村监控平台，结合"监控网＋大数据分析"系统，投入11万元，新增监控36个，其中20个监控专门设置在孤寡和独居老人家里，通过大数据平台，实时关注老人们的生活起居，让他们的子女安心在外务工经商。全村实现视频监控全覆盖，率先建构起"全域覆盖、全网共享、全时可用、全程可控"的智慧防控体系。切实保障群众生命财产安全，促进社会和谐稳定。三是打造民生数字平台，全面延伸基层治理体系"四个平台"，老百姓可以通过小程序反映诉求和建议，脏乱差现象随手拍一拍，矛盾纠纷及时报一报，立即就有专人对接解决。事件的解决进程也能在线上实时更新，当事人可通过手机短信、线上查询等方式第一时间知晓事件处理进度。让百姓的大事小事有了更加顺畅的解决渠道，有效破解了基层治理"最后一公里"难题。

第二，阵地共享打造家门口的"服务圈"。为了让留守儿童、老人、妇女、下山搬迁群众享受服务资源，稠泛村发挥"数字智治"主题党建特长，精准评估不同需求，打造线上线下联动多功能阵地。一是先后建设共享健身房、共享书画室、共享农村影院、共享儿童活动室，推出共享空间清单、共享物品清单，促进阵地共建共享，切实满足各年龄段居民的日常生活需求。二是紧密结合重点人群信息库，全村52名重点人员，均有人员挂钩照看，有效凝聚工作合力，实现服务无缝接力。全面建立需求清单、资源清单、服务清单"三张清单"，专人负责，实时更新，切实做到让群众了解资源，用好资源。三是成立微信群，推行群众线上点需求，志愿者上门送服务的"点单式"精准服务。开设电器维修、通下水道、换灯泡等"关键小事"服务项目，精准对接服务目标，真正做到服务上门，用群众的笑脸检验工作的实效。

第三，数字平台打造家门口的"就业圈"。稠泛村有520名下山搬迁群众、89名低收入农户，解决就业问题是头等大事。稠泛村依托"数字智治"主题党建搭建的平台优势，推动解决了这一问题。一是在党群服务中心开设劳务信息平台，实现劳动力和就业岗位精准对接，帮助失业人口实现再就业。二是稠泛村通过数字化手段统计闲置资源，继而盘活闲置资源，与巨屿供销社达成协议，将供销社大楼1—4楼作为来料加工厂，作为共富加工中心，引入来料加工企业组团发展，实现农民在家门口灵活就业。三是稠泛村搭建数字学习平台，通过专业人员帮带、师徒结对培养，加强低收入群体的培训，提高就业技能水平。

## 三、以"娘子军"主题党建引领实现共同富裕

"源头花漫处，踏石问轻舟。"随着舴艋舟走进千年诗意，寻着乡情来到"网红源头"。男性外出务工、妇女居家留守是当前许多农

村的现状，也是制约山区县跨越式高质量发展的一大难题。面对这一难题，岩坦镇源头村积极引导留守妇女参与全村建设、投身乡村振兴，并形成"娘子军"特色主题党建，引领带动全村妇女建设起一支敢想敢干、奋发自强的"娘子军"，以巾帼力量撑起共同富裕的"半边天"。

第一，"娘子军"主题党建引领乡村振兴。源头村"两委"班子8位成员中，3位是妇女。其中，源头村党总支书记、村委会主任陈小静是放弃上海经商、主动回村参与家乡建设的回乡乡贤，因为雷厉风行、勤劳能干被村民称为"拼命三娘"。在她的带领下，逐渐形成源头村"娘子军"主题党建，促使全村妇女凝聚起敢想敢干、敢为人先的共识。源头村用时5天拆掉茅坑牛栏猪圈319间、腾出6980平方米的发展净地，40天完成全村环境综合整治，3个月建成舴艋舟文化馆、源头埠，实现了从"脏乱差"到"洁净美"的华丽蜕变。在这一过程中，广大妇女积极打扫村庄道路、提升居住环境、建设美丽庭院。在这支"娘子军"的努力下，源头村一跃成为远近闻名的"网红村"、乡村振兴的样板村，先后获评浙江省AAA级景区村、浙江省卫生村、浙江省书香村落等荣誉。

第二，"娘子军"主题党建助推新村融合。2020年，源头村和岩门村合并成新的源头村。长期以来，两村一直并村不并心，矛盾隔阂较大。面对这一难题，新"两委"班子上任后，陈小静发挥"娘子军"主题党建的独特优势，创造性地以妇女为突破口，先从她们开始做思想工作，组织她们一起参加活动，充分发挥妇女在和谐村庄建设中的独特作用，促成两村村民坐下来共谋发展。源头村与岩门村已经实现错位发展，形成互补优势。源头村主打民宿经济，岩门村主打月光经济，两村间形成了"动与静""白加黑"的产业联动，在共同富裕的道路上齐头并进。

第三，"娘子军"主题党建引领实现共同富裕。源头村充分发挥"娘子军"主题党建带动广大妇女共商共谋、共促发展的优势作用，鼓励妇女创业创新，推动实现源头村共同富裕。源头村共有在村妇女 220 余人，其中已有 100 余人成为产业致富的生力军。日销 600 碗的老梅馄饨、端午节狂销 5 万个的表婶粽子、获央视报道的源头创意手织等响亮品牌相继在源头妇女手中诞生。近年来，更有外来女企业家在源头村开起了咖啡吧、酒吧，成为发展月光经济的带头人。得益于"娘子军"的拼搏创业，源头村节假日旅客接待数逐年上升，仅 2020 年国庆期间就吸引了超 8000 位游客，全年旅游总收入更是高达 920 多万元。党的十九大以来，村集体年均增收超过 20 万元，农户人均年增收 2000 元以上，源头村已经从露天坑、苍蝇脚、垃圾满地跑的脏乱差村庄摇身一变为共富典范，2019 年源头村"娘子军"事迹被《中国妇女报》刊载。

# 第四节　以"瓯江红"党建品牌引领温州城乡高质量发展

中国特色社会主义进入新时代，温州针对区域发展不平衡不充分、基层基础相对薄弱等现实情况，围绕服务保障"八八战略"、推动经济社会高质量发展，在党的建设方面开展了一系列先行先试的创造性实践，探索创建了以"瓯江红"为代表的一系列高质量党建品牌，在引领温州城乡高质量发展的历史进程中发挥出至关重要的作用。

## 一、以党建品牌引领温州城乡高质量发展的主要做法

党建品牌是在党的建设实践中长期探索形成的、具有固定模式的、起到良好社会效应的理论和实践结晶。长期以来，温州以"瓯江红"基层党建品牌为抓手，充分发挥党建品牌在引领城乡协调发展的组织优势作用，以强化党建引领为主线，以促进"扩中""提低"为基本要求，以组织建设为基础，以群众满意为导向，以集体经济为保障，在农村开展红色领航"双百双千"、红色领航"融合发展"行动，在城市开展红色领航"美好家园"、红色领航"幸福银龄"行动，在全市开展"瓯江红"党群服务中心建设，并在2021年迭代开展瓯江红"共享社·幸福里"创建，为温州加快推进城乡一体化提供坚强组织保障，实现了城乡高质量发展。

第一，坚持培根铸魂，全面凝聚城乡协调发展的思想共识。坚持把党的政治建设摆在首位，强化对党员和群众的思想引领，推动城乡一体化建设、城乡协调发展等理念深入人心。一是强化"红色教育"铸初心。建立领导班子"第一议题"、支部"党性教育一刻钟"等机制，建好用好省一大会址等100多个党性教育基地，全面推行支部主题党日活动"六制六规范"，全市基层党组织围绕助力城乡协调发展等主题常态化开展学习。二是激活"红色细胞"强引领。创新密切联系群众机制，实施"红色细胞"工程、"红色细胞·入格联心"行动、"万名干部进万户"行动等，组织全市27万名党员干部联系139万多户群众，切实发挥服务群众、推动发展、促进和谐的作用，提升党组织和党员在城乡协调发展过程中的组织力、执行力。三是打造"红色阵地"聚人气。针对村社办公活动场所不达标

的问题，从 2007 年起开展"先锋工程"创建，建成 1253 个村级办公场所；2014 年启动村民中心建设"三年行动"，基本实现村民中心全覆盖；2020 年以来，针对新形势新需求，整合党员活动室、职工之家、青年之家、妇女之家等阵地，建成"瓯江红"党群阵地 3620 家，提升了"一老一幼一特"服务功能，更好保障均衡可及的公共服务直达城乡群众。四是拉紧"政治红线"严纪律。从全市信教群体较多的实际出发，深化开展"红色亮旗"行动，制定党员不参教不信教底线"六条硬规"，对党员干部参教信教实行"一票否决"，50.8 万名党员签订不参教不信教承诺书，为城乡和谐发展打好基础。

第二，筑强战斗堡垒，不断夯实城乡协调发展的组织基础。坚持大抓基层鲜明导向，多措并举打造战斗堡垒，推动"瓯江红"红动浙南、涌动全城。一是重塑组织形态。聚焦温州行政村规模小、数量多、布点散、实力弱等问题，2019 年通过做强中心村、以强带弱、以富带贫等形式，仅用 55 天完成温州历史上最大规模的村规调整，行政村总量减少 43.9%。同步开展红色领航"融合发展"行动，发挥新村资产资源集聚优势，提高集体经济发展效益，真正实现"并村并账并心"。二是锻造基层铁军。深入贯彻时任浙江省委书记习近平同志 2005 年对温州"两个分量"重要批示精神，2006 年以来持续实施"农村基层干部素质提升"计划，推出村社书记县级备案管理、新时代村社组织"健康运行十条"等制度，做好村社干部"上下管育爱"文章。三是整顿后进组织。针对基层组织强弱不均的问题，2009 年开始，每年按照一定比例开展后进村社集中整治，下大气力解决村社"软""散""乱""穷"等突出问题。2022 年迭代开展"问题村居"整治，全面排查整治信访、治安、消防等 8 个领域 268 个"问题村居"，建立"五捆绑"责任、整治成效观察期等机制，让群众看到新气象新变化。四是净化政治生态。针对村级老年协会出现"侵财""干政""乱规""扰民"等乱象，2018年全面整治村级老年协会，全市4375个村级老协全部"摘牌、交章、销户"，移交资金6.42亿元，处理违法违纪人员64名。实施红色领航"幸福银龄"行动，健全乡村为老服务体系，累计开展各类活动2.8万多场，惠及老人384万多人次，进一步打响"瓯江红"基层党建品牌。

第三，突出共建共享，全力打造城乡协调发展的幸福单元。在2020年试点基础上，迭代开展瓯江红"共享社·幸福里"建设，建立标准、标配、标志体系，分批推进打造1000个具有标志性、引领性、示范性的重点单元。一是全覆盖筑强治理底座。开展小区党组织组建攻坚行动，小区党组织覆盖率从基本空白提高到99.2%，推动组织建设落到最末梢。压紧镇街主体责任，出台加强业委会换届组织领导、严格人选资格条件、规范换届程序等举措，2022年换届、组建的103个业委会中党员委员占52.6%、"一肩挑"占34%。推动"村社—全科网格"两级体系向"村社—网格—微网格"三级架构迭代，组建11012个网格、6.2万多个微网格。二是系统性规范治理机制。健全社区党组织领导小区治理体制的制度体系，修订《温州市物业管理条例》，首次写入"党建引领""物业管理委员会"等关键条款，率先创设物管会制度，赋予物管会代行业委会职责，破解无物业管理小区选聘物业无主体难题。在全省率先制定"三审两公开一备案""业财代理""业标街管"等文件，推进小区事务规范决策、资金资产规范管理、小区项目规范交易，2022年在185个试点小区规范办理重大事项300多件，规范财务收支549笔298万元。三是强联动做优惠民服务。突出"一老一幼一特"等重点人群需求，整合党群服务中心、小区架空层、物业用房，建设儿童之家、健康驿站、邻里食堂等场景，并调剂 229 处 9.97 万平方米国有闲置房产供 182 个社区小区使用。开展"红社惠民"、在温高校结对等行动，整合民政、卫健、体育、妇联、团委等 34 个部门和群团组织、社会组织资源，建立"项目发布、认领匹配、高效服务、双向评价"机制，2022 年梳理办理交通微循环等 9 类"关键要事"4400 多件，将健康义诊、流动少年宫等 3600 多场次活动送到村社。

第四，高标准推进数字赋能。搭建"共享社·幸福里"数字平台，构建组织体系、村社事务、队伍智管、幸福小区等场景，横向打通民政、农业农村、住建等 15 个部门数据，纵向实现县乡村三级全覆盖，做到概况"一图统览"、数据"一键生成"、预警"一屏展示"，数字平台用户量超 120 万人，月访问量达 23 万人次，纳入全省"一地创新、全省共享""一本账"SO。"共享社·幸福里"相关做法被《人民日报》、新华社等媒体数十次报道点赞。

第五，聚焦强村富民，全面注入城乡协调发展的强大动能。充分发挥组织优势，集结各方资源要素，赋能打造共同富裕示范区市域样板。一是"消薄"攻坚抓增收。针对村级党组织带富能力不强的实际，2015 年部署开展"消薄"工作，2017 年谋划推进"消薄"攻坚三年行动，2019 年开展"五千"精准攻坚和"飞地"抱团发展，2021 年启动"百亿强村"计划，做大做强"山上、平原、海上"三大银行，至 2021 年年底，村级集体经济总量突破 100 亿元大关，总量从全省倒数后三跃居全省第二，"消薄"考核连续 5 年保持全省前列，被省委、省政府授予消薄工作成绩突出集体称号。二是党建联建促共富。聚焦区域发展不平衡等共富短板弱项，深化党建联建机制，通过整合资源、健全机制、分类创建、联动推进等举措，在全市创成 809 个党建联建示范单位，帮助 557 个集体经济相对薄弱村增收，推动 2021 年农村居民人均可支配收入增长 8.2%。三是下派力量强帮带。2004 年以来，先后选派了 11 批约 8.6 万名干部到村担任第一书记、农指员，成为推动城乡协调发展的重要力量。特别是 2021 年向 5 个山区县精准派出第一书记、优秀年轻干部、科技特派员、教学名师、瓯越名医、金融专员 6 支队伍 3000 多名"助富"专员，确定"助富"项目 680 多个，帮助落实"贷富"资金 26 亿元，有力推动村级发展。

第六，坚持唯实惟先，有效提升城乡协调发展的组织效力。在完善党组织领导村社治理机制上绵绵用力，不断提高党组织在城乡协调发展中的组织力、行动力、号召力。一是把乡风文明建设作为主抓手。持续构建党组织领导下的自治、法治、德治、善治相结合的乡村治理体系，全面推行"红色议事厅""村民议事日"等做法，市县乡村四级联动开展"红七月·服务月"活动，着力建设善治文明、生态宜居、留得住乡愁的美丽乡村。二是把落实中心工作作为必答题。紧紧抓住乡村振兴战略历史机遇，因地制宜发挥生态优势、资源优势和组织优势，助推农村人居环境整治、特色小镇建设、未来乡村创建等工作，推动绕城高速、市域铁路、杭温高铁、泰顺抽水蓄能电站、苍南三澳核电站以及一大批城市建设项目、农林水利项目、社会事业项目等成功落地，让中心工作推进过程成为区域均衡发展、城乡融合发展的过程。三是把急难险重任务作为试金石。充分发挥基层党组织"探头""前哨"作用，推动党员在疫情防控、防汛防台、消防安全、改造拆迁、抢险救灾等急难险重任务上浴火淬炼，特别是 2021 年开展"党旗飘扬·同心防疫"工作，并常态化开展"党群连心·分组包户""党群连心·携手战疫"等行动，

2022 年共计 2000 多万人次在疫情防控、除险保安等紧要关头冲在村社一线，使"满城尽是红马甲"成为亮丽风景。

## 二、以党建品牌引领温州城乡高质量发展的突出亮点

近年来，温州深化制度改革、强化党建引领，以党建品牌引领温州城乡高质量发展，不断筑牢高质量发展的根和魂，取得一系列突出成效。在温州，红色基因已深深植入全市经济社会高质量发展的各项工作之中，在党的建设高质量发展的引领下，以党建品牌引领温州城乡高质量发展存在一系列突出亮点，温州在新时代、新起点上不断谱写着经济社会高质量发展的新篇章。

第一，探索形成以"飞地"抱团为基础的强村富民新路径。在党建引领下，推动乡村振兴、实现共同富裕，集体经济是基础和保障。多年以来，温州将发展壮大村级集体经济作为夯实基层基础、推动乡村振兴的重要抓手，探索出"飞地"抱团发展集体物业经济的新路子，持续推动村级集体经济转型发展。"飞地"抱团模式为助力实现村美、民富、宜居、宜业的乡村振兴目标，建设共同富裕示范先行区做出了有益的探索，提供了可借鉴的经验。"飞地"抱团模式旨在党政主导、党建引领，强化资源要素整合，对缺资金、缺项目、缺资源的集体经济相对薄弱村，大力推动跨县、跨乡、跨村"飞地"抱团发展，支持跨地域联建共建物业经济等项目，获取固定租金收益，走出一条"项目为王"的可持续发展路子。

第二，建立以党建联建为抓手的共富发展新机制。党建联建是党建统领先富带后富、区域共同富的有效路径，是深化强村富民乡村集成改革的创新探索。近年来，温州把党建联建引领共富摆在重

要位置，通过以强带弱、以城带乡、优势互补等方式，因地制宜推行各具特色的联建方式，推动组织共建、产业共兴、资源共享、治理共抓，取得明显成效。截至 2023 年 5 月，温州市开始探索以强带弱、区域联建机制，推行村村、村企、政村、村社等联合共建，推动 3173 个村社参与党建联建，实现村集体经济经营性收入年均增长 29.1%，激发乡村共富发展的强大活力。

第三，形成以共建共享为内涵的为民服务新模式。温州在全市组织开展了机关党组织与社区党组织"共享共建"活动，以功能型服务组织、菜单式服务为依托，推动机关党建、社区党建、行业党建、非公党建等互联互动，构建党建共建长效机制，解决党组织向下延伸不够、覆盖面不广的问题，实现"党建共建、资源共享"的良好局面，创新开展"共享社·幸福里"建设，统筹推进事务共办、阵地共用、多元共治、资源共享，基层公共服务效能显著改善，城乡共建共享氛围大幅提升。"共享共建"突破了以往条块分割的窘境，构建机关、企业、社会组织、非公企业等党组织跨领域联建共建的新格局，各项亲民、为民、利民举措相继实施，取得显著成效。

第四，优化以"金十条"为重点的村干部队伍建设新体系。乡村振兴，人才是关键。村干部队伍稳不稳定、健不健全，很大程度上决定了能否发挥"领头羊"的带动作用。长期以来，温州通过加强对村级集体经济的组织领导，探索新形势下发展农村集体经济的新途径，在此基础上加大对村级组织财政转移支付力度，逐渐改善村干部的经济待遇，尤其是非主职的脱产干部，逐步提高其待遇水平。同时，加大从优秀村支书中选拔乡镇（街道）领导干部、从优秀村主职干部中定向考录乡镇（街道）公务员和事业编制人员力度，从政治上关心村干部的成长。2017 年，温州市出台增强村干部战斗力"金十条"，从报酬待遇、学历提升、关怀激励、离职保障等10个方面给予全面关怀，每年拿出一定比例岗位专门面向村干部招录公务员和事业编制，2021年7名优秀村支部书记进入乡镇领导班子。经过长期努力，村干部队伍建设力度显著加强，村级组织的凝聚力、向心力显著提高，广泛调动和发挥出广大农村群众建设新农村的积极性、主动性和创造性。

第五，打造以功能建设为核心的党群阵地新格局。党群服务中心就像是党建引领城市建设中的"圆心"，以"圆心"为主，各党群服务站、党支部活动中心、党建主题公园等党群服务阵地相辅相成。近年来，温州全面构建"1＋14＋185＋N"党群服务中心联盟体系，出台《"瓯江红"党群服务中心建设和运行规范》，重点围绕党建服务、办公议事、关爱帮扶、文体休闲、应急保障等方面针对性、差异化设置功能，打造15分钟可达、10项以上功能的"1510"党群服务圈，筑牢为民服务主阵地。通过党群阵地建设，温州市着力提高党的建设质量，党建引领使城市治理的精度、社会发展的温度得到显著增强。

## 三、以党建品牌引领温州城乡高质量发展的创新经验

党的十八大以来，温州市深入贯彻落实习近平新时代中国特色社会主义思想，始终坚定信仰信念，保持"赶考"的清醒，弘扬伟大建党精神，切实将党的建设高质量发展和温州城乡高质量发展有机结合，扎实推进"红色阵地"创建工作，做优做精做强党建品牌，充分发挥党建政治引领作用、党组织战斗堡垒作用、党员先锋模范作用，着力凝聚党建合力、增强党建引领、创新活动载体、搭建服

务平台、完善工作机制，实现了城乡高质量发展，进而形成了一系列特色鲜明、值得借鉴推广的宝贵经验。

第一，在组织领导方面，构建上下贯通的责任体系。温州各级党委（党组）扛起主体责任，书记带头做到"三个一"，即每半年至少牵头专题研究一次、每年至少领办一个党建重要项目、每年主持召开一次基层党建述职会。纪检、组织、宣传、统战、政法等单位都要树立"大党建"理念，推动各项任务落地见效。各级党委书记聚焦"三主一大"，即抓好主责、主业、主要任务，构建"大党建"格局。

第二，在监督管理方面，构建一体考评的工作格局。温州推行市、县委抓基层党建现场交流会，每年不少于两次，开展现场观摩、擂台比拼，看现场、比成效、促提升。落实市委基层党建督导专员制度，采取直插一线、无告知检查等方式，开展常态化督导。树立奖优罚劣导向，基层党建考核结果要与干部选拔任用、评先评优等挂钩。

第三，在制度保障方面，构建多维支撑的保障机制。更加关心乡镇（街道）"五小"建设（指乡镇小食堂、小澡堂、小卫生间、小阅览室、小文体活动室建设），深化"部门包村、干部联户"，配齐配强党务工作人员，全面落实村社干部待遇，建立村社干部基本报酬正常增长机制，对村级组织运转经费等实行动态调整，推动人往基层走、钱往基层投、政策往基层倾斜。

## 第五节 全面从严治党的温州经验和实践启示

新时代以来，温州牢牢把握以伟大自我革命引领伟大社会革命的要求，奋力打造新时代党建高地和清廉建设高地，严格落实管党治党责任。在全面从严治党的探索实践中，温州坚定捍卫"两个确立"，坚决落实党中央重大决策部署；在党的建设的实践探索中，温州不断加强瓯江红"共享社·幸福里"建设、两新组织党建等工作，促进"两个维护"全面扎根；在全面从严治党的实践中，党的领导全面加强、党建理论创新体系全面建立、党的组织体系全面建强、高素质党员干部队伍全面打造。同时，强化"全周期管理"方法，一体推进不敢腐、不能腐、不想腐，推动"四大监督"贯通融合，确保全面从严治党取得战略性成果，打造出干部清正、政府清廉、政治清明、社会清朗的温州政治生态，取得了宝贵的经验、获得了重要的启示。

## 一、全面从严治党的温州经验

党的十八大以来，温州着眼于服务"八八战略"的大局，针对新时代党的建设面临的新情况新问题，温州对加强和改进党的建设做出了许多有益的探索，特别是针对温州非公经济发达的实际情况，大力发展非公党建，强化政治功能，提炼党建品牌，推进组织覆盖，扩大党在非公企业的影响力，取得了重大成效。在推动新时代党的建设落实落地的实践进程中，形成了全面从严治党的温州经验。

第一，旗帜鲜明把政治建设摆在首位，坚决维护以习近平同志为核心的党中央权威和集中统一领导。政治建设是党的根本性建设，决定党的建设的方向和效果。温州市委严格贯彻党章、《中共中央政治局关于加强和维护党中央集中统一领导的若干规定》精神，推动全市各级党组织和党员干部对习近平总书记的核心地位有更深刻的认同、更真诚的拥护，以全面从严治党的丰富实践引领广大党员干部牢固增强"四个意识"，坚定"四个自信"。同时，严格落实民主集中制和"三会一课"、双重组织生活等党内政治生活基本制度，完善各级党委（党组）议事决策规则和责任追究制度，不断增强党内政治生活的政治性、时代性、原则性、战斗性。经过长期努力，全市各级党组织和党员干部坚决把维护以习近平同志为核心的党中央权威和集中统一领导这一根本政治要求贯彻到温州改革发展全过程，始终做到中央有要求、温州见行动，坚决把党中央决策部署不折不扣落到实处。

第二，争当学懂弄通做实的排头兵，以习近平新时代中国特色社会主义思想凝心铸魂。理论清醒才能信念坚定。先进理论只有被广大群众掌握，才会变成强大的物质力量。为充分贯彻落实习近平总书记关于党的建设的重要思想要求，温州始终坚持在学深悟透、细照笃行习近平新时代中国特色社会主义思想上更先一步、更深一层。温州市委大力推动习近平新时代中国特色社会主义思想进农村、进企业、进机关、进校园、进社区，推动作风大转变、工作大提高、事业大发展。按照中央部署，温州高质量推进"两学一做"学习教育常态化制度化，高质量开展"不忘初心、牢记使命"主题教育，深入推进党史学习教育，下大气力开展学习贯彻习近平新时代中国特色社会主义思想主题教育，在实践中不断探索建立健全以学铸魂、以学增智、以学正风、以学促干长效机制，引导党员干部悟初心、守初心、践初心，利用一系列诸如"瓯江红"为代表的党建品牌打造深入学习贯彻和研究习近平新时代中国特色社会主义思想的温州阵地。

第三，始终秉持"勇立潮头"的改革创新精神，以高质量党建推动高质量发展。实现温州经济社会高质量发展，必须以高质量党建来引领保障。长期以来，温州大力践行习近平总书记关于提高党的建设质量的重要论述，把质量要求贯穿到全面从严治党各方面、全领域，不断推动党的建设落地生根，为高质量落实新时代党的建设总要求和全面从严治党总要求作出了生动诠释。突出加强高素质专业化干部队伍建设，旗帜鲜明树立政治标准，强化实干担当导向，进一步激励广大干部新时代新担当新作为，努力锻造堪当共同富裕示范区建设重任的党员干部队伍。在党的建设方面，大力提升组织力，聚焦非公企业发展加强非公党建，聚焦乡村振兴加强农村党建，统筹推进城市、两新组织、国企、机关、学校、医院等领域党建工作，创新加强特色小镇、互联网企业等新领域新业态党建，推动基层党建"全领域建强、全区域提升"。同时，大力加强人才工作，做大做强人才基础，大力促进人才链与创新链、产业链、资金链、信息链深度融合，全力打造人才生态温州市。

第四，压紧压实全面从严治党政治责任，努力打造干部清正、政府清廉、政治清明、社会清朗的政治生态。在全面从严治党的实践中，温州牢固树立践行"把抓好党建作为最大的政绩"理念，坚定不移全面从严治党，努力建设清廉温州。在贯彻落实党的纪律建设方面，温州始终保持惩治腐败高压态势，坚持零容忍、全覆盖、无禁区，切实减少腐败存量、遏制腐败增量，特别是严厉整治发生在群众身边的"微腐败"问题。在此基础上，温州充分发挥国家监察体制改革试点的先行先试作用，完善巡视、派驻、监察"三个全覆盖"的权力监督格局，构建不敢腐、不能腐、不想腐的长效机制；在作风建设方面，温州驰而不息改作风正作风，在反对形式主义和官僚主义上做了大量的工作，下了更大的功夫，持续推动中央八项规定精神风化俗成；在全面从严治党的政治保障上，温州健全党建工作责任制，完善县（区）乡（镇）党委书记抓基层党建述职评议考核、党风廉政建设责任制考核、意识形态工作责任制考核制度，不断深化党的建设制度改革，加强温州党内法规制度建设，坚定不移把全面从严治党引向深入。

## 二、全面从严治党的温州启示

温州独特的政商环境，决定了温州全面从严治党的实践具有一定的代表性，在实践中探索的许多有益做法对许多地区和部门都有着深刻的借鉴意义。立足新时代温州发展的新实际，温州全面从严治党的独特经验告诉我们，只有真正把党的建设理论和本地区本部门本领域的具体实际相结合，全面从严治党才能取得更大实效。站在新的历史起点上，新方位、新使命呼唤新担当、新作为，必须以习近平新时代中国特色社会主义思想为指导，发扬运用坚持好全面从严治党的温州经验，扎实推进全面从严治党向纵深发展，在全面加强党的领导和党的建设方面更进一步、更快一步。新时代温州全面从严治党的成功经验也启示我们，必须要干在实处、走在前列、勇立潮头，忠实践行"八八战略"，推动温州经济社会高质量发展。这就要求我们必须以先行者的担当、探路者的勇气、实干者的作风，高质量高标准高效率交出不负时代、不负使命、不负人民的新答卷。

第一，切实加强党的全面领导，做实党的建设。党的领导、党的建设并不是教条和口号，而是要融入本地区、本部门、本领域的发展实践中去。温州全面从严治党经验要求我们胸怀"国之大者"、心系"省之大计"、行系温州发展，牢固树立"大局为重、全局为要"的理念，主动把地方和部门的工作放在全国全省大局中来谋划，确保工作方向不偏差、政策执行无落差。聚焦聚力市委确定的重大战略、重大项目、重大布局，扛起全面从严治党的责任担当，主动作为、高效推进，做到既为一域争光、更为全局添彩。不断强化全市一盘棋统筹和一体化布局的理念，坚持城乡一体化、陆海统筹、"产城人"融合，大力破除市场壁垒、地方保护和部门利益。真正把党的建设和党的事业紧密结合，深刻把握党和国家政治路线、全省全市战略目标，围绕全面深化改革的主题内涵、重大原则、目标牵引、重大举措和根本保证，坚决贯彻落实习近平总书记考察浙江重要讲话精神，坚定不移沿着习近平总书记在温州考察调研时指引的方向奋勇前进。

第二，切实加强红色阵地建设，以党建品牌强化初心使命。党的十八大以来，温州针对新形势新需求，整合党员活动室、职工之家、青年之家、妇女之家等阵地，建成"瓯江红"党群阵地近4000家，提升了"一老一幼一特"服务功能，更好保障均衡可及的公共服务直达城乡群众。此外，温州探索建立了以"瓯江红"为代表的一系列党建品牌，充分激发"红色阵地"品牌效应，强化对党员和群众的思想引领，推动城乡一体化建设、城乡协调发展等理念深入人心。在这个过程中，温州建立领导班子"第一议题"、支部"党性教育一刻钟"等机制，建好用好省一大会址等100多个党性教育基地，全面推行支部主题党日活动"六制六规范"，实施"红色细胞"工程、"万名干部进万户"等活动，切实发挥服务群众、推动发展、促进和谐的作用，敦促党组织和党员在城乡协调发展过程中践行初心使命。在新的历史起点上，思想引领的目的最终是要落实到实践中去，只有以系列党建品牌强化"对标攻坚、创新争优"，才能自觉把各项工作做到敢于与最优者对标、与最强者比拼、与最快者赛跑的程度。以党建品牌筑牢初心使命，必须进一步打造更多标志性成果、辨识度品牌，全方位推动理念创新、制度创新和方式方法创新，持续创造更多温州经验和温州样板。

第三，切实以党的自我革命推进社会革命，不断破除体制机制障碍，推动经济社会高质量发展。新时代以来，温州奋力推进全面从严治党，下大气力提升党建质量。在全面从严治党的实践中，全市各级党员干部坚持练就善作善成的卓绝本领，坚持生成性学习、保持创造性张力，淬炼专业精神、专业素养、专业能力，确保以新理念打开思想、新技术开拓"蓝海"、新知识赢得主动。同时，全市各级领导干部积极强化战略素养、树立前瞻意识、提高变革能力，坚决破除思想禁锢、思维定式、路径依赖，全方位、系统性掌握数字化改革的理念、思路、方法、手段。通过一系列管党治党的成功实践，温州逐渐完善了纵向市县之间、横向部门之间的高效协同机制，健全专班化运作方式，构建全流程跟踪、全链条落实、全环节督办机制，在实现工作闭环中打好"协作牌"、齐奏"交响乐"，推动各项决策部署全线高效畅通。新的历史起点上，必须发扬好这一基本经验，把管党治党和经济社会高质量发展协同起来，充分发挥各级党政机关、群团组织、企事业单位和社会组织作用，把市域内外、全市上下的智慧和力量集中起来，互相支持、互相配合，积极投身到建设更具活力的"千年商港、幸福温州"的火热实践中。

第四，切实营造实干担当的务实风气，为经济社会发展提供坚强的组织保证。全面从严治党战略在温州落实落地以后，温州始终坚持把推进改革攻坚作为重要抓手，把优化营商环境作为检验标尺，以选强配优干部来带动全市各项工作发生良性变化。长期以来，温州牢固树立唯实惟先、实干争先的工作导向，以钉钉子精神抓好推进落实，确保"定了就干、干就干成、干就干好"。温州市委对看准的项目、集体决议的事情，责任到人、监督到人，切实做到具体化、项目化、清单化。在推进全市经济社会发展的过程中，强化"实绩论英雄"导向，用好"以事找人、人事贯通"的干部考核评价体系，着重从"八八战略"抓落实、共同富裕示范区建设、疫情防控等大战大考中考察识别、培养干部。同时，温州市委积极推行"两个担当"良性互动，积极落实"三个区分开来"，健全完善关心关爱、容错纠错、澄清保护、松绑减负等机制，办好中国的事情，关键在党，关键在人。只有切实解决"为官不为"，让有为者有位、能干者能上、优秀者优先，才能为经济社会发展提供坚强的组织保证。

# 后 记

改革开放史上，位于东海之滨的浙江省温州市创造了闻名全国的"温州模式"。近年来，温州牢记习近平总书记"续写创新史"殷殷嘱托、感恩奋进，深入践行"八八战略"，继续发扬"四千精神"，秉承首创精神，一体推进多领域创新，续写了创新驱动发展的崭新篇章。中国社会科学院习近平新时代中国特色社会主义思想研究中心组织专家组成调研组，聚焦打造区域科创新高地、现代产业新高地、营商环境新高地、市域社会治理现代化新高地、文化强城新高地"五个新高地"，深入温州市开展调研，在此基础上完成本书。全方位展现温州市以科技创新为引领，以改革开放为动力，以民营企业为主体，以服务和融入国家战略为牵引，以社会治理为保障，推进以科技创新为核心的全面创新，努力在推进中国式现代化中续写创新史，继续为全省带好头，为全国作示范的生动实践。

本书由中国社会科学院习近平新时代中国特色社会主义思想研究中心牵头编写。辛向阳、陈志刚任本书主编。具体分工如下：导论刘须宽；第一章、第二章张福军；第三章陈建波；第四章蒯正明；第五章贺新元；第六章叶晓峰、张新颜；第七章沈阳；第八章刘须宽、王冠丞、吕耀龙。参加调研和修改的人员还有：侯迎欣、常晨。感谢温州市委宣传部对调研工作和本书撰写给予的帮助和支持。

本书如有疏漏和不足之处，敬请广大读者提出宝贵意见。

编　者

2024 年 11 月